中国制造业发展理论与实证研究

基于"工业4.0"视角

李春梅 著

首都经济贸易大学出版社
Capital University of Economics and Business Press
·北京·

图书在版编目(CIP)数据

中国制造业发展理论与实证研究：基于"工业4.0"视角/李春梅著. -- 北京：首都经济贸易大学出版社，2020.10
ISBN 978-7-5638-3142-5

Ⅰ. ①中… Ⅱ. ①李… Ⅲ. ①制造工业—经济发展—研究—中国 Ⅳ. ①F426.4

中国版本图书馆 CIP 数据核字(2020)第 190773 号

中国制造业发展理论与实证研究——基于"工业4.0"视角
李春梅　著
ZhongGuo Zhizaoye Fazhan Lilun yu Shizheng Yanjiu——Jiyu Gongye 4.0 Shijiao

责任编辑	晓　地
封面设计	风得信·阿东 FondesyDesign
出版发行	首都经济贸易大学出版社
地　　址	北京市朝阳区红庙(邮编100026)
电　　话	(010)65976483　65065761　65071505(传真)
网　　址	http://www.sjmcb.com
E-mail	publish@cueb.edu.cn
经　　销	全国新华书店
照　　排	北京砚祥志远激光照排技术有限公司
印　　刷	北京九州迅驰传媒文化有限公司
成品尺寸	170毫米×240毫米　1/16
字　　数	295千字
印　　张	16.5
版　　次	2020年10月第1版　2020年10月第1次印刷
书　　号	ISBN 978-7-5638-3142-5
定　　价	56.00元

图书印装若有质量问题，本社负责调换
版权所有　侵权必究

前 言

一、研究的目的和意义

经济全球化之后,中国制造业迅猛发展,"Made in China"广泛"渗入"世界各地并极大地改变了人们的生产、生活方式。在目前世界范围的生态环境恶化、自然资源短缺、社会承载压力过大的背景下,在推动国家经济发展的前提下,如何全面提升作为实体经济重要组成部分的制造业的整体发展质量,是制造业也是全社会共同关注的话题。

2013年,德国正式提出的"工业4.0"战略,似乎给中国制造业的发展和转型升级带来了极大的契机。在经历着从工业化到"再工业化"、全球化到"再全球化"、"互联网+"到物联网的进程演变中,中国制造业如何应对新一轮的"工业4.0"变革,提高本国制造业的发展速度及发展质量,以及努力将"中国制造"转变为"中国智造"和"中国创造"的问题,的确需要全社会的重视。

本书基于中国制造业的现实发展情况,深入理解"工业4.0"时代的变迁内涵,探究中国制造业的发展质量现状、特点及演变趋势,明晰由"工业4.0"的"智能化"核心要点带来的国际性变革和提振作用对中国制造业发展质量的影响机制,探讨如何准确选择中国制造业的技术路径和发展道路,提出切合实际地促进中国制造业可持续发展的相关对策与政策建议。这是直接关系整个国家经济社会发展兴衰的重要问题,在理论和现实方面都具有重要的意义。结合当前国内外中长期发展战略,本书提出了具有较强针对性和现实性的理论观点和政策建议,对指引中国制造业的转型升级和可持续发展,促进中国向制造强国迈进都有建设性的帮助和借鉴意义。同时本研究对于发挥中国制造业的长效机制,促进经济的新常态持续发展也具有重要的应用意义。

二、研究成果的主要内容、重要观点及对策建议

本书以一个中心(智能化),两重效应(代际效应和提振效应),八个维度(制造业发展质量维度)为研究主线,详细分析了在国际再全球化与国内经济发展新常态的历史阶段,中国制造业在新一轮工业变革中存在和出现的发展质量

变化问题,并以五条路径(技术路径)、六点对策(提升发展质量)为辅线,探析了"工业4.0"影响中国制造业技术进步的机理,进而提出中国制造业高质量发展的对策。研究成果的主要内容和重要观点有:

(1)结合经济全球化及后危机时代的历史阶段特征,分析"工业4.0"战略提出的动因与背景及中国制造业的发展现实。

近几年,美国、日本和中国等国家已经在重新思考制造业的发展方向并制定新的制造业发展战略。近百年来,德国制造(业)的口碑有目共睹。在过去两次严峻的世界经济危机中,德国正是凭借自身坚实的工业基础,比较顺利地渡过了难关。为了继续保持其传统制造业在全球范围内所具有的优势,德国又率先开创性地提出"工业4.0"战略。目前,中国制造业及其他行业呈现出主营业务收入总量迅猛发展,但固定资产增长率及劳动力就业人数增长速度出现衰减的"M"形趋势。

(2)对中国制造业发展质量、"工业4.0"的智能化变革及"工业4.0"对中国制造业影响机理进行理论探讨。

第一,制造业的发展质量要以经济期望为中心,同时兼顾微观企业发展和产品质量。中国制造业发展质量的评价体系,可以从增长度、效率度、对外依存度、创新度、企业质量、产品质量、社会贡献、环境友好度等八个方面进行构建。

中国制造业总体发展质量水平较低,制造业主要靠大量的劳动及资本投入来推动产业增长。中国的制造业发展总体状况并不乐观,增长度为波动式下降趋势,效率表现为"U"形发展态势,制造业的企业发展和产品质量不容乐观。目前,制造业社会贡献度和环境度呈现出逐年稳步上升趋势,创新已提上日程,创新度在近两年中也实现了跨越式的进步。

第二,技术创新是经济发展的重要动力和源泉,"工业4.0"将通过"智能化"的变革对产业乃至整个社会的发展产生巨大的代际效应和提振效应冲击。

相比前三次工业革命,"工业4.0"的代际变革主要表现为"智能化"核心,包括"消费智能化"和"生产智能化"。"工业4.0"的提振效应主要表现在:"工业4.0"能够提升德国制造业在世界范围内的国际竞争力;启示并带动世界上其他国家和地区的制造业;推动传统工业及制造业企业的变革;更好地满足消费者多样化的个性需求。

第三,"工业4.0"通过"智能化"核心,对中国制造业发展产生"代际效应"和"提振效应"的作用机理,具体包括:

"工业4.0"使得中国制造业产业内部企业之间的关系逐渐趋于竞争化,且竞争的复杂性增加;促进产业之间的集成,产业之间新的依存关系和共存关系创造出新的业务模式,打破了原有的产业结构的平衡;提高中国制造业的生产率及企业的创新能力,进而提升产业的技术水平。

"工业4.0"对中国制造业发展质量的代际效应作用及影响逻辑主要包括:改变中国制造业思维范式;升级中国制造业技术水平;重塑中国制造业在价值链中的位置及附加价值;转变中国制造业生产模式、商业模式和管理模式,实现中国制造业的人机多模式交互与协同;制造业产品转变为智能产品。

"工业4.0"对中国制造业发展的提振作用机理包括:提升中国制造业效率;改善中国制造业市场空间;增加中国制造业对外的交流和沟通;影响制造业企业的成本,实现生产流程和生产设备的自组织性;使中国制造业提供能够稳定高素质人才的职业,增加劳动力、提供就业机会、延长人类劳动的生命时间;减少对自然资源的获取和利用,提升制造业资源和能源的生产效率,体现出制造业的环境友好性。

中国制造业发展在"智能化"的影响下,代际和提振的作用机理内容已在凸显:中国制造业信息物理系统已得到广泛发展和推广;人工智能获得重大进展;垂直一体化融合的加速促使商业模式变革;网络化和信息化促使生产流程向智能化演进;市场"智能化"需求增长效应凸显;规模报酬实现递增趋势;竞争性创新越来越激烈。

(3)实证检验"智能化"变革时代"工业4.0"对制造业发展质量的影响及作用,进一步依据"智能化"的代际与提振效应,探讨中国制造业发展及产品质量提升的技术路径。以德国作为主要的国际参考对象,探讨并对比"工业4.0"战略给德国带来的经济影响。

在"工业4.0"提出之后的几年里,中国制造业发展的主要构成维度指标基本呈现出较好的发展态势。以"工业4.0"为代表的技术环境是中国制造业发展的重要装备保证。

在"工业4.0"的代际和提振的作用下,中国制造业的技术进步路径包括内生的自主创新路径、外商技术溢出路径、科技创新的技术溢出路径、政府的科技支持和发展教育的技术路径。

"工业4.0"战略之后,德国经济及其在世界上的经济地位和国际竞争力均平稳快速增长并逐年提升。"工业4.0"战略确实对德国国内主要产业的增加值产生了较为明显的推动作用。但由于"工业4.0"战略提出的时间比较短,其对德国经济今后的发展,乃至对世界经济助推作用的长期影响,还有待进一步的观察和证实。

(4)进行对策分析。中国制造业应该借助"工业4.0"重要历史转变契机,努力实施以创新驱动为引导的发展战略,不断增强制造业各细分行业中企业的创新创造动力及活力,以高质量产品的生产为基本出发点,全面推进制造业高质量发展。

加强提升中国制造业产品质量的指导理念;处理好政府和市场在促进制造业发展中的作用;完善基础设施建设;借助"工业4.0"智能化积极推进制造业的信息化进程;提高中国制造业自主创新能力;保证中国制造业高质量发展的人才资源。

三、成果的学术价值和应用价值

本书在探讨"工业4.0"与中国制造业发展质量问题的理论和实证检验中,所获得的成果具有较好的学术价值和应用价值。

本书通过文献探讨、比较分析与趋势分析、联立方程模型回归及OLS回归分析、专家咨询等多种研究方法,从事实、理论及实证多角度探讨有"代际效应"和"提振效应"的"工业4.0"对中国制造业发展质量的影响机理,创新之处主要包括:

(1)在学术思想方面,将"工业4.0"的核心点和目标"智能化"嵌入中国制造业发展过程中,这可能会突破已有理论的切入点、研究视角与核心内容。

(2)在学术观点上,本书认为,"工业4.0"带来的"智能化"会对中国制造业发展质量产生"代际效应"和"提振效应"。针对第四次工业革命的冲击,中国制造业应结合国内行业发展现实,借助于"工业4.0"带来的"生产智能化"和"消费智能化",在市场需求增长效应、规模报酬机制、要素资源约束及竞争性创新等方面做出转型,进而提升产业的增长速度(包括稳定性和可持续性)和增长效率,提高企业管理水平、产品质量,改善社会贡献和环境效应,从而全面实现中国制造业发展质量的飞跃提升。

(3)在研究内容上,从八个方面系统构建了中国制造业发展质量的衡量指标体系,并通过中国制造业的行业层面数据,测算了中国制造业的发展质量值。通过实证计量分析,检验了"工业4.0"历史时期影响中国制造业发展质量的主要因素,并结合"工业4.0"的时代背景,实证探讨提升中国制造业发展质量及促进制造业可持续发展的技术路径,同时以德国为例,从国际范畴借鉴了"工业4.0"对产业发展的经济影响。

目 录

第一章　绪　论 ·· 1
　第一节　研究的背景 ·· 1
　第二节　中国制造业存在的问题 ·· 2
　第三节　问题的提出及研究的意义 ··· 4
　第四节　研究的基本思路和内容 ·· 6
　第五节　研究的重点、主要目标及研究方法 ································· 8
　第六节　研究的主要创新点及不足 ··· 10
　第七节　中国制造业产业体系分类 ··· 11
　第八节　制造业发展质量概念的界定 ·· 13

第二章　文献综述 ·· 14
　第一节　"工业 4.0"的内容及核心问题 ·· 14
　第二节　中国制造业的发展及发展质量 ······································· 16
　第三节　代际效应和提振效应的界定及"工业 4.0"的影响 ··············· 25
　第四节　对已有文献的简评 ·· 28

第三章　提出"工业 4.0"战略的背景及中国制造业发展概况 ············ 30
　第一节　"工业 4.0"战略的国际背景 ··· 30
　第二节　"工业 4.0"战略的现实动因 ··· 32
　第三节　"工业 4.0"战略提出的影响因素 ····································· 40
　第四节　中国制造业的发展规模及演变趋势 ································ 41
　第五节　小结 ··· 44

第四章　中国制造业发展质量分析 …… 46
第一节　评价指标体系构建的原则 …… 46
第二节　制造业发展质量评价指标体系的构建 …… 47
第三节　评价指标权数的确定 …… 52
第四节　中国制造业发展质量 …… 56
第五节　中国制造业发展质量的实证结果分析与启示 …… 65
第六节　小结 …… 66

第五章　"工业4.0"的代际效应与提振效应 …… 68
第一节　"工业4.0"的内容及核心点 …… 68
第二节　"工业4.0"的代际效应 …… 72
第三节　"工业4.0"的提振效应 …… 78
第四节　小结 …… 80

第六章　"工业4.0"影响中国制造业发展质量的机理 …… 82
第一节　"工业4.0"对产业发展的影响机理 …… 82
第二节　"工业4.0"对中国制造业发展质量的代际作用机理 …… 85
第三节　"工业4.0"对中国制造业发展质量的提振作用机理 …… 90
第四节　"工业4.0"时代中国制造业发展质量的代际变化情况 …… 95
第五节　"工业4.0"对中国制造业的提振影响情况 …… 101
第六节　小结 …… 105

第七章　"工业4.0"对中国制造业发展质量影响的实证分析 …… 107
第一节　中国制造业发展质量构成维度的变化情况 …… 107
第二节　"工业4.0"影响中国制造业发展质量的因素 …… 128
第三节　"工业4.0"影响中国制造业发展质量实证结果与分析 …… 132
第四节　小结 …… 143

第八章 "工业4.0"影响中国制造业技术进步的路径分析 …… 145
第一节 "工业4.0"影响中国制造业技术进步路径的类型 …… 145
第二节 内生技术进步路径 …… 147
第三节 外商技术溢出的路径 …… 149
第四节 科技创新的技术溢出路径 …… 150
第五节 政府的科技支持和发展教育的技术路径 …… 152
第六节 "工业4.0"影响中国制造业技术进步路径的实证 …… 153
第七节 "工业4.0"影响中国制造业技术进步路径的实证回归结果 …… 166
第八节 小结 …… 167

第九章 "工业4.0"代际效应和提振效应的国际借鉴 …… 169
第一节 "工业4.0"对德国经济发展的代际和提振概况 …… 169
第二节 "工业4.0"对德国经济的代际和提振影响的实证分析 …… 176
第三节 小结 …… 183

第十章 中国制造业高质量发展的对策建议 …… 185
第一节 中国制造业总体发展方向 …… 185
第二节 提高中国制造业发展质量的对策和建议 …… 185

第十一章 全书结论与研究展望 …… 191
第一节 全书的主要结论 …… 191
第二节 研究展望 …… 195

参考文献 …… 196

附　录 …… 207

第一章 绪 论

第一节 研究的背景

在当今经济全球化的历史发展时期,各国经济发展已逐渐上了新台阶,虽然经历了2008年美国金融危机和2013年欧洲主权债务危机的洗涤,但随着经济政策的调整和世界经济的整体复苏,大部分国家基本进入了经济发展的新常态时期。在经济发展迅速和竞争强度逐渐加剧的21世纪,发展质量已成为当下企业竞争力的核心和基础。制造业是国民经济的根基,是中国经济高质量发展阶段的根本支撑,制造业也是经济社会中研究、开发、科技创新以及投资的主要来源和重点应用"部门"。因此,制造业的增长及发展的质量问题是全社会关注的重点。

在全球经济增长呈现放缓趋势的历史发展时期,制造业是各个国家和地区经济发展的核心产业。改革开放以来,尤其是经济全球化之后,中国制造业迅猛发展,并取得了举世瞩目的成就。中国国家统计局数据显示,从改革开放到2016年,中国经济增长速度年均值为9.6%,第二产业增加值的年均增速则已经达10.9%。在中国经济快速发展的道路上,随着工业化进程的快速推进,中国制造业的规模快速扩张,中国已经成为当前全球范围内名副其实的"世界工厂",拥有"世界制造业第一大国"的地位。

在经历着从工业化到"再工业化"、全球化到"再全球化"、"互联网+"到物联网的进程演变中,中国制造业如何应对新一轮"工业4.0"的变革问题,着实更加吸引着人们的眼球。德国以提高工业竞争力为主要目的的"工业4.0"战略,以及2015年中国工信部中长期规划《中国制造2025》似乎都给中国制造业的发展转型带来了契机。

2011年,在德国举办的汉诺威工业博览会开幕式上,德国人工智能研究中心负责人兼执行总裁沃尔夫冈·瓦尔斯特尔(Wolfgang Wahlster)第一次提出了"工业4.0"(INDUSTRIE 4.0)这个重要概念。随后德国以提高本国工业竞争力为主要目的，成立了专门研究探讨"工业4.0"的工作组，其研究成果即2013年4月在汉诺威工业博览会上所发布的最终报告——《保障德国制造业的未来：关于实施工业4.0战略的建议》①（Securing the future of German manufacturing industry: Recommendations for implementing the strategic initiative INDUSTRIE 4.0），被简称为"工业4.0"战略②。德国发布此项战略的主要目的是为了继续保持其制造业在世界范围内所具有的传统领先优势地位，并试图通过促进德国新一轮革命性的工业企业在高科技等方面的研究开发与创造，作为开辟创新领域的主要源泉，并将得到的创新成果应用在现实中。

2018年年底，中央经济工作会议提出，要推动制造业的高质量发展，始终坚定不移地建设制造强国。同时党的十九大报告中也重点提出，中国当下要加快建设制造强国，加快发展中国先进制造业步伐，目前中国经济的发展已经由高速增长阶段转向高质量发展阶段，因此必须坚持质量第一、效益优先的原则，以供给侧结构性改革为主要线索，全面推动经济发展的质量变革、效益变革和动力变革。中国经济的高质量发展是顺利实现第一个百年目标，并为实现第二个百年目标夯实基础的关键所在，因此必须用高质量发展理念统领国家的总体经济工作，坚定不移地把提高供给体系的质量问题作为重点主攻内容。这不仅是深化供给侧结构性改革和推动全国经济高质量发展的重点内容，也是全面建设社会主义现代化强国的现实要求。要把"中国制造"向"中国创造"和"中国智造"的方向和目标转变，从而实现中国从"制造大国"到"制造强国"的升级，核心理念就是要实现中国制造业的高质量发展。

第二节 中国制造业存在的问题

改革开放以来，尤其是经济全球化之后，中国制造业发展迅猛，"Made in China"已广泛并深入地"渗透"到世界的大部分国家和地区，并极大地改变了人们的生产生活方式，同时也塑造了中国制造业在全球形势下的格局。近年来中国制造业持续迅猛发展，总体规模显著提升，国际综合实力不断增强，

---

① 工业4.0工作组，德国联邦教育研究部. 德国工业4.0战略计划实施建议（上、中）[J]. 机械工程导报，2013 (7-12)：23-55.

② 在世界范围内，也有将其称为第四次工业革命的说法。

截至2013年，中国制造业产出占全球的比重达到了20.8%，这也使得中国连续4年保持世界第一大国地位①。中国制造业的生产总量跃居世界第一，中国早已成为名副其实的世界第一制造大国。

然而，中国制造业的快速进步主要来自劳动力和环境资源的低成本优势，在国际分工中，中国制造业主要负责劳动力密集型和低附加值的生产制造及组装，始终处于产业价值链的低端环节，并且高精尖行业的核心技术仍主要依赖于国外发达国家和地区的供给，"Made in China"的标签虽然塑造了中国制造业在世界的强势格局，但是标签背后更多体现出来的却是制造业及产品的低端特征，"Made in China"在国际上也成为低端产品的代名词。受国内外经济形势变化影响，尤其是处在后国际金融危机的历史新时期，中国传统制造业所面临的形势也较为严峻。加上目前世界范围的生态环境恶化、自然资源短缺、社会承载压力过大的背景，中国制造业发展已进入了关键的发展瓶颈期。例如，"雾霾天气"已引起了社会各方面的广泛关注。我们不得不严肃地意识到：中国制造业发展质量始终较低。我们可以从下述几个方面来看。

首先，在制造业发展方面，《2018年国民经济和社会发展统计公报》显示，2018年，中国高技术制造业的增加值在规模以上工业增加值中的占比为13.9%，也就是说目前中国的产业结构仍处在较低的发展阶段。

其次，在研发和创新方面，2017年中国规模以上制造业企业的研发投入强度仅为1.14%；《2018年欧盟工业研发投资记分牌》显示，在当下全世界研发投入排在前50名的企业中，中国企业中仅有华为一家上榜。我们看到，在研发投入方面，中国制造业所做的远远不够，与此相应，科技创新对产业发展的支撑力量还处在初级发展水平上；就绿色发展水平的情况而言，与世界上发达国家相比，中国的能源资源利用效率依旧处于较低水平，资源环境的承载力处在接近上限的水平②。

再次，在制造业的国际竞争中，一方面，巴西、印度和东南亚其他国家等新兴经济体，依靠更为低廉的劳动力成本和更为优惠的投资政策，吸引了大量发达国家的产业转移业务，积极蓬勃地发展着本国制造业，这些国家低廉劳动力成本的绝对优势，给中国传统制造业带来了巨大的冲击；另一方面，中国制造业企业拥有的核心技术与传统制造业发达的国家或地区，如美国、

---

① 中国工业和信息化部：http://www.miit.gov.cn/n973401/n5329862/n5329902/c5616929/content.html，访问日期2018-03-29.

② 详情参见人民日报人民版：http://theory.people.com.cn/n1/2019/0318/c40531-30980692.html，访问日期2018-03-29.

日本等国相比还存在着很大的差距和严重的不足，尤其是高端设备制造领域。造成这一现状的主要原因在于：在中国经济发展的历史阶段中，中国制造业研发设计水平始终较低，自主创新能力较为缺乏，核心技术一直依靠国外进口，基础配套能力相对较弱，生产原材料主要依赖进口等。因此，中国制造业的产品质量一直比较低，产品的核心竞争力一直比较弱，这些都是中国制造业当前面临的严峻问题。

《中国制造 2025》提出，坚持"创新驱动、质量为先、绿色发展、结构优化、人才为本"的基本方针，逐步实现在世界范围内中国制造强国的战略目标。所以，为适应中国发展新阶段的历史要求，加快中国制造业向高质量发展转变成为当下的首要任务。

目前，中国经济已由高速增长阶段转向高质量发展阶段。2018 年年底的中央经济工作会议明确指出，要推动制造业高质量发展，坚定不移建设制造强国。这说明，制造业高质量发展已成为理论界与决策层共同重点关注的热门问题。作为实体经济重要组成部分的制造业，如何在推动国家经济发展的前提下，全面提升其发展质量，也是全社会共同关注的话题。在新时代的历史时期，加快建设制造强国，不仅是全面建设社会主义现代化国家的重要支撑，更是高质量发展阶段增强中国经济质量优势的关键所在。

因此，如何全面提高供给体系的质量，完善供给侧结构性改革，全面实施"中国制造 2025"，以推动制造业质量变革，提升制造业发展质量，让"中国制造"向"中国智造"和"中国创造"转变，确实成为当下全社会共同关注的重大理论话题和实践难题。

第三节　问题的提出及研究的意义

一、问题的提出

在经历从工业化到"再工业化"、全球化到"再全球化"、"互联网+"到物联网的进程演变中，中国制造业如何应对新一轮"工业 4.0"变革，提升中国制造业的发展质量，将"中国制造"努力转变成"中国智造"和"中国创造"，的确需要全社会共同深入思考。在当下全社会面临的新一轮科技革命，以及由此带来的产业变革历史阶段，中国转变发展方式正处在关键的形成时期，中国制造业必须借此重要的历史转变契机，努力实施以创新驱动为引导的发展战略，不断增强制造业各个行业中企业的创新、创造动力及活力，以高质量产品的生产为基本出发点，全面推进制造业高质量发展。

本书基于中国经济发展新时期和满足人民群众日益增长的对美好生活需求的背景和任务，系统分析影响制造业发展质量的路径和对策问题，以期推进中国制造业的可持续发展。本研究立意是，探索在国际再全球化与国内经济发展新常态的历史阶段，中国制造业在新一轮工业革命中，受"工业4.0"智能化变革带来的产业发展质量变化的机理与应对问题，以期探索促进中国制造业发展质量提升的主要路径，为制造业发展及相关决策部门提供参考。

二、本课题的研究意义

本研究具有独到的学术价值和较好的应用价值。在继后危机时代的经济新常态背景下，如何正确认识中国制造业的发展质量现状、特点及演变趋势，深入理解"工业4.0"时代的变迁内涵，明晰由"智能化"带来的代际性革命和提振作用对中国制造业的影响机制，选择正确的中国制造业发展道路，提出切实可行的促进中国制造业可持续发展的相关对策与建议，是直接关系整个国家经济社会发展兴衰的重要问题。

在学术理论上，本研究将"工业4.0"的"智能化"带来的代际性革命与提振冲击嵌入产业发展质量的框架中，探讨其中的影响机制和应对路径，极大丰富了经济学产业层面的理论内容。这将对在中国经济发展进入新常态阶段经济增长放缓的背景下，继续强化制造业的基础核心地位、缓解制造业生产压力、拓展制造业发展质量的空间等重大问题的良好解决，起到理论指导作用。

从现实应用角度来看，"工业4.0"既是产业的爆发式发展通道，又是对产业及整个社会发展质量的强大冲击力量。"工业4.0"将以人类前所未有的深度和广度推动经济社会的发展，深刻地改变全社会的生产方式。在中国经济发展新常态的历史过程中，中国制造业原有的生产与经营方式边界都已经或将要被打破。

本研究以中国制造业的产业发展质量为研究对象，结合当前国内外中长期发展战略规划，提出了具有较强针对性和现实性的理论观点和政策意见，对指引中国制造业的转型升级和可持续发展，促进中国向制造强国迈进，都有建设性的帮助和借鉴意义。同时本研究对发挥中国制造业的长效机制，促进经济的新常态持续发展也具有重要的应用价值。

第四节 研究的基本思路和内容

一、基本思路

本研究以中国制造业的实际状况和"工业4.0"的发展目标和发展核心为切入点,将中国制造业发展质量作为研究对象,以一个中心(智能化),两重效应(代际效应和提振效应),八个维度(制造业发展质量维度,发展质量不仅指产业增长的速度和增长的效率,还包括产业结构、产业的开放性、产业中企业的质量、产品的质量、产业对社会的影响、产业的资源环境效应诸多方面内容)为研究主线,深入探讨"工业4.0"对中国制造业发展质量的代际影响和提振影响的机理,并以五条路径(自主创新、外商技术溢出、科技创新引导、政府的科技支持和发展教育),六点对策(提升发展质量的建议)为辅线,探析"工业4.0"影响中国制造业技术进步的路径,进而得出中国制造业高质量发展的对策与建议,以期明确中国制造业的应对方法和措施。

本研究的思路和主要的研究内容可以通过图1.1表示。

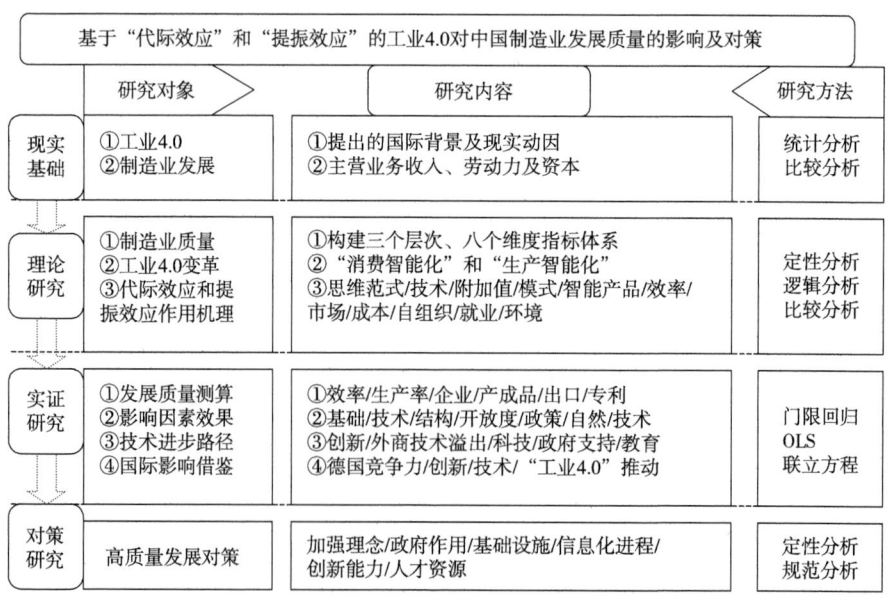

图1.1 总体框架的逻辑结构图

二、主要内容

在经济全球化与再全球化背景下，中国在向"中国创造"和"中国智造"发展的进程中，需要准确认识制造业发展的新趋势，以第四次工业革命为契机，借助其"代际效应"和"提振效应"，转型升级内外部的薄弱性基础环节，促进中国制造业乃至中国经济的可持续发展。从图1.1中可以看到本研究的逻辑框架，具体来讲，本研究共分为以下几个部分。

(1) 进行现状分析。结合经济全球化及后危机时代的历史阶段特征，分析"工业4.0"战略提出的动因与背景，包括世界主要国家的发展情况、德国自身经济演变情况，及中国制造业发展在主营业务收入、资本总量及劳动力就业等方面的基本情况。由此判断"工业4.0"产生的现实依据，其中重点明晰德国在"工业4.0"前后经济发展的演变和历史特征，以期和中国制造业的发展做一比较。

(2) 对中国制造业发展质量、"工业4.0"历史性变革及"工业4.0"对中国制造业影响机理进行理论探讨。

第一，基于发展质量的概念界定，科学合理地构建中国制造业发展质量的评价体系，并借助2003—2016年中国制造业29个细分行业和制造业总量的面板数据进行测算，分析中国制造业发展质量的演变和现实问题。

第二，分析"工业4.0"历史性变革的内涵和外延，明确"工业4.0"与"工业1.0""工业2.0""工业3.0"的区分，探讨"工业4.0"带来的"智能化"的变革对产业乃至整个社会的发展产生的代际效应和提振效应。

第三，辨析"工业4.0"对产业发展的影响及作用，探讨"工业4.0"对中国制造业的影响机理。"工业4.0"的"智能化"核心对中国制造业发展质量产生"代际效应"和"提振效应"的作用机理是整个研究的理论核心。基于"代际效应"和"提振效应"，总结"工业4.0"对中国制造业的影响过程和作用原理。

(3) 实证检验"智能化"变革时代，"工业4.0"对中国制造业的发展质量的影响及作用，并依据"智能化"的代际与提振效应，探讨中国制造业发展及质量提升的技术路径。进而通过中国制造业产业层面数据，对理论内容进行实证检验和分析。同时，由于"工业4.0"率先在德国提出，故以德国作为主要的国际参考，探讨并对比"工业4.0"战略给德国带来的经济影响，包括主要经济及竞争力指标的统计分析以及"工业4.0"对产业影响的计量检验。

(4) 进行对策分析。结合理论分析和实证检验内容，探讨在"工业 4.0"新的历史发展时期，在为实现"中国智造"和"中国创造"的目标问题上，给出适合中国制造业高质量发展的可行性对策和建议。

第五节 研究的重点、主要目标及研究方法

一、重点问题和主要目标

（1）依据研究思路和主要内容，提出本研究的重点问题。

第一，中国制造业发展质量的特征和历史演变及"工业 4.0""智能化"历史性代际变革的内涵和外延。结合中国经济发展新常态进程，分析中国制造业自身发展的类型与发展质量的转变，探讨第四次工业革命的核心点，理清二者的重叠与交叉。

第二，"工业 4.0"对中国制造业发展质量的冲击。从制造业对"工业 4.0"的敏感度与适应性入手，得到"智能化"带来的"代际效应"和"提振效应"对制造业发展质量的催化，辨析"工业 4.0"对中国制造业发展质量的作用机理，重新思考如何系统地通过"工业 4.0"战略的冲击改善中国制造业的发展质量。

第三，提出中国制造业向"中国创造"和"中国智造"方向迈进的阶段性发展对策。权衡利弊，从根本上提出以"创新"提高中国制造业的对策，努力解决中国制造业发展质量问题。

（2）在解决重点问题的过程中，需要突破以下难点。

第一，分析"工业 4.0"通过"代际效应"和"提振效应"对中国制造业发展质量的冲击维度的机制理论，在融合相关经济学及已有经典理论的基础上，考察如何将中国制造业发展中所遇到的市场需求增长效应、规模报酬机制、要素资源约束及竞争性创新问题，嵌入代际效应的研究范式中，进而辨析"代际效应"和"提振效应"与制造业发展质量各要素之间的理论逻辑关系和作用机理。

第二，实证检验"工业 4.0"的"智能化"对中国制造业发展质量的影响。如何科学准确地量化中国制造业发展质量，用制造业相关数据综合衡量代际变革的影响，是本课题研究的难点之一。本研究通过实证分析，使用中国工业企业数据库数据、国家统计局数据、《中国工业统计年鉴》所提供的相关宏观数据及中国制造业企业数据克服此实证检验的难点。

（3）本研究的总体目标为：探析"工业4.0"的"智能化"带来的"代际效应"和"提振效应"对中国制造业发展质量的影响机理及中国制造业高质量发展的对策问题。具体目标包括：

第一，明确在当前的中国经济发展过程中，中国制造业发展质量的现状和事实，包括内容、时空特征及演变；"工业4.0"的实质与内涵，包括其产生动因、内容前景和核心要点。

第二，揭示中国制造业发展质量受"工业4.0"的"智能化"代际和提振的影响维度及各要素的作用机理与作用规律。系统辨析"工业4.0"对中国制造业发展质量影响机理中各部分之间的逻辑关系、作用机制及转变程度，并进一步通过实证分析验证理论探讨内容。

第三，探索中国制造业实现"中国创造"和"中国智造"的对策和现实指导建议。明确并细化为了应对将要受到的时代变化的冲击及中国制造业发展质量的升级路径和方式；提出向"中国创造"和"中国智造"方向迈进的政策意见和建议，为相关的政策制定者和参与者提供借鉴。

二、研究方法

从图1.1中看到，本研究在分析的过程中，采用了多种研究方法，具体包括：

（1）文献研究法。搜集、整理并规范分析中国制造业发展质量和"工业4.0"等相关研究领域的最新国内外研究文献，为本研究奠定坚实的理论基础，以保证本课题的理论前沿性。结合"工业4.0"的历史变革趋势，关注中国制造业的历史与最新现象，这需要大量追索国内外的研究成果和最新研究动态，仔细探讨并借鉴已有的研究成果和研究方法，以期对本研究起到一定的参考作用。

（2）比较分析法。比较分析中国制造业的发展情况，从多个指标入手系统地探讨其整体发展。对比中国制造业发展质量不同阶段的特点和动态演变趋势，归纳并总结中国制造业发展质量的速度和效率，演变趋势及行业特征。

（3）联立方程回归、OLS回归分析。通过计量软件（如Stata13.0），使用中国制造业面板数据，综合运用计量回归中联立方程模型和最小二乘法（OLS）回归分析方法，对"工业4.0"的经济影响，"工业4.0"对中国制造业发展质量的影响，中国制造业发展及质量的技术进步路径等方面进行实证检验，并比较和试图解释不同回归方法下的检验结果。

（4）专家咨询方法。在研究过程中，本课题中的诸多模型和现实问题也需要相关专家的意见和建议，在探讨、咨询和交流中获得的思路、理论与实践经验，是充实和修正相关研究成果的重要保障。

第六节 研究的主要创新点及不足

本研究通过文献研究、比较分析、联立方程模型回归及 OLS 回归分析、专家咨询等多种方法，从事实、理论及实证多角度度量具有"代际效应"和"提振效应"的"工业 4.0"对中国制造业发展质量的影响机理问题，创新之处主要包括：

（1）在学术思想方面，将"工业 4.0"的核心点和"智能化"目标嵌入中国制造业发展质量过程中，这可能会突破已有理论的切入点、研究视角与核心内容。

（2）在学术观点上，本研究认为"工业 4.0"带来的"智能化"会对中国制造业发展质量产生"代际效应"和"提振效应"。针对第四次工业革命的冲击，中国制造业应结合国内行业发展现实，借助于"工业 4.0"带来的"生产智能化"和"消费智能化"，如垂直一体化、物联网和信息物理系统等，在市场需求增长效应、规模报酬机制、要素资源约束及竞争性创新等方面做出转型，进而提升增长的速度（包括稳定性和可持续性）和增长的效率，优化产业结构，积极对外开放，提高企业质量、产品质量，改善社会贡献和环境效应，从而全面实现制造业发展质量的飞跃。

（3）在研究内容上，从八个方面系统构建了中国制造业发展质量的衡量指标体系，并通过中国制造业的行业层面数据，测算了中国制造业的发展质量值；通过实证计量分析，检验了"工业 4.0"历史时期影响中国制造业发展质量的主要因素，并结合"工业 4.0"的时代背景，实证探讨提升中国制造业发展质量并促进制造业可持续发展的技术路径；同时以德国为例，从国际范畴借鉴了"工业 4.0"对产业发展的经济影响。

基于数据的可得性及研究的需要，本研究在实证检验中，主要采用了行业层面的数据，对具体企业的微观数据缺少探讨。在今后的研究中，可以重点搜集中国制造业的微观数据，从而更全面地探讨"工业 4.0"的经济影响及中国制造业的发展方式和提升路径。

第七节　中国制造业产业体系分类

在探讨制造业发展问题时，需要明确中国制造业产业划分体系，见表1.1。

表1.1　中国制造业产业划分体系

	行业分类简称	国家统计局国民经济行业分类
1	食品制造业	农副食品加工业、食品制造业
		酒、饮料和精制茶制造业、烟草制品业
2	纺织制造业	纺织业、纺织服装、服饰业
		皮革、毛皮、羽毛及其制品和制鞋业
3	木材制造业	木材加工和木、竹、藤、棕、草制品业
		家具制造业
4	造纸、文教制造业	造纸和纸制品业
		印刷和记录媒介复制业
		文教、工美、体育和娱乐用品制造业
5	石化、医药制造业	石油加工、炼焦和核燃料加工业
		化学原料和化学制品制造业
		医药制造业
		化学纤维制造业、橡胶和塑料制品业
6	金属制造业	非金属矿物制品业
		黑色金属冶炼和压延加工业
		有色金属冶炼和压延加工业
		金属制品业
7	设备制造业	通用设备制造业、专用设备制造业
		汽车制造业①
		铁路、船舶、航空航天和其他运输设备制造业
		电气机械和器材制造业
		计算机、通信和其他电子设备制造业
		仪器仪表制造业

续表

	行业分类简称	国家统计局国民经济行业分类
8	其他制造业	废弃资源综合利用业等
		金属制品、机械和设备修理业②

注：①由于《中国工业经济统计年鉴》中汽车制造业的数据从2012年才开始统计，故在下文的分析中，将此行业数据归于运输设备制造业行业中，不单独列出。

②金属制品、机械和设备修理业只有2012—2015年的数据，故在以下的数据统计和计算分析时不予以考虑。因此，总行业分类细目中，下文实际计算的为29个具体行业。

资料来源：根据《2017年国民经济行业分类》整理。

关于制造业产业体系分类，国际、国内有不同的行业分类标准，本研究采用中国国家统计局的分类标准，按照国家统计局《国民经济行业分类（GB/T 4754—2011）》标准，制造业中的两位数行业包括31个具体细目行业，各个细目行业中包括了四位数的构成明细。

基于数据的可得性及研究的需要，本研究只探讨两位数的细目行业情况。为了简便统计及计量分析的需要，本书将此29个制造业行业按照相关程度简要划分为八大行业，具体的行业涵盖和划分所属参见表1.1。

另外，鉴于制造业庞大的行业范畴，以及制造业生产要素的使用程度，加上后面章节中计量检验的需要，可以按照要素密集度，将制造业分为劳动力密集型行业、资本密集型行业及技术密集型行业。具体见表1.2。

表1.2　按照要素密集程度对中国制造业进行分类

行业类别	行业构成
劳动密集型制造业（13个）	农副食品加工业，食品制造业，饮料制造业，皮革、毛皮、羽毛（绒）及其制品业，烟草制品业，纺织业，纺织服装、鞋、帽制造业，造纸及纸制品业，木材加工及木、竹、藤、棕、草制品业，家具制造业，橡胶和塑料制品业，印刷业和记录媒介的复制业，文教体育用品制造业
资本密集型制造业（9个）	非金属矿物制品业，黑色金属冶炼及压延加工业，石油加工、炼焦及核燃料加工业，有色金属冶炼及压延加工业，通用设备制造业，工艺品及其他制造业，金属制品业，专用设备制造业，废弃资源和废旧材料回收加工业
技术密集型制造业（7个）	化学原料及化学制品制造业，交通运输设备制造业，电气机械及器材制造业，化学纤维制造业，医药制造业，通信设备、计算机及其他电子设备制造业，仪器仪表及文化、办公用机械制造业

第八节 制造业发展质量概念的界定

探讨制造业的发展质量问题,首先需要明确什么是发展,什么是质量。制造业是产业的组成部分,因此产业发展的内涵同样适用于制造业的发展。一般认为,产业发展是指产业在生成、生长、成熟和衰退的过程中,产业总体及产业内企业的变化情况。这样的变化过程,既涵盖产业、企业及产品在总量上的变化,也涵盖产业内部结构的变化[①]。与经济发展问题类似,产业发展并不狭隘地等同于产业增长,在力求产业增长的过程中,产业发展必须要兼顾速度与结构、质量与效益等诸多方面的问题。

根据学者及国际组织对质量的定义,可以看到质量至少包含两方面的要素,一是质量具有一定的特征,二是质量离不开需求或期望。对中国制造业发展质量的分析,需要重点研究它在发展过程中所具有的特征和特点,而这些特征和特点必须能够满足社会公众对其需求和期望。换句话说,制造业的发展与社会需求及社会期望的匹配,一定程度上可以用来表示制造业的发展质量。

按照传统经济发展的内容,经济发展要兼顾总量的变化和内部结构的变化,也就是速度和效益问题,二者是经济发展质量研究的核心和基础。因此对制造业发展质量的探讨依然需要从总量和结构上来进行。

本书结合已有文献对质量的界定和分析,认为制造业发展质量要能够满足全社会对其的要求和期望的程度,应该能够反映出一定区域或国家制造业整体发展的优劣状况。本书认为,制造业发展质量是指在制造业发展的过程中,制造业发展的一些固有的特征,能够满足社会的明确要求,或是隐含的要求或期望的程度。而这些固有的特征,包括经济方面、社会方面和环境方面等综合要素情况。更进一步,制造业发展质量是制造业发展情况与社会需求的匹配程度。制造业的发展过程既包括整个产业的进化过程,也包括产业中企业和产品及服务的发展变化演进过程。经济方面、社会方面和环境方面等综合要素构成了制造业发展相对稳定和固定的特征。

---

① 产业内部结构的变化可通过企业数目的增减加以反映,如部门出现更替、主导产业、先导产业及支柱产业等发生变化等。

第二章 文献综述

国内外学术界对"工业4.0"及其相关理论的研究正处于不断探索和迅速扩展阶段,对中国制造业发展相关问题的探讨层出不穷。梳理已有文献,与本研究相关的内容,概括起来可以从以下几个方面展开。

第一节 "工业4.0"的内容及核心问题

自2013年4月在德国汉诺威工业博览会上提出"工业4.0"战略这一重要概念之后,大量的学者开始逐渐关注"工业4.0"战略,并对"工业4.0"的主要内容展开了一系列的探讨。但由于"工业4.0"概念的提出还相对比较新近,关于"工业4.0"的实施效果以及在企业内部和产业内部的具体实践问题,还需要进一步的不断观察和积极摸索。尽管"工业4.0"在当下的社会中还处在理念和战略的思考层面,还不是现实状况(张曙,2014),但理论界和企业都在积极地践行和推广。

近些年来,有大量的学者开始对"工业4.0"的概念和含义做出分析,包括罗斯沃姆(Russwurm,2013)、舒等(Schuh et al.,2014a,2015)、丁纯和李君扬(2014)、李云志(2014)、黄阳华(2015)、贺正楚和潘红玉(2015)、德拉斯和霍希(Drath & Horch,2014)等人都对"工业4.0"的内涵进行了阐述。综合国内外学者的看法,以下几位学者对"工业4.0"概念、含义的界定比较有影响力,也被广泛引用。

森德勒(Ulrich Sendler)是"工业4.0"的积极倡导者。森德勒(2014)认为,从营销技术角度来说,"工业4.0"是一个十分高效的概念;"工业4.0"传播速度之快也是令人诧异的;尽管"工业4.0"这个概念和含义并不是很清楚,但对其存在多种解释也并不一定是坏事。

国内较有影响的学者杜传忠和杨志坤(2015)指出,德国"工业4.0"的含义主要为:"工业4.0"是第三次工业革命的重要组成部分;作为第三次工业革命的核心,信息技术的广泛应用使得工业的生产能够逐渐趋向于智能化、个性化和数字化，因此"工业4.0"的关键技术是信息通信技术（information communications technology，ICT），其内容包括联网设备自动协调技术、产品的生命周期管理和供应链管理的大数据联动系统和企业资源计划等。很明显，两位学者并不认为"工业4.0"是第四次工业革命。

丁纯关于"工业4.0"的研究成果比较多，丁纯和李君扬（2014）认为，"工业4.0"的构成是"一个核心""二重战略""三大集成""八项举措"。"智能+网络化"，通过虚拟实体系统的方式，构建出智能工厂，从而实现智能制造；领先的供应商战略加上领先的市场战略；重点监控产品的生产过程，努力保证通过联网建成智能工厂内生产的纵向集成，也要重点关注产品生命周期的不同阶段，比如，设计与开发、安排生产计划、管控生产过程和产品售后维护等环节。信息能够在各个不同环节之间实时共享，以此达成工程数字化集成；实现全社会的价值网络，包括产品的研究、开发与应用拓展到建立标准化策略、提高社会分工合作的有效性、探索新的商业模式，还要兼顾社会的可持续发展问题等。

芮明杰也积极关注着"工业4.0"问题。芮明杰（2014）指出，"工业4.0"是针对消费者的个性化消费需求而产生的新一代智能制造的生产方式，这种新的生产方式能够指明未来工业以及制造业发展的方向。可以看出，通过以三个集成和八个关键领域的行动为导向，围绕智能工厂、智能生产、智能物流三方面的主要内容，以移动互联网、云计算、物联网等新一代信息技术为媒介的"工业4.0"，综合利用物理信息系统，能够将制造业的供货、生产、销售三个环节的信息集成化、个性化和数据化，进而达到快速、高效和规范的智能化水平（周佳丽，2015）。

综合学者们的观点可以看到，国内外学界对"工业4.0"内容的探讨已经比较详细且全面，但由于"工业4.0"的实践时间并不长，关于"工业4.0"的内容和核心的讨论还需要不断的实践探索，并在实践探索中进一步改进和完善理论内容。基于目前已有的研究，"工业4.0"意味着一体化生产，通过协作机制，以"全球化""单一真实信息来源""自动化""合作"，共同促进和提高生产力。我们可以把"工业4.0"的实质概括为："工业4.0"就是在工业生产系统中应用网络实物系统（cyber-physical systems，CPS），或者称为信息物理系统。

第二节　中国制造业的发展及发展质量

制造业是一个国家国民经济发展的重要部门，世界上许多国家都是以制造业作为国民经济发展的支柱产业，中国尤其如此，因此，对中国来讲，制造业与经济发展的关系异常密切。从目前的文献来看，对中国制造业发展的研究文献比较多，相关探讨也比较热烈。理论上对中国制造业发展的探讨已经形成了比较深入系统的观点和理论成果，涉及的领域较为广泛，研究内容也渐趋完善。梳理已有经典文献，相关的研究主要包括以下几个方面。

一、中国制造业发展方式及路径

综合来看，关注点主要集中于以下几个方面。

（一）以提高制造业的核心竞争能力为主要内容的探讨

魏后凯（2003）、顾乃华等（2006）、傅京燕和李丽莎（2010）、金碚（2014）、黄群慧和贺俊（2015）等都对此进行了探讨。加入世界贸易组织（WTO）后，中国制造业在国际范围内的竞争力提升较快，造成这种现象的原因主要是因为中国制造业在竞争方面的优势在不断提升（金碚等，2006）。顾乃华等（2006）认为，在中国经济转型时期，大力发展生产性服务业有利于提升制造业竞争能力。比较来看，中国东部地区生产性服务业在此方面发挥的作用最为充分，其中金融保险业最能发挥提升制造业竞争力的作用。

（二）制造业的转型升级及路径选择

关于制造业的转型升级及路径选择的研究，国内的文献比较多，关注比较多且比较有代表性的学者及其观点主要包括：

自2007年以来，中国制造业面临着巨大的困境：人民币升值、原材料价格上涨、新劳动法的出台和蔓延全球的金融危机，这些问题也是中国制造业实现产业升级的转机，一些地方政府和企业家已经开始在相关方面采取措施（阮建青等，2010）。刘志彪（2005）提出，中国制造业需要通过创建具有自主知识产权的国际品牌来实现整体的产业升级。高传胜（2008）认为，当下日益严峻的国际国内环境促使中国制造业不能不实现产业升级，其中生产者服务不仅是中国制造业升级的主要努力方向，也是重要支撑力量。邓晶和张文倩（2015）认为，制造业的产业升级主要受到诸如人力资本水平、外商直接投资和信息化水平的影响，发展中国家可通过生产性服务贸易自由化的方式实现本国制造业的升级。朱有为和张向阳（2005）指出，中国应该抓住世界制造业价值链模块化的机遇,积极参与国际制造业分工中的高端价值环节,通过提升中国制造业在全球价值链中的高附加值位置,全面推动中国制造业的转型和升级。

国内学界、企业界就中国制造业转型与升级的紧迫性已经基本上达成共识,那么在国际化范畴内,中国究竟应该如何实现转型升级是大家进一步关心的问题。诸多学者就此展开了分析:张明志和李敏(2011)认为,中国制造业应该积极地利用国际垂直专业化的发展机会,获得基于产业之间的产业结构的快速升级;中国制造业产业升级中存在的问题主要是,在中国制造业深度介入国际垂直专业化的分工过程中,制造业各行业的增加值率普遍下降,这说明中国在向高端工业化迈进的过程中,已经显现出被发达国家"俘获"在低端制造环节的现象(低附加值和低利润率的价值链)。企业转型升级最关键的因素是企业的创新能力;对企业转型升级具有明显的正向促进作用的因素是企业规模,这其中,中等规模的企业更倾向于转型升级;然而企业如果单纯依靠出口数量的扩张,是不能实现企业转型升级的,这可能会出现负向影响效应。发达国家的后向技术关联效应能够促进企业的转型升级;另外,外部市场结构因素对企业转型升级的影响并不显著,政府的财政资助因素在这个过程中的作用也不明显(孔伟杰,2012)。

关于中国制造业转型升级中的国际比较问题也广受关注,较知名的学者及观点为:黄群慧和贺俊(2015)分析认为,与美、日、德、韩等工业强国相比,中国制造业在模块化架构产品及大型复杂装备领域具有比较优势,相对缺乏优势的领域是产品架构一体化、制造工艺一体化,以及兼具一体化特征和需要前沿科技支撑的核心零部件领域。未来中国制造业核心能力提升的可能方向,一是通过架构创新、标准创新等方式,加强把一体化架构产品转化成模块化架构的能力,以此缩短或者破坏产品生命周期的一般演进路径;二是应该针对国外技术与中国本土市场需求不匹配的机会问题,充分利用中国市场和制造方面的优势,不断提升复杂装备在架构创新和集成方面的能力。

(三)制造业服务化的方式

在产业结构的演进中,按照配第—克拉克定律,一个国家在经济发展较好的时期,服务业会在国民经济中占有较大的比例。因此,制造业转型升级的方向之一是向服务业发展。经济全球化进程中,制造业与服务业国际化发展的两种基本形式是互动发展和独立发展,对经济发展方式急需转型、产业竞争力亟待提高的中国来讲,迅速提升产业竞争力的有效形式是互动发展(徐从才和丁宁,2008)。刘继国和李江帆(2007)指出,世界上越来越多的制造业企业开始通过提供服务的方式提高自身核心产品的价值，在这个过程中，有些制造业企业甚至不再卖商品，而是卖商品所具有的功能或服务内容。因此一些传统的制造业企业正在转变为某种意义上的服务性的企业，制造业服务化已经成为当今世界制造业发展的主要趋势之一。汪应洛（2010）认为，服务经济将是 21 世纪主导的经济模式，它能够实现制造业和服务业的融合发展。作为中国经济中坚力量的制造业需要向服务经济转型，要不断推行服务型制造，推进中国产业结构调整。

由此，制造业服务化及其相应的关系自然也就成了必须讨论的话题。在探讨制造业服务化的问题中，因为制造业范畴较为宽泛，所以学者们分别探讨了不同的制造业企业服务化及与服务业的关系问题。如赵勇等（2012）研究了装备制造业企业，认为市场环境、高层管理者和顾客的需求与参与这三个因素是中国装备制造业企业服务化的主要驱动力。在制造业的内部构成中，唐晓华和李绍东（2010）指出，装备制造业各个行业部门对经济增长的贡献是逐年增大的，而且贡献相对来讲比较稳定，但对经济增长的贡献差异程度较大，有一定的波动性存在。夏杰长等（2007）则从服务业和制造业之间的关系入手，认为二者相互联系，而又存在着显著的差别。因为服务业内部的知识化是经济增长的必要条件之一，所以应该大力推进生产性服务业的进程，这其中又要大力发展以知识型服务业为主导的新兴服务业。

因此，生产性服务业自然成了研究制造业与服务业关系的不可或缺的一个部分。高觉民和李晓慧（2011）分析了生产性服务业内部各部门和制造业的关系，认为二者呈现出互动发展的关系，也就是说生产性服务业的发展促进了中国制造业的快速增长，而制造业的增长也显著地促进了生产性服务业的快速发展。应该运用生产性服务业和制造业的互动机理确立产业结构转型战略，为此需要通过促进生产性服务业和制造业的积极互动，努力营造低交易成本的制度环境，不断调整和优化制造业和生产性服务业的结构，采用产业集群及服务外包业务等多个方面的措施来实现这个目标。刘明宇等（2010）认为，生产性服务企业与制造企业需要形成超越一般市场交换的社会关系，并根据其经济特征以及嵌入关系类型来制定不同的政策，形成生产性服务业和制造业协同演进，以信息交换、知识分享的方式提高价值链的整体效率，进而实现产业升级。

（四）制造业与互联网的融合

林毅夫等（2003）指出，影响制造业的增长因素包括国家的宏观经济环境、制度环境以及政局的稳定性，除通货膨胀外，这些因素的影响程度会因为模型设定形式的不同而有所不同。在促进制造业转型升级的过程中，信息技术是一个重要的支撑手段，学术界和企业实践中也非常重视制造业与互联网的融合问题。童有好（2015）指出，当下需要借助"互联网+"的重要契机，大力拓展制造业与互联网融合的广度与深度，以应对中国制造业服务化程度明显偏低的问题。通过加强技术和服务支撑、创新商业模式以及提升附加值，可以为积极实施"中国制造2025"以及建设"制造强国"奠定坚实的基础。

二、产业发展质量的界定及评价体系

（一）质量的概念界定

关于质量问题的探讨，是伴随着人类社会实践活动展开的，在人类社会的生产、技术变革及人文变迁的过程中，不断地认识、演化及进步的。从20世纪40年代开始到21世纪初，质量的内涵被不断地充实、完善和深化。在关于质量的研究中，较为权威的质量研究专家包括克劳斯比（Philip B. Crosby）、朱兰、戴明及费根鲍姆（Armand V. Feigenbaum）等。

克劳斯比（1979）指出，质量并不意味着好、奢侈、光亮及分量，质量就是"符合要求"，同时要求必须被明确地表达，才不会被误解，因此凡有不符合的地方，就表示缺乏质量。戴明（1993）把质量界定为是一种用最经济的手段，制造出市场上最有用的产品。朱兰（1998）则从消费者的角度，提出"质量即适用性"的观点，认为"所谓适用性是指产品在使用期间能够满足用户的需要"。"质量"指能够满足顾客的需要，从而使顾客得到满意的产品特征。按照这种定义，质量的含义是以获得收益为导向的。这种高质量的主要目的，是为了能够实现更高的顾客满意，并且人们期望通过这种方法来实现收益的不断增加。但是要提供出更多和更好的质量特征，往往会要求增加投资，其结果是成本的大量增加。从这个角度来讲，较高的质量通常需要"花费更多"。

费根鲍姆（1961）在分析中指出，产品或服务质量，是指产品或服务在营销、设计、制造及维修中形成的各种特性的综合体，借助这些方面构成的综合体，产品和服务在使用过程中就能满足顾客的期望，因此可以把质量界定为"满足顾客期望的各种特征的综合体"。

此外，国际标准化组织（2009）对质量的定义为："一组固有特性满足要求的程度。"这成了目前世界范围内对质量界定的标准定义。

这些对质量的界定都成了对质量进行分析的经典理论，凡是关于质量的探讨无不从以上几个方面进行扩充和完善。

（二）产业发展质量的界定

已有文献虽然对产业发展问题有了初步的认识，但对产业发展质量的探索尚待继续深入挖掘。目前关于产业发展质量的研究还是凤毛麟角，因为尚没有关工业发展质量的明确定义（罗文和徐光瑞，2013）。

迪诺普洛斯等（Dinopoulos & Unel，2011）、博斯沃思等（Bosworth，2005）、柏高（Pakko，1990）、冷崇总（2008）都对经济发展质量做出了较为详细的分析，认为经济发展质量，是指一定时期内一个国家或地区在国民经济发展方面的优劣程度，可表现为经济内部和经济与社会之间的协调状态。对当下世界范围内的各个国家来讲，提高经济发展质量，是一项全局性、根本性、长期性和紧迫性的重要战略任务；经济发展质量应根据科学发展观的要求，因为任何单一指标，是不能对经济发展质量做出全面和准确评价的；经济发展质量评价指标体系，可以从经济发展的有效性、持续性、充分性、创新性、稳定性、协调性及分享性多方面构建。

整理已有文献，我们发现对发展质量的分析大部分都是以经济增长为研究对象的，引用较多的文献主要有：钞小静和惠康（2009）构建测度经济增长质量的指数，采用主成分分析法（PCA）确定各指标的权重，通过均值化方法对各指标值进行无量纲化处理，输入要素是基于数据得到的协方差矩阵，以避免使用标准化方法和相关系数矩阵造成的对不同指标相对离散程度的低估或夸大问题。通过对中国1978—2007年经济增长质量的检测结果得到，经济转型30年以来，随着中国经济增长数量的迅速扩张，中国经济增长质量也得到了一定程度的提高。李永友（2008）也从经济增长和社会经济结构两个层面，对经济发展质量进行了经验分析和比较研究。

此外，针对地方性经济发展质量的论述主要有：许永兵（2013）综合评价了河北省近14年以来的经济发展质量，并对包括河北省在内的十个省市经济发展质量进行了比较和分析。何伟（2013）认为，城镇化水平、城乡人均收入比、研究与开发的投入占国内生产总值的比例、每万人专利授权数、人均国内生产总值、劳动产出率、能源利用率、人均科技投入、居民年底储蓄余额、人均"三废"综合利用产品产值，这些因素基本涵盖了经济发展质量的各个方面，应用这些方面构建指标体系是比较全面的。宋明顺等（2015）指出，宏观质量是反映经济发展满足社会和可持续发展要求程度的指标，可以从民生质量方面、竞争质量方面和生态质量方面，选取8个指标来测度宏观质量指数，采用熵权法确定权重，并提出了国际标杆比对法。

除了对经济发展质量的研究，关注发展质量的文献引用较多的为对城市发展质量的分析，比如城市及城镇化发展：方创琳和王德利（2011）借助象限图法，通过分析城市化质量与速度和城市化水平的互动协调关系，从经济、社会、空间三方面提出了由三类指标，12项具体指标组成的城市化发展质量综合测度的三维指标球，并判别标准值，引进了阿特金森模型，构建城市化发展质量的分要素测度模型以及分段测度模型，通过这些方面对中国城市化发展质量及其空间分异特征做了总体的评价。

在这里可以看出，已有文献关注质量的维度主要集中在经济发展的宏观层面。虽然学术界对产业发展问题有了初步的认识，但对产业发展质量的判断尚待继续深入挖掘，特别是针对制造业发展问题的成果还处于初级探索时期。

（三）制造业质量体系与竞争力分析

对制造业发展质量进行分析，首先需要构建制造业发展质量评价体系。关于制造业发展质量相关的质量体系与竞争力，也有较多的文献对其进行了深入分析，包括杨等（Yeung & Mok, 2005）、杜勒克等（Dulleck et al., 2004）、汪建（2015）、余红伟和胡德状（2015）。

与中国制造业发展质量相关的质量体系与竞争力的研究文献和观点主要有：汪建等（2015）利用多元回归分析和灰色预测理论法，分析了5个国家的制造业质量随时间而变化的规律，但该文主要测算了制造业质量，并没有针对制造业发展及发展质量做出评断。余红伟和胡德状（2015）则主要关注质量竞争力测评体系，其运用三阶段DEA模型，对2013年中国各省级区域的制造业质量竞争力进行了测评，并分析影响因素，得出环境因素对区域制造业质量竞争力存在明显影响，其中产业连通度、高新技术产业比例以及交通便利程度等因素，对区域制造业质量竞争力的投入、产出变量存在显著的正向影响，金融支持因素存在显著的负向影响，但是企业效率变量的影响不显著；剔除环境影响因素后，各区域制造业质量竞争力则会明显变化，各地区平均综合效率和纯技术效率都有所上升，最后得到中国制造业发展整体环境亟待改善的结论。

（四）工业发展质量评价指标

关于中国工业发展质量评价指标方面的文献并不多见，较为权威和关注较多的文献主要是罗文和徐光瑞（2013），该文指出，工业发展质量是一定时期内，一个国家或地区工业发展的优劣状态，它应该能够综合体现出国家或地区的工业发展在速度、结构、效益、资源、创新、环境和信息化等多个方面关系的协调程度。另外，在针对中国工业发展质量问题的解决措施方面，徐光瑞（2014）指出，中国工业发展质量稳步提升，但地区间差距较大，为提升中国工业发展质量，应该借助经济转型升级的重大战略机遇，加大力度支持中国工业结构的调整，着力改善中国工业的发展环境，并增强技术创新能力，以创新发展模式促进工业的低碳发展，另外要加强政策扶持，以推进地区特色的发展。从这里看到，现有的发展质量评价指标主要针对中国工业发展，而对中国制造业发展质量的关注较少。

（五）制造业的产品质量模型

搜索已有文献，关注制造业产品质量的文献并不多，代表性的如刘伟丽和陈勇（2012）。刘伟丽和陈勇（2012）对产业质量阶梯与全要素生产率进行相关性研究，同时与美国的产业质量阶梯进行比较和研究，提出针对中国制造业产业质量发展的政策建议，即短期来看，为赢得更多的产品单位价值、市场份额和人均 GDP 等指标来衡量最终产品和中间产品的质量和份额，中国应发展质量阶梯较短的产业；长期来讲，为促进中国产业升级和经济的发展，应从产品质量升级和技术进步方面发展质量阶梯较长的产业。该文更多关注于制造业产品质量，而没有就制造业发展质量进行分析。

三、制造业发展过程中的问题及发展对策

制造业是国民经济发展中的重中之重，在制造业以及中国制造业发展过程中遇到的诸多问题既有共性问题，也有个性问题。制造业发展过程中面临的问题成为近现代社会广为关注的热点。2016 年 1 月 20 日在瑞士达沃斯召开的第 46 届世界经济论坛指出，虽然 2008 年国际金融危机已经过去了 7 年，但全球经济仍处于大衰退的长期阴影之下。

2009 年金融危机之后，以及在新技术应用的大趋势影响之下，制造业的可持续发展问题，需要根本性的范式转变（Herrmann et al.，2014），不仅仅要关注制造生产分配系统引起的竞争优势优化，更应该重新思考制造业的生产率与经济增长（Kaldor，1968；Whiteman，1987；Cameron et al.，1999），制造业创新发展潜力（Bross et al.，1999；Sharma，2003），劳动力就业的匹配（Mkenda，2007；Steenkamp，1973）及平衡技术、组织和人力方面的问题。对制造业发展中问题的探讨主要包括以下几个方面。

（一）对制造业生产率的探索

吴延兵（2006）等的研究是被重点关注和较多引用的。吴延兵等（2006）使用中国四位数制造产业数据，实证检验了研究与开发和生产率之间的关系：

构建了两种不同的生产函数模型，通过估计系数发现研究与开发对生产率有显著的正影响，之后在控制了市场和产权两个因素的影响后，研究与开发和生产率之间仍旧是显著的正相关关系，研究与开发对生产率的促进作用也依赖于产业的技术机会，另外，相比于非高科技产业的研究与开发产出弹性，高科技产业的研究与开发的产出弹性要大一些。该文主要的贡献在于使用了四位数的产业数据，样本量较为充分。

此外，中国企业纵向一体化决策的影响因素包括价格不确定性、政府对原材料供应行业的管制政策以及契约实施强度，而且价格不确定性越高，政府对原材料供应行业采用规制政策及契约的实施强度越弱，那么中国企业纵向一体化程度相应越高，同时纵向一体化程度和企业全要素生产率之间表现为显著的负相关关系（李青原和唐建新，2010）。科技人员在制造业创新中的产出弹性要弱于科研经费的产出弹性，中国制造业的创新产出主要属于经费拉动型，中国制造业在创新优势方面，主要集中在劳动密集型的制造业中，而资本密集型和技术密集型制造业的创新效率偏低；创新效率影响因素的实证结果中，技术引进费用、产业外向度与制造业创新效率呈显著的正向影响关系；但是技术消化吸收费用、产业规模与产业创新效率提升之间存在不明显的正向影响关系；最后，市场结构和产业创新效率提升呈显著的负向影响（韩晶，2010）。

（二）中国制造业发展的问题

近年来中国制造业的发展问题较多，学者们较为系统地论述了当下中国制造业面临的诸多问题。比如，当下面临着国内经济整体减速，要素供给环境中劳动力价格增长的问题。中国制造业的发展目前仍是以劳动力密集的比较优势参与到国际分工中的（王家庭和王璇，2011），因此，中国政府采取了一系列的宏观措施，发挥其"看得见的手"的作用。中国当下土地升值，资源、环境和社会承载压力都在加大，中国制造业在国际上处于全球价值链低端等的问题，促使2016年由政府主导实施了供给侧结构性改革。

目前，对供给侧结构性改革的研究文献也在不断地深入，对供给侧结构性改革是近些年针对中国制造业发展问题提出的措施，针对采取供给侧结构性改革的理论探讨也较为激烈，长期增长的决定性因素在于供给侧结构性的制度供给，供给侧研究供求的均衡问题，是推动经济增长的关键因素所在（金海年，2014）。当前中国经济存在有供给无需求、供给体系低效率且抑制有效需求，以及有需求无供给等三方面的供需失衡问题，这也决定了当下需求管理难以破解当前经济发展中的问题，紧迫要求推进供给侧结构性改革的进程。实现供给侧结构性改革，不仅要求破解体制机制障碍，使市场在资源配置中起决定性的作用，并要优化生产要素组合，而且要求政府在政策引导、监管约束以及公共服务等方面更好地完善职能，积极发挥政府在资源配置中的作用，实施解决产能过剩和清理僵尸企业策略，也突出体现了中国制造业发展过程中已经面临着各类重压问题，亟须实现转型和升级（林卫斌和苏剑，2016）。从这些方面我们可以看到，制造业发展过程中面临的问题成为当下社会广为关注的热点。

（三）促进制造业可持续发展的对策研究

从以上的分析可以看出，制造业及中国制造业的发展问题受到社会普遍的关注，中国制造业发展过程中已然面临着各类重压，转型和升级的问题尤其凸显，因而，如何解决制造业发展过程中的问题必然提上日程。

宏观上来讲，中国制造业当前面临着发达国家制造业回归本土，以及新兴经济体低成本制造快速发展的阻力。微观层面上，在生产实践过程中，工业工程的基础累积不够成为制约中国制造业企业发展的关键所在。重技术轻管理的思想在中国制造业中普遍存在。另外企业还缺乏管理和技术集成创新能力（黄毅敏和齐二石，2015）。

面对国内和国外的现实压力，中国制造业如何在"工业4.0"时代，抓住契机，破解生产资源短缺、劳动力成本上升、技术含量低和处于世界价值链低端等现实问题，实现产业发展质量的飞跃，都是当前亟须解决的问题。提高中国制造业创新效率需要进行制度创新，充分发挥科研人员的创造性；提高产业集中度，组建大型产业集团，为产业创新提供足够的资金支持。

中国应该适当提高产业的开放度，以此促进中资企业获得开放度中的技术溢出；目前中国的产业结构不合理，中国制造业始终处于全球价值链低端环节，企业增值能力不强（韩晶，2010）。加快发展生产性服务业，以此促进制造业的转型升级，并通过生产性服务业的发展和制造业的转型升级"双轮驱动"，来优化就业市场结构，这是解决"民工荒与大学生就业难"问题的有效途径之一（余东华和范思远，2011）。

从已经查阅的文献资料中看到，针对促进制造业可持续发展的对策较多，但针对当下"工业4.0"影响的对策并不多见，即使偶有讨论也较为宽泛。

第三节 代际效应和提振效应的界定及"工业4.0"的影响

一、代际效应和提振效应的界定与应用

代际分析,或者称为队列分析。年龄、年代和代际模型,是劳动经济学中较为流行的研究方法,代际效应的分析更多的应用在社会学领域中,经典的研究学者有汉诺克和霍尼格(Hanoch & Honig, 1985)、迪顿(Deaton, 1985, 1997)、布比奇(Burbidge, 1997)等。代际效应主要指同代诞生的主体会面临相同的社会环境,导致属于不同代际的主体间的差异(周黎安等,2007;魏下海和董志强,2013)。目前代际效应也被较多地应用于对经济现象的分析中。

提振效应指某种存在对其他事物的提升、振兴作用效果,大部分提振效应的分析被应用于新闻报道中,在学术期刊中的使用较为少见。尽管如此,提振效应也被经济学者逐渐用于改革、政策及业绩的经济影响分析中(许召元和张文魁,2015)。国内关于提振效应的研究,关注率最高的文献当数许召元和张文魁(2015)的国企改革对经济增速具有提振效应的判断,主要内容为对于公益类国企和主业处于国民经济命脉或国家安全的重要行业内的企业,可以在保持现有管理体制的基础上,重点改革具体管理体制,重在提高保障国家安全能力,提高效率,降低成本,提高服务质量。对于处于充分竞争性领域的商业类国有企业,可以通过全部纳入国有资本运营公司,再由国有资本运营公司对国有股权进行完全市场化的、单纯追求市场效益和资本回报目标的市场化运作,推进实质性的市场化改革。

二、"工业4.0"战略的经济影响

"工业4.0"战略主要应用在德国的工业中,是当前德国工业发展的重要方向和总体目标。尽管如此,在欧盟的统计定义中,工业与制造业是等同的概念(Blanchet et al., 2015),而且从实际探讨的重点来看,德国提出的"工业4.0"概念应主要指称制造业,"工业4.0"与工业互联网之间的大量相似点,实际指明了全球工业未来发展的新方向,不同之处则暗示出只有结合国情的发展模式才能获得广泛支持(杨帅,2015)。因此,在国际上,"工业4.0"战略的使用内容更广泛一点,目前,其带来的影响也主要集中在经济领

域，在其他方面的影响还比较少。

根据"工业4.0"战略的内容和实施目标，"工业4.0"是在工业生产系统中应用网络实物系统（CPS）（Drath & Horch，2014），同美国的"再工业化"战略（Sterzinger，2008；Westkämper，2013；黄永春等，2013；唐志良和刘建江，2012；刘戒骄，2011；王展祥等，2011）一样，已经对世界其他国家尤其是中国产生了重大影响。

"工业4.0"带来的经济影响主要集中在以下几个方面。

（一）对生产率的影响

"工业4.0"作为重要的历史性技术变革引领，对经济发展的影响首先表现在生产率方面，在单一真实信息源、信息技术全球化、合作及自动化的推动下，合作推进决策制定、仿真及绩效（Schuh et al.，2014a）。在之前的三次工业革命中，由于蒸汽机的引入、泰勒制和自动化及计算机化，工业革命的效果主要是显著地提高了生产率（Schuh et al.，2013a），但"工业4.0"的实现需要四个假设前提来推动，这四个推动者贯穿于物理与网络、硬件与软件当中，包括：信息技术的全球化、单一的真实信息源、合作和自动化（Schuh et al.，2015）。

（二）生产方式方面

格鲁伯（Gruber，2013）指出，"工业4.0"是工业生产方式的新一轮革新，是继第一台自动纺织机、第一条流水线和第一个可编程逻辑控制器（programmable logic controller，PLC）诞生之后，类似互联网、大数据、云计算、物联网等新的信息技术，其给传统工业生产带来了革命性变化。在新一轮的信息技术及产业革命迅速发展并广泛应用的新条件下，德国积极将先进适用的信息技术应用在机械和装备制造业方面，在嵌入式系统及自动化工程领域都取得了显著成效（Voudouris et al.，2012）。裴长洪和于燕（2014）认为，"工业4.0"战略作为一种全新的工业生产方式，反映了人机关系的深刻变革，技术上实现实体物理世界和虚拟网络世界之间的相互融合，这反映了网络化和社会化组织模式的应用。德国"工业4.0"给中国工业带来了重大的发展机遇，对于战略性新兴产业和高技术产业发展来讲尤为重要。中国的战略性新兴产业和高技术产业虽然都有了一定程度的发展，但市场有效需求依然不足，技术水平较低，企业发展存在多重困境，高端适用人才缺乏等问题突出，中国应当利用发达国家"再工业化"战略的重要机遇，加紧、加强与发达国家制造业之间的交流和合作，尤其是和德国在战略性新兴产业以及高技术产业在政策、技术、贸易及投资等多个方面的深度交流和合作。

(三) 对经济发展的影响

工业革命也会加剧不平等,特别是有可能颠覆劳动力市场(Brynjolfsson & McAfee,2014)。因为工业革命是经济起飞和加速发展的重要动力(中国社会科学院工业经济研究所课题组,2012)。所以,"工业4.0"必然会影响未来世界经济发展的方向,进而也会对整个社会和人类的发展起到重要的推动作用。

三、"工业4.0"对中国工业发展的影响

"工业4.0"计划背后透露出的是德国工业界面对信息时代的危机感和制造根基被"蚕食"的焦虑感。"工业4.0"计划努力使其制造系统更加智能,联网更加紧密,反应更加迅速,以实现更强、更完善的制造能力(董鹏和季伟,2014)。在德国提出"工业4.0"的战略发展阶段,中国要借鉴德国工业发展经验,努力发展高端制造业,推动中国制造业的世界竞争力(黄阳华,2015;李政新,2015;兰建平,2015;史世伟,2016;Schlechtendahl et al.,2014)。"工业4.0"使目前世界范围内制造业的竞争转变成为关于技术和创新方面的竞争,随着中国自主创新能力的不断增强,中国制造向"中国智造"方向的转型正处在一个新的风口处(徐广林和林贡钦,2015)。

从学者们的探讨中可以看到,中国工业正处在转型升级的重要阶段,"工业4.0"战略无疑是中国工业尤其是制造业实现弯道超车,进而推动产业升级的重要助推力。关于"工业4.0"对中国工业的主要影响的分析,较有影响的论点主要有以下内容。

发展"工业4.0"是大势所趋,但是即便在德国,它也是面向未来的概念,中国"工业4.0"具备后发优势,主要表现为"工业4.0"顺应发展新型工业化以及建设创新型国家的趋势,中德合作符合双方的利益,具有强大的资本支持(刘翔宇,2015)。对于大而不强的中国制造业而言,"工业4.0"计划是一个重要的弯道超车机会,但这一趋势的发展不可能是一蹴而就的,当前还面临着诸多的技术规范和较多的社会现实问题(刘文栋等,2015)。因此,发展"工业4.0"不能急于求成,要重视实现它的物质及技术基础,而这要求透彻地理解"工业4.0"在价值创造过程中的特征,要深刻认识到,虽然基础薄弱,但是中国具备发展"工业4.0"的后发优势,如何充分利用后发优势实现循序渐进的发展,是工业界、学术界的一个长期课题。

针对上述"工业4.0"将带给中国工业的较大影响,中国工业企业要积极面对技术变革引起的产业变革,促进中国工业的转型升级,以提升中国在

世界范围内的竞争力和影响力。有关中国工业企业可以采取具体应对策略的研究，被关注较多的内容及观点主要包括：

德国"工业4.0"战略的智能化、数字化和服务化已经成为制造业发展的基本方向。通过系统、关联、集成、协同和融合的制造业产业体系，能够充分发挥中小制造业企业在有效机制以及大规模、个性化、定制化等方面的优势，"工业4.0"中体现的完善的技术创新平台、统一的工业制造业标准、充分发挥人力资源潜力等多个方面是值得中国企业学习和借鉴的（杜传忠和杨志坤，2015）。

对政府来讲，要高度重视和认真研判，分析并把握"工业4.0"的特性和规律，要制定适合中国的"工业4.0"发展战略与规划，为重建中国工业竞争优势指明方向；要启动并实施工业智能制造研发和产业化的专项工程，加强重大共性技术攻关，积极推动中国制造业快速向智能化方向的转型；同时尽快制定并积极实施关于"工业4.0"在中国发展的相关法律、标准及政策，积极鼓励和规范组织的研发设计与产品转型升级。同时，对企业来讲，要大力发展其主导的由科研机构、高校共同参与的产业技术创新联盟，加快创新进程；要面向市场，利用国内传统的市场规模优势进行企业的智能化改造，以使智能工业产品得以满足生产的个性化和多样化；通过创新优势企业，加快建设关键核心技术研发及产业化平台，以在世界范围内形成强势品牌和竞争优势；最后通过整合资源、凝聚人才及吸引资金，培育企业集成创新能力（李佐军和田惠敏，2015）。因此，中国应该充分利用已经具有的信息技术基础设施，采取从上而下的方式一步步地推进（张曙，2014）。

我们看到，已有文献关于"工业4.0"对中国工业发展的影响的分析较多，观点比较全面，且研究较为深入。然而，关于"工业4.0"对中国制造业影响的分析并不多。虽然制造业被包括在工业的范畴当中，但制造业在"工业4.0"的历史阶段，更多的是凸显其生产制造及与消费者对接的内容，而工业生产既有供给消费者的市场，也有用于再生产的过程。因此，实现"中国智造"的主要任务应该重点由中国制造业来担当。

第四节　对已有文献的简评

从国内外相关研究的学术史梳理及研究动态中我们可以看出，关于"工业4.0"的内容探讨及中国制造业的发展问题，国际和国内已经取得了一定的理论与实践成果，形成了较为丰厚的学术理论和学术观点。已有文献中对中

第二章 文献综述

国制造业发展的研究比较多，内容也较为丰富，已经形成比较深入和系统的观点及理论成果，研究内容渐趋完善。尽管如此，对于中国制造业发展质量问题的认识仍需要进一步的延伸和扩展，对产业发展质量的探索尚待继续深入挖掘，针对中国制造业发展质量及其影响因素的分析还仅处于探索阶段。

代际的差异广泛地存在于人类社会发展的历史长河中，尤其是其在工业革命过程中带来了全社会的巨大变迁。从目前的文献来看，将代际效应和提振效应应用在经济领域的文献并不多，鲜见有分析"工业4.0"对中国制造业发展质量影响的详细的代际分析，同时关于提振效应在经济领域的阐述更多的只是集中于报纸简评及政策规划中。详细探讨"工业4.0"对中国制造业发展质量代际影响和提振影响的文献几乎付之阙如。也就是说，在当前社会中，虽然大家都提出"工业4.0"会对经济发展产生代际效应和提振效应，但大部分的观点都还只是停留于宏观上的简单论述或口号上的宣传说明，而"工业4.0"的这种代际效应和提振效应究竟会如何具体地影响中国制造业发展及发展质量，尚鲜有全面深入的探讨和具体的实证分析。

因此，在第四次工业革命初见端倪的时代，"智能化"是"工业4.0"的核心和目标，中国制造业的发展质量在"工业4.0"的牵引之下，向"中国智造"和"中国创造"迈进的内在机理和实现对策，需要在已有文献的基础上继续发现和深入探讨，此也将成为未来研究发展的重要方向。"工业4.0"在带来代际变革的同时，也为制造业的发展起了强大的引导和推动作用，重振了制造业的发展基调和灵魂，也就是产生了强大的提振作用，这也是本研究的重点内容。因此，本研究延续已有的丰富的理论研究成果，探讨"工业4.0"对中国制造业发展质量的代际效应和提振效应影响机制，以期完善和拓展已有的研究。

第三章 提出"工业 4.0"战略的背景及中国制造业发展概况

"工业 4.0"战略引起了各个国家在理论上和现实产业内,关于制造业乃至工业发展前景的研究、探讨与实践,故需要首先了解"工业 4.0"战略提出的国际背景及现实原因。除此之外,在探讨"工业 4.0"对中国制造业影响的过程中,需要首先明确中国制造业的发展变化情况及演变特点,从而为后续探讨做好现实分析基础。因此本章对中国制造业发展演变的概况做以简要介绍,为后面章节的分析和探讨做好现实铺垫。

第一节 "工业 4.0"战略的国际背景

2008 年金融危机过后,包括美国、日本及中国等在内的世界上大部分国家开始重新思考制造业的发展方向,并制定制造业的发展战略,重新平衡实体经济和虚拟经济在国民经济发展中的构成、地位及作用。目前的后危机时代,各个国家仍然在如何重新定义和推动制造业发展问题上大做文章。

美国为了促进企业的发展和质量管理内容,在解决国内问题时,注重数据在促进实践发展中的作用。在企业管理和产品质量问题中,尤其在客户需求分析、客户关系管理、质量管理、设备健康管理和供应链管理等多个方面都主要依靠数据进行。美国大部分企业都会使用数据的 6-sigma 质量管理方法,由此也形成了 6-sigma 的质量管理体系。经过金融危机的洗涤,美国开始重视并逐步推行制造业回归计划,意图通过制造业的升级,继续占领全球产业竞争的制高点,为此制定并实施了较多的相关计划,包括 2009 年启动了"再工业化"的发展战略,并在 2009 年年底,公布了《重振美国制造业框架》;2011 年初,美国政府发布的《美国创新战略:确保美国经济增长与繁荣》报告,明确提出将先进制造业作为美国优先发展战略的五大创新方向之一;2012 年 2 月推出《美国先进制造业国家战略计划》并建立了首个制造创新中心,美国政府在 2012 年 3 月提出了国家制造创新网络计划(NNMI),在制造业四大领域建立九个研究创新中枢。将工业价值链中价值含量最高的几个构成部分据为己有，从源头确保核心竞争力，以此对抗德国的先进制造设备和中国的高效制造系统。2013 年进一步推出《制造业创新国家网络：基本计划》；2014 年年底推出《美国制造与创新复兴法案》并付诸实践；2016 年 2 月，美国商务部等四部门向国会联合提交了首份《国家制造创新网络计划：战略规划》与《国家制造业创新网络计划：年度报告》。通过这一系列的计划和举措，美国正在加速推进制造业的创新升级与重新发展，以期巩固美国经济在全球的领先地位和国家在全球的强大竞争力。

日本制造业最主要的特征是通过组织的不断优化，文化建设和人的训练三个方面来解决生产系统中的问题。20 世纪 70 年代，日本提出"以全生产系统维护"（TPM）为核心的生产管理体系，其核心思想包括三个方面，即全效率、全系统和全员参与，通过提高工作技能、改进团队精神、改善工作环境来完善生产体系。20 世纪 90 年代后，日本以"精益制造"作为制造业企业的主要转型方向。企业中的员工是最重要的价值所在，对人的信任要远远高于对装备、数据和系统的信任，以帮助人作为目的，来加强自动化和信息化的建设。以往，日本企业不会采用机器人代替人或无人工厂的生产模式。但是这样的文化在近年来却遇到了巨大的挑战，老龄化问题使得年轻一代的制造业人才开始大量短缺，知识的传承成为重要的问题。日本为了抵制长期的经济衰退，促进本国经济复苏和发展，2009 年 12 月由经济产业省发布了《新成长战略报告》，2013 年 6 月制定了《新增长战略》，即"日本复兴战略"，旨在通过"日本产业复兴计划""战略市场创造计划"以及"国际拓展战略"三个行动计划，使日本制造业在全球竞争中胜出，并创造具有高附加值的服务业，以便利企业开展活动，最大限度地发挥个人潜力。日本制造业的核心竞争力主要集中在生产过程、生产系统、产品及服务端等多个方面。但近些年来，日本最强势的传统产业，诸如汽车和消费电子等行业不断被韩国、美国和中国抢占，其为了在上游原材料、关键装备，以及关键零部件等领域具有优先话语权，在《2015 年制造业白皮书》中，将人工智能和机器人领域作为重点发展方向，同时加强在材料、医疗、能源和关键零部件等多个领域的各项投入。

2009 年 1 月，韩国政府制定并通过了《新增长动力规划及发展战略》，在此项战略中，确定了绿色技术产业和高科技融合产业，以及高附加值服务产业的三大战略发展领域。同时将 17 项新兴产业确定为新经济增长的动力，并将新兴产业作为重点发展的领域，主要涵盖包括绿色技术和尖端产业在内的相关领域。

中国作为新兴经济体的代表，也不断提出各种具体的相关产业政策，以在推动中国经济发展的同时，促进中国制造业的快速发展，进而提升制造业乃至整个国家在经济再次全球化中的影响和地位。2011年，中国国务院印发了《工业转型升级规划（2011—2015年）》，2012年7月，出台了《"十二五"国家战略性新兴产业发展规划》，这些政策措施积极推动了中国制造业的转型和提升，对中国经济社会全局和整体社会的长远发展，起到巨大的引领和带动作用，目的是使中国制造业在全球制造业领域中的影响力和竞争力得到提升。围绕实现制造强国的战略目标，中国国务院在2015年5月19日正式印发《中国制造2025》。《中国制造2025》是中国实施制造强国战略的第一个十年行动纲领，其主题是要促进中国制造业创新发展，通过加快信息化和工业化的深度融合，逐步实现中国智能制造的主要目标。《中国制造2025》不仅明确了智能制造的十大关键领域，并且提出着力发展智能装备和智能产品，推进生产过程智能化的目标。这主要包括组织研发具有深度感知、工业使用的机器人，智慧决策、自动执行功能的高档数控机床，增材制造装备等智能制造装备以及智能化生产线，其中突破成就诸如新型传感器、工业控制系统、智能测量仪表、伺服电机和驱动器、减速器等智能核心装置。

此外，作为新兴经济体的代表，2011年，印度政府在班加罗尔正式启动并建立了"信息物理系统创新中心"，希望能够开展包括人形机器人在内的多个领域的研究工作。

第二节　"工业4.0"战略的现实动因

德国国内的经济发展变化情况是提出"工业4.0"战略的直接现实动因。接下来详细探讨德国本土在"工业4.0"战略提出前后的经济变化情况。

一、德国的经济总量发展

从宏观角度看，经济发展总量在一定程度上可以反映出本地区总体的经济状况，而人均国内生产总值可以反映出国民经济发展的水平。德国的国内生产总值和人均国内生产总值的情况如图3.1、图3.2所示。

图3.1和图3.2分别为德国1991—2015年[①]国内生产总值和人均国内生

[①] 由于1990年10月3日两德统一，因此我们分析1991年及其后的情况。

产总值及它们相比于上一年的变化率。可以看到，德国的经济总量及国民经济发展水平缓慢上升，上升曲线相对平滑。以当年价格计算，25 年间德国国内生产总值从 1991 年的 1 579.8 亿欧元上升到 2015 年的 3 032.82 亿欧元，同时人均国内生产总值从 1991 年的 1 967.99 亿欧元/万人上升到 2015 年的 3 690.64 亿欧元/万人。1991—2015 年国内生产总值和人均国内生产总值的年均增长率为 2.8% 和 2.68%。两条曲线上升斜率发生明显变化的年份出现在 1992 年、2009 年和 2012 年。

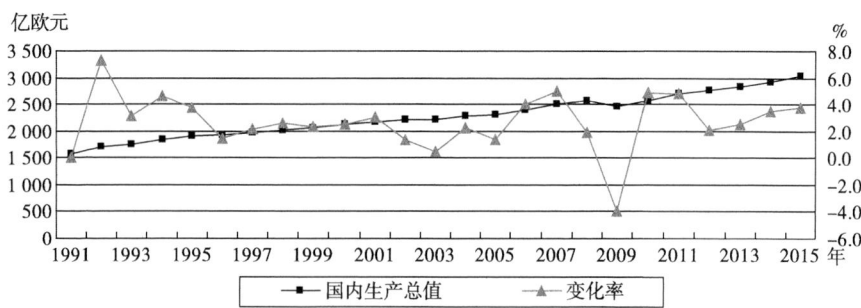

图 3.1　1991—2015 年德国国内生产总值及其变化率

数据来源：德国联邦统计局。https：//www.destatis.de/EN/FactsFigures/NationalEconomyEnvironment/NationalAccounts/DomesticProduct/Tables/GDPQuarterly1970_ xls.html，访问日期 2016 年 10 月 19 日。

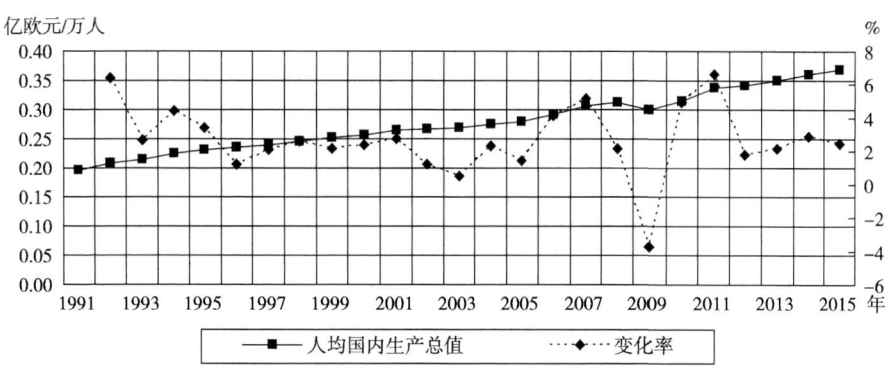

图 3.2　1991—2015 年德国人均国内生产总值及其增长的变化率

数据来源：https：//www.destatis.de/EN/FactsFigures/NationalEconomyEnvironment/NationalAccounts/DomesticProduct/Tables/GDPQuarterly1970 _ xls.html，和 https：//www.destatis.de/EN/FactsFigures/SocietyState/Population/CurrentPopulation/Tables_ /lrbev03.html，德国联邦统计局数据，访问日期 2016 年 10 月 19 日。

1992年德国出现国内生产总值和人均国内生产总值急速增长的最高点，分别为7.3%和6.38%，德国经济迅速发展之后进入平稳期。由美国的次贷危机引起的金融危机席卷了全球，也严重影响了德国的经济发展。2009年，德国出现国内生产总值以及人均国内生产总值极度下滑的情况，增长率跌到了25年间的最低值，分别为-4.0%和-3.73%。2011年，希腊爆发的主权债务危机，迅速影响整个欧盟乃至世界经济的发展，德国的国内生产总值和人均国内生产总值的增长率也从2011年的4.8%和6.63%，迅速下滑到2012年的2.0%和1.79%，之后德国国内生产总值和人均国内生产总值增长率缓慢上升，但仍低于之前水平。

从图3.3显示的2004—2015年德国国内生产总值占欧盟28国国内生产总值的比重变化中可以看到，2007年德国国内生产总值占欧盟28国国内生产总值的比重为近12年的最低点（19.36%），之后缓慢上升，从2011年到2012年仅仅增长了0.20%，2014年达到最大值20.89%。

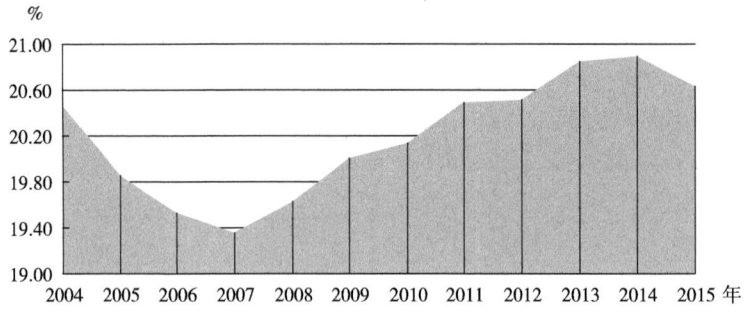

图3.3 2004—2015年德国国内生产总值占欧盟28国国内生产总值的比重变化

数据来源：根据欧盟统计局数据计算。http://ec.europa.eu/eurostat/tgm/refreshTableAction.do?tab=table&plugin=1&pcode=tec00001&language=en，访问日期2016年11月8日。

二、德国劳动力就业及失业的变化趋势

劳动力就业和失业状况也是衡量一个国家或地区经济发展及社会福利水平的重要指标之一。德国就业变化、失业及就业结构趋势和演变特点如图3.4~图3.6所示。

图3.4为1991—2015年德国就业人员总量及其变化率，包括国家范围（with place of residence in germany, national concept）和国内范围（with place of work in germany, domestic concept）两种情况。其中国家范围的就业人数从

第三章 提出"工业4.0"战略的背景及中国制造业发展概况

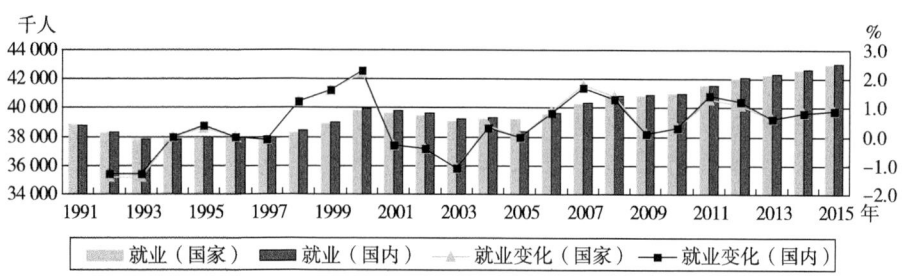

图 3.4 1991—2015 年德国就业人员总量及其变化率变化趋势

数据来源：德国联邦统计局。https：//www.destatis.de/EN/FactsFigures/NationalEconomyEnvironment/LabourMarket/Employment/TablesEmploymentAccounts/PersonseEconomicActivity.html，访问日期2016年10月26日。

1991 年的 38.85 百万人增加到 2015 年的 42.98 百万人；而国内范围就业人数，从 1991 年的 38.79 百万人增加到 2015 年的 43.06 百万人。从图 3.4 中也可以看到，二者的总量增长趋势和变化幅度基本趋同，就业增长率在 2000 年达到极大值，分别为 2.2%（国家范围）和 2.3%（国内范围）。德国就业人数增长率最低点出现在 1992 年和 1993 年，并且两年持平，分别为 -1.4%（国家范围）和 -1.3%（国内范围）。

图 3.5 为 1991—2015 年德国失业人员及其变化率。2005 年为德国失业人数最多的年份，失业人口为 486 万人，失业率达 13%，其次为 1997 年，失业人数和失业率为 438.4 万人和 12.7%。1991 年失业人口和失业率最低，分别为 260.2 万人和 7.3%。

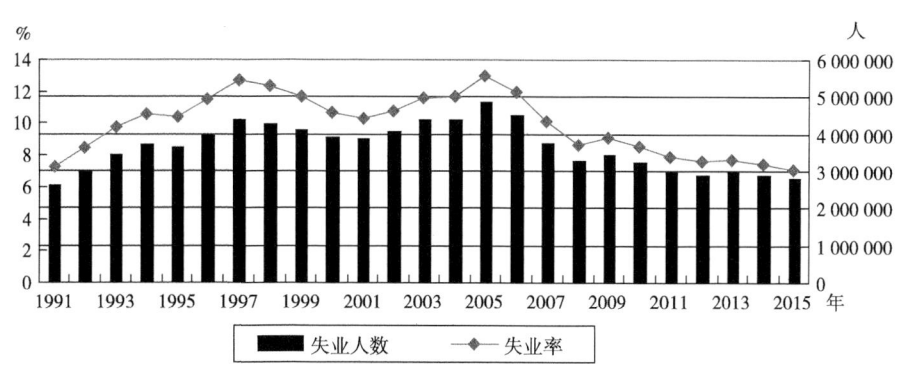

图 3.5 1991—2015 年德国失业人数及失业率的变化趋势

数据来源：德国联邦统计局。https：//www.destatis.de/EN/FactsFigures/Indicators/LongTermSeries/LabourMarket/lrarb003.html，访问日期 2016 年 10 月 26 日。

图 3.6 为德国工业部门中就业人员、员工、个体经营人员和家庭工人变化情况，可以看出，这几个方面的人数变化都较为稳定。工业部门就业人数和员工数最多的年份出现在 1991 年，分别为 1 385.6 万人和 1 326.4 万人。工业部门就业人数和员工数最少的年份出现在 2006 年，分别为 1 000.7 万人和 922.3 万人。2012 年个体经营人员和家庭工人最多，为 79.9 万人；1992 年个体经营人员和家庭工人最少，为 61.2 万人。

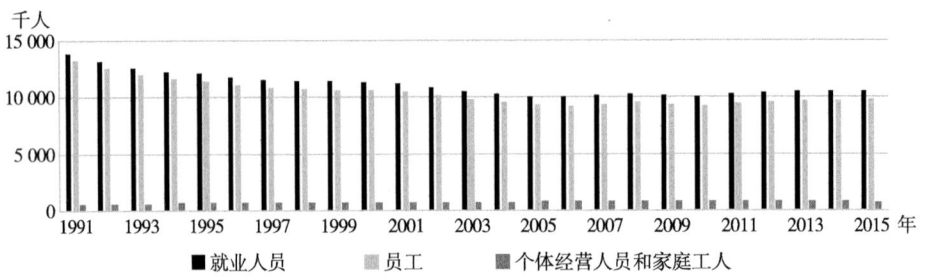

图 3.6 1991—2015 年德国工业部门中就业人员、员工、个体经营人员和家庭工人变化

数据来源：德国联邦统计局。https://www‐genesis.destatis.de/genesis/online; jsessionid = 6F7F06EEC1459731EC5E7649F62E0756.tomcat_GO_2_1? operation = previous&levelindex = 4&levelid = 1477446552767&step = 4，访问日期 2016 年 10 月 26 日。

从图 3.4、图 3.5 和图 3.6 可以看到，德国就业人数以及失业人数的低谷时期，都没有出现在 2008 年金融危机、2011 年希腊主权债务危机以及两次危机之后的时期。这说明在两次危机期间，虽然德国国内生产总值和人均国内生产总值极度下滑，但借助于德国自身强大的工业产业，德国国内的劳动力就业情况并没有受到明显冲击，使得德国较为顺利地度过危机。

从图 3.1~图 3.6 的变化趋势可以明显看出，德国的工业在国民经济发展中占有重要地位，德国工业不仅对国内国民经济的发展起了重要的支柱作用，而且帮助德国成功规避了经济危机带来的经济周期波动所产生的诸多影响。以上的分析也进一步验证了德国一直把工业的发展放在核心地位，始终重视本国国内工业的发展取得的成效。这也成为"工业 4.0"战略提出的重要历史和现实基础。

三、德国制造业生产成本的变化趋势

图 3.7 为 1995—2015 年德国主要的工业产品生产者价格指数变化（index of producer prices of industrial products）情况，主要的工业产品选取了石油和天

然气、纺织品、木材产品、橡胶和塑料制品、玻璃产品、金属、数据处理设备、电气设备、机械、电源、水和供水等。

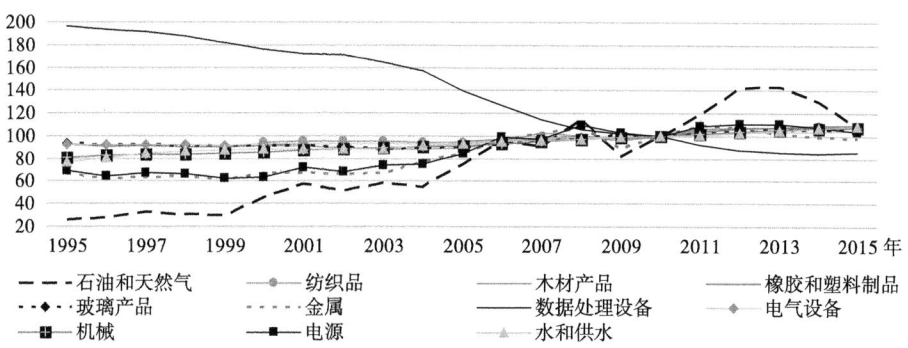

图 3.7　1995—2015 年德国主要的工业产品生产者价格指数变化（2010 年为 100）

数据来源：德国联邦统计局。https://www-genesis.destatis.de/genesis/online；jsessionid = B4F9ABFC40D895518AB8A65404D1E9A5.tomcat_GO_2_1? sequenz = tabelleErgebnis&selectionname = 61241-0002，访问日期 2016 年 10 月 27 日。

从图 3.7 中得到，以 2010 年为基期，主要的工业品中，除了数据处理设备的生产者价格指数一直在迅速下降之外，其他的工业产品价格指数都在上涨，其中尤其是以石油和天然气、电源及金属的价格指数增长速度最快，分别从 1995 年的 26.2，68.8 和 65.8 上升到 2015 年的 107.9，103.7 和 97.6。石油和天然气的生产者价格指数波动最大，在 2013 年达到最高峰 143.4，之后有所回落。木材产品、玻璃产品及电气设备的生产者价格指数的波动最小，分别从 1995 年的 93.4，93.0 和 92.2 上升到 2015 年的 109.4，106.0 和 104.9。

图 3.8 为 2001—2015 年德国工业和服务业劳动力成本指数变化，包括总体劳动力成本指数、总收入指数和非工资成本指数，这里的指数是相比于上一年成本的变化情况。2005—2007 年，三年内指数的变化较慢，且非工资成本指数呈现出负增长状态，但 2007 年之后，三者均出现快速的增长势头。除 2005—2007 年之外，总体劳动力成本指数在其他年份的数值始终大于 1%，其中总体劳动力成本指数在 2012 年达到峰值 3%。也就是说，德国总体工业和服务业劳动力的价格指数一直处于翻倍上涨的状态，同时总收入指数也呈现出同样的发展趋势。

图 3.9 为 2000—2015 年德国与欧盟 28 国、美国和日本每小时劳动报酬年

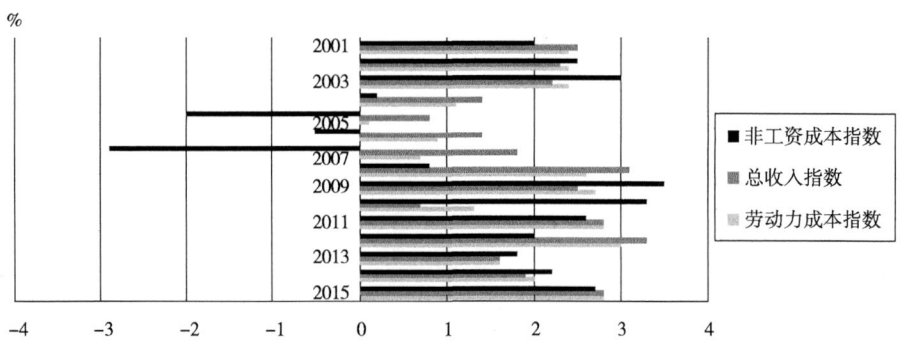

图 3.8　2001—2015 年德国工业和服务业劳动力成本指数（同上一年相比的变化）

数据来源：德国联邦统计局。https：//www.destatis.de/EN/FactsFigures/NationalEconomyEnvironment/EarningsLabourCosts/LabourCostsNonWageCosts/Tables_/IndexYearly.html，访问日期 2016 年 10 月 31 日。

增长率的比较。其中日本的劳动力报酬增长率变化幅度最小，年均为负值（-0.4%）。德国除 2006 年之外，劳动力报酬增长率均为正数，在 2009 年劳动力报酬增长率最高，达到 4.12%。虽然之后有所回落，但是在 2011 年后超过了其他三个经济体的增长率，位居世界主要发达国家首位。

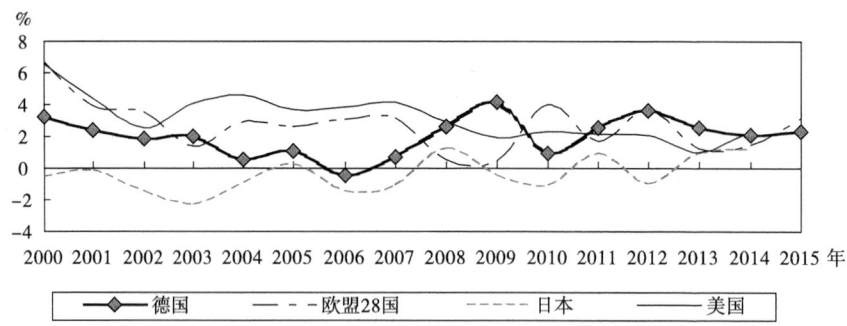

图 3.9　2000—2015 年德国、欧盟 28 国、美国和日本每小时劳动报酬年增长率

数据来源：经济合作与发展组织（OECD）数据统计网站。https：//data.oecd.org/lprdty/labour-compensation-per-hour-worked.htm，访问日期 2016 年 11 月 8 日。

四、德国对外贸易的变化

图 3.10 展示出 1991—2015 年德国外贸的整体发展情况，包括进口总额、出口总额及进出口总额相比于上一年的变化情况。德国总体的外贸进出口呈

第三章　提出"工业4.0"战略的背景及中国制造业发展概况

现上涨趋势，进出口额分别从1991年的3 404.25亿欧元和3 292.28亿欧元上升到2015年的11 963.78亿欧元和9 485.03亿欧元，分别上涨了3.5倍和2.88倍。从图中也可以明显看出，进出口额波动较大的年份均出现在2009年，外贸进出口增长率分别为－18.4%和－17.5%，这时的增长率水平均成为25年间的最低点。2010年之后，德国对外贸易情况迅速改善，2009年进口与出口总额增长率的低值，使得2010年的外贸进出口增长率水平成为25年间的最高点，数值分别为18.5%和19.9%。

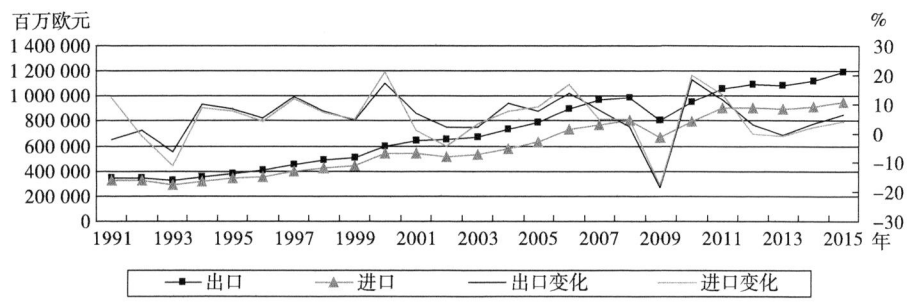

图3.10　1991—2015年德国外贸的整体发展

数据来源：德国联邦统计局。https://www.destatis.de/EN/FactsFigures/NationalEconomyEnvironment/ForeignTrade/OverallDevelopment/Tables/OverallDevelopmentForeignTrade.pdf?_blob=publicationFile，访问日期2016年11月3日。

图3.11展示了2004—2015年德国进出口额占欧盟28国进出口额的百分比。在这十余年中，德国进口额占欧盟28国进口额的百分比相对稳定，始终

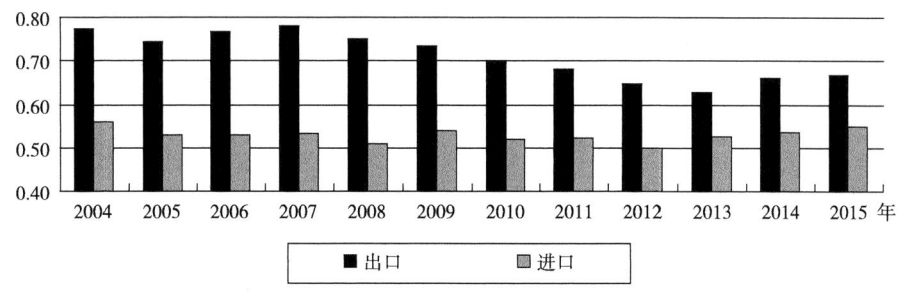

图3.11　2004—2015年德国进出口额占欧盟28国进出口额的百分比

数据来源：根据欧盟统计局网站计算。http://ec.europa.eu/eurostat/tgm/refreshTableAction.do?tab=table&plugin=1&pcode=tet00002&language=en，访问日期2016年11月8日。

处于50%~56%。相比于进口额比重，出口额比重变化较大，德国出口额占欧盟28国出口额的百分比在2007年达到最高点78.09%，之后逐年下滑。2013年德国出口额占欧盟28国出口额的百分比为62.65%。可见在出口额方面，德国一直是欧盟28国的支柱国家之一，2004—2015年出口额所占比重始终超过60%，这也使得德国成为金融危机期间欧盟的重要支撑国家。

第三节 "工业4.0"战略提出的影响因素

综上所述，图3.1~图3.11分别展示了德国经济总量的发展与变化、劳动力就业及失业的变化、生产成本的变化、对外贸易的变化等情况。通过多方面的内外部发展情况可以看出，美国的次贷危机引起了全球范围内的经济与金融的巨大风暴，严重影响了各国实体经济和虚拟经济的发展和增长势头，导致大部分国家的工业产业受到严重的负面影响，甚至引起剧烈的国内经济衰退，德国也不可避免地受到影响，国内经济总量及增长率出现了显著下滑。

2011年，由希腊爆发的主权债务危机，也快速地扩散到欧洲其他国家和地区，导致欧洲大部分国家的经济再一次遭受威胁。德国虽然在两次危机中经济总量和对外贸易受到严重冲击，但是凭借强大的工业支撑，尤其是发达而强大的制造业基础，保持了国内劳动力的高就业水平和低失业率水平，特别是失业率没有受到大的波动，反而持续减少，同时也维持了其在欧盟中国内生产总值的比重和出口总额的比重。因此，德国能够顺利度过两次危机并成为欧洲经济发展的领军者，这完全归功于其坚实且根基稳固的制造业。

虽然德国拥有世界上先进的生产设备和全球认可的一流制造业，但是危机过后，德国仍然存在内外部的现实压力，包括生产要素的价格呈现逐年上升的趋势以及劳动力成本和报酬在世界范围内持续上涨的趋势，以及来自外部的竞争压力。德国经济发展所受到的内外部环境影响，成为"工业4.0"提出的主要背景和决定性因素（见图3.12）。

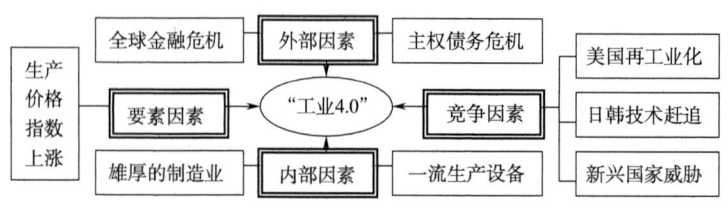

图3.12 德国"工业4.0"提出的影响因素

因此，德国为了继续保持其传统制造业在全球范围内所具有的优势，以及进一步促进德国国内新一轮信息技术引起的革命性的工业企业在高科技领域方面的研究开发内容，以开辟在世界范围内的创新领域引擎和主动地位，开创性地提出了"工业4.0"战略。

"工业4.0"工作组在2012年1月和10月间在德国国家科学工程院的协调下出台了初步实施建议。2012年10月2日，所提建议于柏林生产技术中心举行的工业—科学研究联盟的实施论坛上作为一份报告提交给德国政府。2013年4月的汉诺威工业博览会上，德国的信息技术与通信新媒体协会（BITKOM）、德国机械设备制造业联合会（VDM）及德国电气与电子工业联合会（ZVEI）三个工业行业的专业协会联合设立秘书处，并开启了"工业4.0平台"。2013年9月，德国联邦教育研究部发布由"工业4.0"工作组修订完善的《把握德国制造业的未来——实施"工业4.0"战略的建议》。此后，"工业4.0"战略在全球范围内引起了重大的关注和相应的应对行动。

第四节 中国制造业的发展规模及演变趋势

在分析了"工业4.0"提出的背景之后，继续回到对中国制造业发展情况的分析中。本节主要分析中国规模以上制造业[①]的发展情况，包括行业的总产值、主营业务收入、资产总额及就业人数等。

一、中国制造业增长趋势

伴随着中国改革开放和加入世界贸易组织，中国制造业在2000—2017年快速增长，总体产业的增长趋势和增长速度变化如图3.13所示。

制造业总量的增长离不开各个行业的快速发展，按照第一章中的分类标准，中国制造业八个具体行业的增长状况如图3.14所示。

从变化趋势图中可以明显看到，中国制造业增长迅猛，主营业务收入总量从2000年的71 488.5亿元上升到2015年的991 710亿元，15年上升了13.87倍。主营业务收入年增长率分别为38.54%和28.49%，次要增长高峰出现在2007年和2013年，年主营业务收入增长率分别为28.62%和12.89%。

---

① 按照中国国家统计局的统计指标解释，1998—2006年，规模以上工业是指全部国有及年主营业务收入达500万元及以上的非国有工业法人企业；从2007年开始，按照国家统计局的规定，规模以上工业的统计范围为年主营业务收入达到500万元及以上的工业法人企业；2011年经国务院批准，纳入规模以上工业统计范围的工业企业起点标准从年主营业务收入500万元提高到2 000万元。

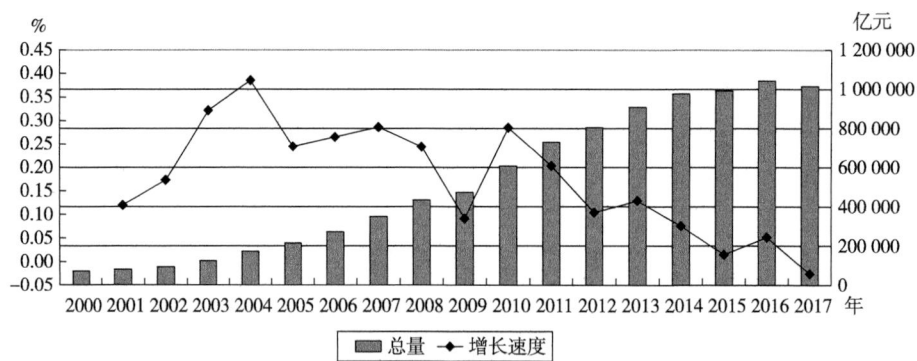

图 3.13　2000—2017 年中国制造业规模以上企业主营业务收入总量和年增长速度
数据来源：作者计算。

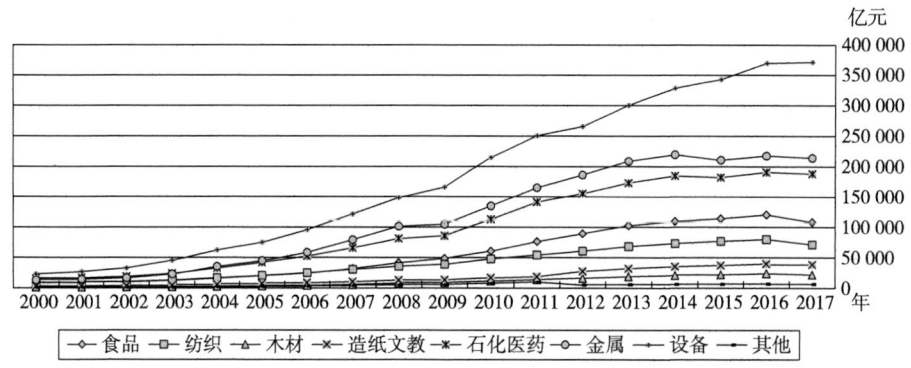

图 3.14　2000—2017 年中国制造业分行业规模以上企业主营业务收入变化
数据来源：国家统计局。http://data.stats.gov.cn/easyquery.htm? cn=C01，访问日期 2018 年 4 月 6 日。

中国制造业主营业务收入年均增长率为 19.60%，制造业总体规模快速增长，主营业务收入的增长率曲线，呈现出逐渐衰减的 2 个"M"形，其中 2 个主要增长高峰分别出现在 2004 年和 2010 年。

继续观察中国制造业八大行业规模以上企业的主营业务收入总量变化情况及中国制造业整体增长率变化情况。在 2003 年及之前的各年份，中国制造业各个行业主营业务收入的规模都在 5 万亿元以下，从 2004 年开始，设备制造业、金属制造业及石化医药制造业迅猛发展，增长速度位列前 3 名，其中尤其是设备制造业的增速最快。而隶属于传统制造业范畴的食品相关制造业、纺织制造业、造纸文教制造业、木材制造业，增长速度相对缓慢。

二、中国制造业固定资产变化

2000—2016 年,中国制造业规模以上企业固定资产总量稳步上升,从 2000 年的 77 898.8 亿元上升到 2016 年的 256 649.89 亿元(增长了 3.29 倍),2017 年略有回落。行业内部设备相关制造业、金属相关业和石化医药制造业固定资产总量始终处于领先水平。与主营业务收入的变化趋势相似,固定资产增长率曲线出现衰减的"M"形,其年均增长率为 11.45%(见图 3.15、图 3.16)。

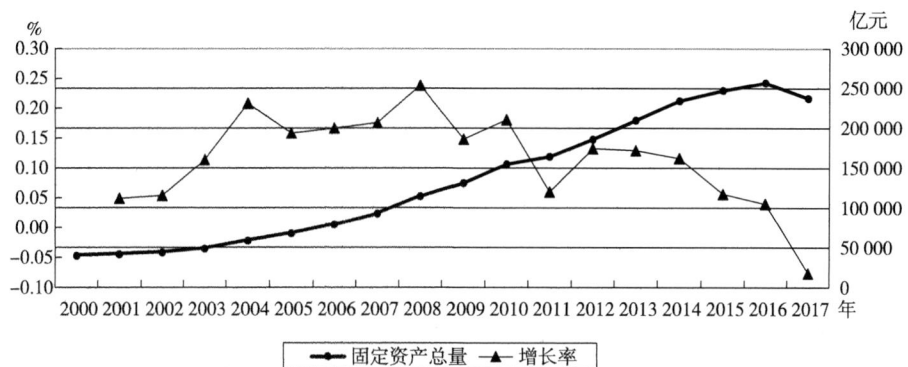

图 3.15　2000—2017 年中国制造业规模以上企业固定资产总量及变化率

数据来源:根据国家统计局网站数据整理。http://data.stats.gov.cn/easyquery.htm? cn=C01,访问日期 2018 年 4 月 6 日。

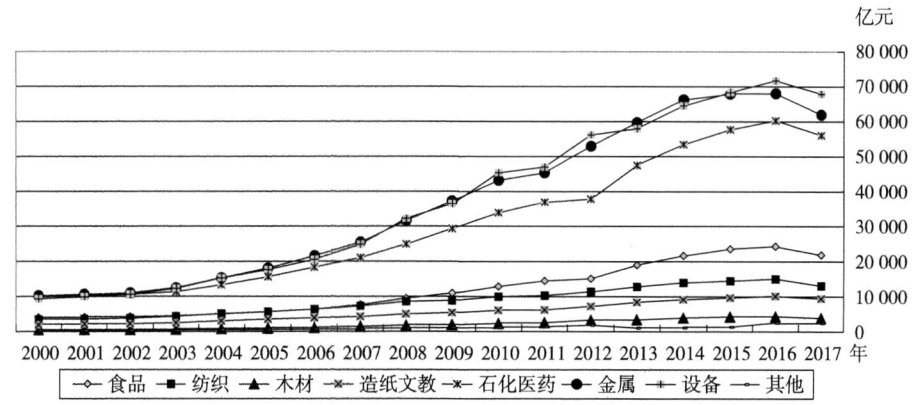

图 3.16　2000—2017 年中国制造业规模以上企业分行业固定资产总量

数据来源:国家统计局。http://data.stats.gov.cn/easyquery.htm? cn=C01,访问日期 2018 年 4 月 6 日。

三、中国制造业劳动力就业人数变化趋势

中国制造业劳动力就业人数的变化情况如图3.17所示。

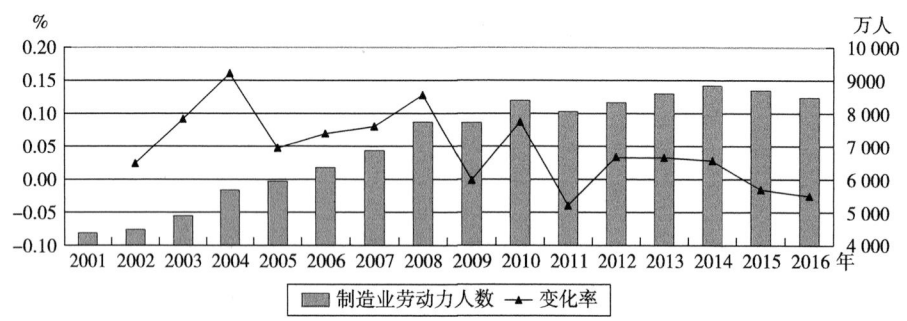

图 3.17　2001—2016年中国制造业劳动力人数总量变化及变化率

数据来源：根据各年《中国工业经济统计年鉴》数据整理。其中2012年的数据缺失，计算过程中使用前后两年的平均值表示。

总量变化比较显著，从2001年的4 368.75万人增长到2016年的8 472.26万人，年均增长率为4.66%，虽然其增长速度相对较快，但远落后于资产的增长速度。制造业劳动力就业人数增长速度曲线仍呈现出衰减的"M"形变化特征，增长较快的年份出现在2004年、2008年及2010年，而2009年、2011年、2015年和2016年均出现了负增长。

第五节　小　结

本章主要探讨了"工业4.0"战略产生的背景、动因，并对中国制造业发展的基本情况进行了分析。

世界金融危机之后，包括美国、日本及中国等在内的世界大部分国家开始重新思考制造业的发展方向，并制定制造业的发展战略，重新平衡实体经济和虚拟经济在国民经济发展中的构成、地位及作用。在经济全球化及再全球化的演进和变革中，不仅仅是新型工业的发展中国家，发达国家也针对本国的历史发展和现有的特色工业，制定了一系列的政策措施。其中，尤其是以美国、日本和中国为典型代表，比如，2015年中国工信部的长期规划《中国制造2025》。

德国在两次危机中，国内经济发展确实受到强烈的负向影响，但德国凭

借自身坚实的工业基础，尤其是制造业在国民经济中的突出地位，顺利地度过了多次难关。"工业4.0"战略提出之后，德国经济始终处于平稳快速增长的状态。德国能够顺利度过两次危机并成为欧洲经济发展的领军者，完全归功于其坚实且根基稳固的制造业。德国为了继续保持其制造业在全球范围内所具有的传统竞争优势，以及在世界范围内创新领域的引擎和主动地位，开辟德国在创新领域的源泉与现实应用问题，开创性地发布并开始执行"工业4.0"战略。

同时，根据中国制造业及各个行业发展及变化情况，得出结论：首先，中国制造业及各个行业主营业务收入总量迅猛增长；其次，中国制造业固定资产增长率及劳动力就业人数增长速度出现衰减的"M"形。

第四章 中国制造业发展质量分析

本章在制造业发展质量内涵的基础上，结合经济全球化及后危机时代的历史阶段，通过构建中国制造业发展质量维度，提出制造业发展质量的综合评价指标体系，并且基于此指标体系，使用中国制造业总体及行业面板数据，对中国制造业的发展质量进行实证分析，并探讨其在时间、区域及内部结构三方面的发展事实。通过本章的研究，期望能够在经济再全球化的历史阶段，更好地认识中国制造业的发展质量，以使中国制造业能够更好地应对"工业4.0"的来袭，也为制定提升中国制造业发展质量的政策建议提供参考。

第一节 评价指标体系构建的原则

制造业的发展质量是一个综合性的概念，虽然可以直观地对其定义，但是其内涵极为丰富，涉及经济、社会及环境等多方面的因素。如何全面地对其进行评价需要深入研究和翔实探讨。

首先，需要构建制造业发展质量的评价指标体系。科学构建评价指标体系是制造业发展质量客观分析的关键环节。结合已有文献，在构建评价指标体系时，需要遵循以下原则。

一、系统性和综合性相结合的原则

评价指标体系应该能够全面反映制造业的综合发展情况，各个部分的指标之间应该具有一定的逻辑关系。各个子指标不仅可以从经济、社会和环境各个不同的侧面反映出制造业主要的固有特征和现存状态，而且各个子系统也要反映出经济、社会和环境三个方面的内在关联，各个侧面要相互独立，而又彼此联系，共同构成一个系统的整体。所以评价指标体系不是各个指标的简单罗列和组合，而是紧密联系且符合逻辑的整体，能够系统并综合反映制造业的发展情况。

二、典型性和动态性相结合的原则

评价指标体系中的各个层次指标,必须具有一定的典型性,能够反映出制造业发展的固有属性,这些固有属性具有一般事物的发展共性,同时更能够体现出制造业的个性所在。并且根据这些属性所提炼的评价指标,应能够伴随着经济、社会与环境的发展而通过时间效应反映出来,以体现出在发展变化中的典型性固有属性。

三、简明性和可量化相结合的原则

制造业发展质量指标的设定需要在科学选取指标的基础上,所选指标应能够简单明了地反映出制造业的发展情况和发展特征,并且这些简明的指标能够收集到且能进行量化处理。选取的指标不能太多太细,以避免各项指标之间的交叉和重叠,但也不能过于简单,而且指标要便于收集,具有现实的可操作性和可量化性,能够进行数据计算和统计分析。

第二节 制造业发展质量评价指标体系的构建

为了能够准确真实地反映中国制造业发展质量的情况,在遵照上述原则和对制造业发展质量的内涵把握的基础上,笔者认为制造业的发展特征是包括多维度的指标综合,这些特征能够反映出制造业行业、制造业企业及制造业产品在制造业产业发展过程中具有的持续的发展能力和竞争能力,进而影响整个社会的福利水平。

结合前面的分析结果,笔者认为制造业发展质量的特征是由制造业产业的发展质量、制造业企业的发展质量以及制造业产品和服务的发展质量三方面相互影响,共同构成的,是三维对立统一的综合体,如图4.1所示。

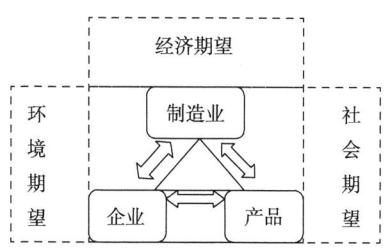

图4.1 制造业发展质量的概念模型

在已有研究的基础上,本书将中国制造业发展质量界定为:紧密围绕制造业产业发展的核心内容,以经济期望为中心,包括社会期望和环境期望。具体来讲,制造业发展质量是由增长度、效率度、对外依存度、创新度、企业质量、产品质量、社会贡献度和环境友好度等方面构成的。由此在质量维度的范围内,明确制造业发展质量标准,并进行指标的选择和指标体系的构建,进而能够对中国制造业发展质量的时序变化与具体行业的差异进行详细的探讨。

由此,可以将中国制造业发展质量的评价指标体系,初步构建成为经济期望、社会期望和环境期望三个方面。其中经济期望是最为重要的,而经济期望又由多个方面构成,包括制造业产业层面,制造业企业和产品三个部分,体现出由宏观到微观且密切相关的三个层次。

接下来将制造业发展质量的衡量指标体系划分为一级、二级和三级三个层级,其中一级指标表示大类,二级指标是对一级指标的进一步划分,三级指标是具体的计算方法及细目①。

基于中国制造业发展质量三方面的期望,所构成的一级指标包括产业增长度、产业效率度、产业对外依存度、产业创新度、企业发展质量、产品质量、社会贡献度、环境友好度等,见表4.1。

表4.1 制造业产业发展质量的指标体系

目标	维度	要素	指标	属性	数据来源
	一级指标	二级指标	三级指标		
经济期望（E）	E_1增长度	E_{11}增长速度	年均增长率=（本年销售产值-上年销售产值）/上年销售产值	正向	《中国统计年鉴》
		E_{12}增长贡献率	总产值增量占GDP增量的比重	正向	
		E_{13}增长稳定性	（本年增长率-上年增长率）/上年增长率	正向	
	E_2效率度	E_{21}劳动生产率	总产值/平均用工人数	正向	《中国工业经济统计年鉴》
		E_{22}资本产出率	总产值/资产总额	正向	
		E_{23}资本劳动比	资产总额/平均用工人数	正向	
		E_{24}全要素生产率	Malmquist 指数	正向	

① 由于在各年统计年鉴中,2012—2015年,汽车制造业均单独统计;2011年之前,橡胶制造业和塑料制造业的数据分别统计。为了保持数据的统一性,在后面行业的计算过程中,将汽车制造业融入交通运输设备制造业中,橡胶制造业和塑料制造业合并为橡胶塑料制造业。

续表

目标	维度 一级指标	要素 二级指标	指标 三级指标	属性	数据来源
经济期望 (E)	E_3对外依存度	E_{31}资产依存度	制造业外商及港澳台商投资企业固定资产占制造业规模以上企业资产之比	正向	《中国统计年鉴》
		E_{32}外贸依存度	出口交货值占产业销售产值之比	正向	
		E_{33}外贸活力	外商及港澳台商投资企业单位数占规模以上企业单位数	正向	《中国工业经济统计年鉴》
	E_4创新度	E_{41}创新强度	研发经费占销售产值之比	正向	《中国科技统计年鉴》
		E_{42}创新潜力	研发人员/从业人员数	正向	
		E_{43}技术进步率	Malmquist 指数分解	正向	
	E_5企业质量	E_{51}发展潜力	有研发机构的企业百分比	正向	《中国科技统计年鉴》
		E_{52}发展活力	有研发活动的企业百分比	正向	
		E_{53}增长活力	企业的进入率（新进入企业百分比）	正向	《中国统计年鉴》
		E_{54}衰退率	亏损率（亏损企业百分比）	逆向	
	E_6产品质量	E_{61}品质度	生产者出厂价格指数	正向	
		E_{62}升级度	新产品销售收入占比	正向	《中国科技统计年鉴》
社会期望 (S)	S_1社会贡献度	S_{11}就业吸纳率	就业/总就业	正向	《中国工业经济统计年鉴》
		S_{13}产值利税率	税收占总税收比重	正向	《中国统计年鉴》
环境期望 (E')	E'_1环境友好度	E'_{11}能源使用强度	单位产值增加值能耗	逆向	《中国能源统计年鉴》(2016)《中国统计年鉴》
		E'_{12}废水排放强度	废水排放量与销售产值之比	逆向	
		E'_{13}废气排放强度	废气排放量与销售产值之比	逆向	《中国环境统计年鉴》
		E'_{14}废固排放强度	固体废物产生量与销售产值之比	逆向	

一、产业的增长度

在对事物发展的研究中,一般需要从其总量的增长研究入手,总量增长也是首要和核心的考察目标。

制造业产业的增长度包括的二级指标有:①增长速度,它可以反映出产业的总量发展状态,计算时采用规模以上制造业企业工业销售产值①的年均增长率衡量;②增长的稳定性,表示产业增长的波动程度,计算公式为(本年增长率-上年增长率)/上年增长率;③增长贡献率,反映制造业产业的发展对国民经济整体发展的影响程度。

二、产业的效率度

产业增长既要考虑增长速度,又要考虑增长效率,产业的发展要不断依靠单位投入要素的产出效率,而不能仅仅依靠投入要素数量的增加,产业发展要从"粗放型"增长方式向"集约型"增长方式转变。

产业效率度可以反映出产业的升级程度以及产业对要素的依赖程度,用劳动生产率、资本产出率、资本劳动比及全要素生产率计算。

其中,劳动生产率使用规模以上制造业企业销售产值/平均用工人数(单位:亿元/万人),由于数据的可获得性,2012年数据缺失,使用2012年前后两年的数据平均值进行缺补,2012年之前的数据,采用全部从业人员平均人数,2012年之后采用平均用工人数表示。资本产出率计算公式是规模以上制造业企业的销售产值/资产总额。全要素生产率采用Malmquist指数计算方法得到。

三、产业对外依存度

产业对外依存度可以反映出开放经济体中制造业对外贸易的依赖程度,包括外贸依存度(用制造业规模以上工业企业出口交货值占产业销售产值的比重计算)和外资依存度(制造业外商及中国港澳台商投资企业固定资产占制造业规模以上企业资产比重计算),以及外贸活力(外商及港澳台商投资企业单位数占规模以上企业单位数计算)。

---

① 一般来讲,销售产值和总产值是呈同趋势增减的。由于数据的可获得性,本书采用规模以上工业企业的销售产值替代产业的总产值。

四、产业创新度

创新是经济发展的重要推动力,制造业产业创新度也是决定制造业发展质量的关键因素之一。产业的发展不仅只是简单依靠劳动力和资本投入来拉动的,产业的创新更多的是依靠技术的进步和知识的拓展来拉动的。

产业创新度包括创新强度、创新潜力(为了获得数据的连续性和统一性,此处数据使用服务于中国制造业的研究与开发机构中,研发经费内部支出占制造业销售产值的百分比表示研发人员占从业人员的百分比。)、产业技术进步率(由产业效率度中全要素生产率的计算方法 Malmquist 指数分解方法得到)。

五、企业发展质量

企业是产业中的微观主体,因此企业的发展质量也是产业发展质量的基础和保证。在探讨制造业发展质量时,一定要充分考虑企业的发展质量,这主要包括企业的发展潜力和发展活力等。

企业的发展也是产业发展的主要动力来源,通过对企业数据的观察和统计,企业的发展潜力和发展活力分别使用有研发机构的企业和有研发活动的企业占企业总数的百分比表示①。另外,加入企业的增长活力 [详细考查企业发展质量,使用企业进入率(新进入企业百分比)] 和衰退率(亏损企业百分比)指标。

六、产品质量

产品是产业最终提供给社会的物质载体,产品的发展质量是社会对产业发展质量的基础需求和期望。产品质量包括产品的品质度和产品的升级度。在商品经济非常发达的现代社会中,制造业企业的垄断程度会逐渐降低,制造业企业的竞争程度会逐渐增加,这使得制造业产品的信息逐渐完备,所以价格一定程度上可以反映出质量的高低。同时按照价值规律的表现形式,产品的价格会围绕价值上下波动。

产品的品质度采用生产者出厂价格指数表示②。产品的升级度可以采用新

---

① 由于数据的可获得性,2003—2007 年、2009—2010 年数据分别用大中型企业的数据代替规模以上企业的数据。

② 《中国统计年鉴》中,橡胶和塑料制造业的价格指数 2011 年之前是分别统计的,故在计算时 2004—2011 年的指数取平均值;汽车制造业在 2012—2015 年价格指数数据单独统计列出,所以在计算时将其融入交通运输设备制造业中,取平均值。制造业总体的生产者出厂价格指数由于数据缺少,所以用工业生产者出厂价格指数近似替代。

产品销售收入占制造业销售产值的百分比衡量①。

七、社会贡献度

制造业作为国民经济发展的重要产业部门，为全社会提供重大的物质及技术资源，是全社会发展的基础产业部门。全社会对制造业成为国民经济发展的支柱型产业也存有很大的期望。社会贡献度主要包括就业吸纳率（制造业就业人数占总就业人口的百分比）和产值利税率（制造业应交所得税占税收总额百分比）。

八、环境友好度

在当前经济发展过程中，相比于其他行业和部门，制造业是影响环境的主要部门。制造业发展过程中对环境的影响程度也是重点关注的对象，主要包括制造业对环境的使用和对环境的影响两个方面。

环境友好度使用的指标为制造业能源使用强度（单位产值增加值能耗），废水排放强度（废水排放量与销售产值之比），废气排放强度（废气排放量与销售产值之比）以及固体废物排放强度（固体废物产生量与销售产值之比）。

从上面的指标体系中看到，制造业发展质量是一个综合性的概念，上述的 8 个方面从不同的角度比较全面地综合反映了制造业的发展质量。构建中国制造业发展质量的三维构成，具体包括 8 个一级指标，25 个二级指标，每一个二级指标的具体算法为三级指标的内容。各个指标的具体构建公式和数据的来源详见表 4.1。

第三节 评价指标权数的确定

设定好制造业发展质量的评价指标体系之后，需要设置各个指标的权重，如何科学合理地将各个权重计算出来，也是评价制造业发展质量的重要一步。在多指标评价体系中，各个评价指标的权重会直接影响制造业发展质量顺序的排列，所以指标权重的合理性与准确性决定着计算结果的可靠性。目前已有的对权重赋值的种类及各个种类的主要特征和使用情况见表 4.2。

---

① 由于数据的可获得性，2003—2007 年、2009—2010 年数据分别用大中型企业的数据代替规模以上企业的数据。

表4.2 评价指标的权重赋值种类

方法	特点	主要种类	内容	适用
主观赋值法	随意性大，内在结构关系难以反映出来，不需要具备样本数据	专家评价法（德尔菲法）	若干专家匿名独立给出权重，处理后得到综合权数。利用专家的知识和经验，进行主观判断，操作简单，但说服力弱，稳定性差	收集数据困难，信息量化不准确时使用
		层次分析法	建立递阶层次结构得到各指标的相对权重。将人的主观判断进行科学的整理与综合，权数即主观判断的大小，所需定量信息少。评价者对评价的本质、要素及要素的逻辑关系能够全面掌握	指标结构复杂，必要数据缺失时使用
客观赋值法	具有较强的数学理论依据，但有时可能与现实不符	变异系数法	根据各个指标观测值的变异程度大小赋值。变异程度大的指标对综合评价影响大，但没有体现指标的独立性及评价者对指标价值的判断	评价指标独立性较强时可用
		主成分分析法	求原矩阵的相关系数，计算特征根和特征向量，确定主成分及权数。通过降维，用相互无关、尽量少的指标替代原始相关度高的指标	普遍采用的方法。评价指标数目较多且指标间关系复杂
		熵值法	根据各个指标传输给决策者的信息量的大小确定权重大小。通过嫡值确定各分类指标的权重。与变异系数法类似，不能很好地反映相关指标之间的关系	
		多目标优化法	基于数学规划原理，评价对象差异最大时确定权重，包括绝对离差综合及均方差法。体现评价指标分辨率大小，区分评价对象的能力达到最大	计算过程复杂，且可能得不到最优解
		因子分析法	根据相关性大小对指标进行分组，每组表示一个基本结构，同组指标相关度高，不同组相关度低	
		复相关系数法	根据指标的独立性大小赋权重，独立性用复相关系数衡量。一个指标与其他指标的重复信息多，则赋予小权重，反之亦然。关注于指标的独立性，没有涉及变异性和主观偏好	评价指标关联程度比较大时使用

续表

方法	特点	主要种类	内容	适用
组合赋权法	结合了主观与客观赋值法的特征	乘法合成	将各种赋值方法得到的某一指标权数相乘，归一化处理后得到组合权数，类似于算术平均数	
		线形加权	将各种赋值方法得到的某一指标权数加权汇总。如何配置线性加权的权系数还需要不同的优化法确定	

参照李荣平（2004）及任静（2012）的探讨，各种方法的特点、基本内容及适用情况如表4.2所示。

在选择权重的过程中，一般主要考虑三个方面的问题：首先是评价指标的独立性程度，也就是和其他评价指标所衡量内容的重复度有多少；其次是指标的离差程度，或者说是变异程度，体现指标所反映的评估对象的独特性特征；最后是评价过程中评价主体的个性主观偏好（杨宇，2006）。

一、指标权重赋值方法的特点

目前，对指标权重的赋值方法有很多，而且新的赋值方法层出不穷，综合已有的研究方法，主要包括主观赋权法、客观赋权法及综合赋权法。其中主观赋权法主要包括专家咨询法（德尔菲法）、层次分析法（the analytic hierarchy process，AHP）等，客观赋值法主要包括变异系数法、主成分分析法、熵值法、离差及均方差法、经验等距权重法等。

主观赋值法主要应用于数据收集困难、数据信息不全等情况，同时这种方法对专家存在不同程度的依赖性，而专家在赋值时也会受到个人偏好及自身研究领域的约束限制。

本研究使用的指标数据主要是从各种统计年鉴及官方网站上获取的，而且可以看到评价指标之间的独立性相对较强。因此本研究使用客观赋值法中的变异系数法对指标进行赋值。变异系数法通过计算原始数据矩阵的标准差，得到变异系数。

本研究所使用的中国制造业发展质量的衡量指标数据，分别来源于各个年份的《中国统计年鉴》《中国工业经济统计年鉴》《中国科技统计年鉴》《中国能源统计年鉴》《中国环境统计年鉴》等，见表4.2中的内容。

基于上述两个方面的原因，本研究采用客观赋值法，以规避主观因素和人为因素的影响。

首先获得原始数据的矩阵 $\{X_{ij}\}$，本文中使用的数据为制造业 29 个具体行业，质量评价体系中，评价指标为 25 个。因此原始数据矩阵中的维度数量分别是 $i = 1, 2, \cdots, 29, j = 1, 2, \cdots, 25$ [①]。

二、变异系数法的权数指标

变异系数法是通过计算原始数据矩阵的标准差，得到需要使用的变异系数。用变异系数归一法赋值能够避免指标的量纲和数量级不同所带来的影响。

首先需要对数据进行处理，以避免直接使用原始数据测度对指标总量的差异产生影响。应用倒数方法对所有逆指标进行正向化后，对数据进行无量纲化处理，采用极差法使数据标准化，计算公式为：

$$Y_{ij} = \frac{X_{ij} - \min X_j}{\max X_j - \min X_j}, \ i = 1, 2, \cdots, 29, \ j = 1, 2, \cdots, 25 \qquad (4-1)$$

式中，Y_{ij} 为经过处理的第 i 个评价对象的第 j 个评价指标值，X_{ij} 为该指标的原始数据，$\max X_j$ 和 $\min X_j$ 分别表示第 j 个评价指标的最大值和最小值。

其次，计算出各个指标的平均数 $\overline{Y}_j$ 与标准差 S_j。

$$\overline{Y}_j = \frac{1}{m} \sum_{i=1}^{m} Y_{ij}, \ j = 1, 2, \cdots, n \qquad (4-2)$$

$$S_j = \sqrt{\frac{1}{m-1} \sum_{i=1}^{m} (Y_{ij} - \overline{Y}_j)^2}, \ j = 1, 2, \cdots, n \qquad (4-3)$$

再次，计算各个指标的变异系数值 V_j 及各个权重值 W_j。

$$V_j = \frac{S_j}{\overline{Y}_j}, \ j = 1, 2, \cdots, n \qquad (4-4)$$

$$W_j = \frac{V_j}{\sum_{j=1}^{n} V_j}, \ j = 1, 2, \cdots, n \qquad (4-5)$$

最后，得到各个评价指标总得分：

$$F_i = \sum_{j=1}^{n} Y_{ij} W_j, \ i = 1, 2, \cdots, n \qquad (4-6)$$

---

① 在计算过程中发现，把制造业总量加入各行业指标中，导致其指标值大部分是 1，故将制造业质量指标单独计算，计算公式相同。

第四节 中国制造业发展质量

一、数据说明

从表4.1中找出中国制造业2003—2016年相关数据①。从《中国统计年鉴》中规模以上企业数据,所得数据的制造业产业的划分依据第一章表1.1中所示。制造业各行业的增加值用规模以上企业销售产值衡量,对于消除价格波动产生的现值与真实值不符的情况,使用1978年为基期的居民消费价格指数进行平减,得出各真实数据值,计算公式为指标数据除以定基的居民消费价格指数。

将各个指标数据进行计算后,得到指标体系中各个量化标准数值。用年份的平均值做权重时,每一年的数据应单独计算(因为行业有差异,不是年份有差异),考虑制造业各行业发展水平和发展质量的差异及部分指标年份的数据缺失,在计算各个行业权重时,都以2003—2016年各指标的算术平均值作为权重确定样本数据,得到基于各指标算术平均数的权重后,再逐一算出各个年份各个行业的质量发展数值。

二、评价指标的权重结果

将所得指标数据标准化后,首先得到2003—2016年中国制造业各个行业25个指标的平均数及标准差,进而计算出变异系数及各个指标的权重。各指标的权重见表4.3中的权重1。

在分析及计算制造业总体的发展质量时发现,由于制造业总量的质量指标值是各行业指标值的加总,如果将总量作为一个产业加入上述29个产业中进行分析,得出部分数据标准化后的指标值均为1,导致质量值大部分年份都相同。因此需要将制造业总体的发展质量值单独计算。由此得到的2003—2016年中国制造业总量25个指标的权重,见表4.3中的权重2部分。

---

① 其中,未获得S13产值利税率2015年数据及2003年出厂价格指数,其他数据基本连续完整。在计算过程发现制造业总体行业,2011—2014年的所得数据相同,故将2015年制造业产值利税率指标数值用2014年计算所得近似替代。

第四章 中国制造业发展质量分析

表 4.3　2003—2016 年中国制造业各个行业的各指标权重

二级指标	权重1	权重2	二级指标	权重1	权重2
E_{11} 增长速度	0.039	0.037	E_{51} 发展潜力	0.040	0.034
E_{12} 增长贡献	0.043	0.022	E_{52} 发展活力	0.040	0.045
E_{13} 增长稳定性	0.014	0.057	E_{53} 增长活力	0.024	0.027
E_{21} 劳动生产率	0.057	0.038	E_{54} 衰退率	0.028	0.022
E_{22} 资本产出率	0.028	0.055	E_{61} 品质度	0.019	0.035
E_{23} 资本劳动比	0.053	0.046	E_{62} 升级度	0.048	0.043
E_{24} 全要素生产率	0.031	0.038	S_{11} 就业吸纳率	0.037	0.028
E_{31} 资产依存度	0.021	0.036	S_{13} 产值利税率	0.039	0.028
E_{32} 外贸依存度	0.011	0.023	E'_{11} 能源使用强度	0.040	0.038
E_{33} 外贸活力	0.028	0.032	E'_{12} 废水排放强度	0.049	0.049
E_{41} 创新强度	0.126	0.108	E'_{13} 废气排放强度	0.051	0.040
E_{42} 创新潜力	0.031	0.039	E'_{14} 废固排放强度	0.075	0.037
E_{43} 技术进步率	0.031	0.044			

通过比较可以看到，2003—2016 年中国制造业发展质量在分行业和制造业整体分别计算的情况下，权重指数发生了一些波动，但不管哪种情况，创新强度对制造业发展质量的影响都至关重要。在分行业计算所得的权重中占 0.126，在仅考虑制造业总体指标的计算中占 0.108，均远远高于其他的指标。

分行业的权重指标，除创新强度外，废弃固体排放强度、劳动生产率、资本劳动比及制造业产品的升级度权重的加总为 0.235 左右，这些方面均对制造业各个细目行业的发展质量存在较大程度的影响。

在仅考虑制造业总体指标的计算情况时，增长的稳定性、资本产出比、废水排放强度、资本劳动比、企业发展活力，在制造业发展质量的衡量指标中为影响较显著的变量。

三、中国制造业发展质量实证结果

将中国制造业各行业得到的标准化原始数据，与各指标权重加权计算后，得到 2003—2016 年中国制造业各行业发展质量值，见表 4.4、表 4.5。

表 4.4　2003—2010 年中国制造业各行业发展质量

行业类别	2003 年	2004 年	2005 年	2006 年	2007 年	2008 年	2009 年	2010 年
农副食品加工业	0.18	0.30	0.25	0.20	0.32	0.31	0.27	0.25
食品制造业	0.17	0.29	0.28	0.18	0.26	0.31	0.31	0.25
饮料制造业	0.16	0.26	0.29	0.22	0.24	0.31	0.33	0.33
烟草制品业	0.33	0.43	0.32	0.24	0.24	0.34	0.42	0.39
纺织业	0.20	0.28	0.28	0.29	0.29	0.32	0.25	0.30
纺织服装、鞋、帽制造业	0.24	0.31	0.35	0.25	0.28	0.33	0.23	0.25
皮革、毛皮、羽毛（绒）及制品业	0.23	0.24	0.31	0.21	0.29	0.28	0.23	0.25
木材加工及木、竹、藤、棕、草制品业	0.19	0.30	0.28	0.23	0.26	0.29	0.27	0.26
家具制造业	0.24	0.35	0.36	0.27	0.26	0.32	0.26	0.28
造纸及纸制品业	0.17	0.24	0.25	0.21	0.25	0.32	0.27	0.35
印刷和记录媒介的复制业	0.17	0.31	0.27	0.17	0.21	0.32	0.25	0.30
文教体育用品制造业	0.33	0.28	0.41	0.27	0.28	0.31	0.27	0.24
石油加工、炼焦及核燃料加工业	0.25	0.21	0.29	0.22	0.19	0.35	0.27	0.24
化学原料及化学制品制造业	0.28	0.33	0.33	0.31	0.35	0.36	0.28	0.36
医药制造业	0.38	0.34	0.38	0.30	0.33	0.44	0.44	0.42
化学纤维制造业	0.23	0.22	0.28	0.19	0.30	0.15	0.35	0.37
橡胶和塑料制品业	0.25	0.22	0.31	0.26	0.32	0.20	0.32	0.28
非金属矿物制品业	0.22	0.26	0.24	0.23	0.20	0.22	0.29	0.29
黑色金属冶炼及压延加工业	0.31	0.31	0.29	0.24	0.38	0.25	0.26	0.32
有色金属冶炼及压延加工业	0.25	0.29	0.28	0.27	0.36	0.32	0.15	0.35	0.34
金属制品业	0.24	0.32	0.29	0.24	0.30	0.23	0.27	0.27
通用设备制造业	0.35	0.29	0.34	0.33	0.37	0.26	0.32	0.35
专用设备制造业	0.35	0.29	0.33	0.33	0.32	0.29	0.40	0.39
交通运输设备制造业	0.42	0.29	0.36	0.40	0.39	0.31	0.46	0.39
电气机械及器材制造业	0.41	0.42	0.44	0.41	0.36	0.29	0.35	0.34
通信设备、计算机及其他电子设备制造业	0.55	0.48	0.53	0.50	0.45	0.35	0.33	0.38

续表

行业类别	2003年	2004年	2005年	2006年	2007年	2008年	2009年	2010年
仪器仪表及文化、办公用机械制造业	0.34	0.25	0.35	0.31	0.29	0.26	0.35	0.36
工艺品及其他制造业	0.27	0.29	0.34	0.27	0.27	0.21	0.27	0.20
废弃资源和废旧材料回收加工业	0.10	0.16	0.35	0.19	0.22	0.23	0.25	0.18

表4.5 2011—2016年中国制造业各行业发展质量

行业类别	2011年	2012年	2013年	2014年	2015年	2016年	年均值	排序
农副食品加工业	0.20	0.31	0.19	0.26	0.17	0.19	0.24	22
食品制造业	0.20	0.27	0.21	0.30	0.26	0.26	0.25	18
饮料制造业	0.23	0.26	0.20	0.28	0.19	0.23	0.25	17
烟草制品业	0.41	0.38	0.29	0.31	0.21	0.19	0.32	5
纺织业	0.17	0.24	0.10	0.25	0.16	0.16	0.23	24
纺织服装、鞋、帽制造业	0.16	0.24	0.17	0.28	0.18	0.21	0.25	19
皮革、毛皮、羽毛（绒）及其制品业	0.18	0.21	0.16	0.29	0.17	0.20	0.23	27
木材加工及木、竹、藤、棕、草制品业	0.18	0.19	0.18	0.29	0.16	0.23	0.23	24
家具制造业	0.19	0.20	0.21	0.27	0.18	0.26	0.26	13
造纸及纸制品业	0.23	0.22	0.19	0.24	0.23	0.23	0.24	23
印刷和记录媒介的复制业	0.17	0.20	0.23	0.23	0.16	0.23	0.23	28
文教体育用品制造业	0.21	0.27	0.21	0.27	0.17	0.22	0.27	11
石油加工、炼焦及核燃料加工业	0.33	0.27	0.21	0.19	0.21	0.22	0.24	20
化学原料及化学制品制造业	0.32	0.33	0.32	0.26	0.23	0.26	0.31	7
医药制造业	0.39	0.39	0.40	0.29	0.25	0.29	0.36	2
化学纤维制造业	0.29	0.31	0.20	0.28	0.19	0.25	0.26	15
橡胶和塑料制品业	0.19	0.26	0.26	0.29	0.20	0.20	0.25	16
非金属矿物制品业	0.26	0.26	0.22	0.30	0.15	0.18	0.24	20
黑色金属冶炼及压延加工业	0.28	0.30	0.21	0.19	0.13	0.20	0.26	12
有色金属冶炼及压延加工业	0.32	0.28	0.27	0.30	0.17	0.18	0.27	10

续表

行业类别	2011年	2012年	2013年	2014年	2015年	2016年	年均值	排序
金属制品业	0.22	0.29	0.23	0.30	0.19	0.24	0.26	14
通用设备制造业	0.23	0.23	0.21	0.29	0.14	0.19	0.28	9
专用设备制造业	0.28	0.34	0.33	0.28	0.20	0.24	0.31	6
交通运输设备制造业	0.29	0.30	0.38	0.37	0.31	0.34	0.36	3
电气机械及器材制造业	0.31	0.32	0.35	0.25	0.18	0.26	0.34	4
通信设备、计算机及其他电子设备制造业	0.37	0.39	0.42	0.32	0.26	0.31	0.40	1
仪器仪表及文化、办公用机械制造业	0.34	0.32	0.34	0.26	0.18	0.25	0.30	8
工艺品及其他制造业	0.23	0.11	0.23	0.23	0.18	0.23		26
废弃资源和废旧材料回收加工业	0.24	0.15	0.24	0.15	0.15	0.20		29

观察表4.4和表4.5，可以明显看到，中国制造业各个行业的发展质量并不乐观，得到的质量值均较低，年份增长幅度并不显著，很多行业的综合得分出现强烈的上下波动态势，甚至出现一定幅度的下降趋势。

在各个年份中，得分较高且总体处于领先水平的是通信设备、计算机及其他电子设备制造业，尽管如此，其行业综合得分的年平均值仅为0.40。接下来得到的发展质量值较高的制造业行业分别为医药制造业（0.36）、交通运输设备制造业（0.36）、电气机械及器材制造业（0.34）和烟草制品业（0.32）。这说明中国制造业各分行业在发展过程中，此5个行业较其他行业相比，总体质量处于相对较好的水平。

从表看出，得到的发展质量值排名处在后3位的行业分别是废弃资源和废旧材料回收加工业、印刷和记录媒介的复业以及皮革、毛皮、羽毛（绒）及其制品业，其发展质量都处于0.23以下，发展情况非常不乐观，其发展质量水平亟待提高。

将标准化后得到的2003—2016年中国制造业整体数据与权重2相乘加权，得到制造业发展质量（见图4.2）及各年份八个维度的演变趋势（见图4.3）。2003—2016年中国制造业综合发展质量综合得分较低，总体值处于0.35~0.55。

2003年之后，虽然中国制造业总量有显著的增长，但是制造业的发展质

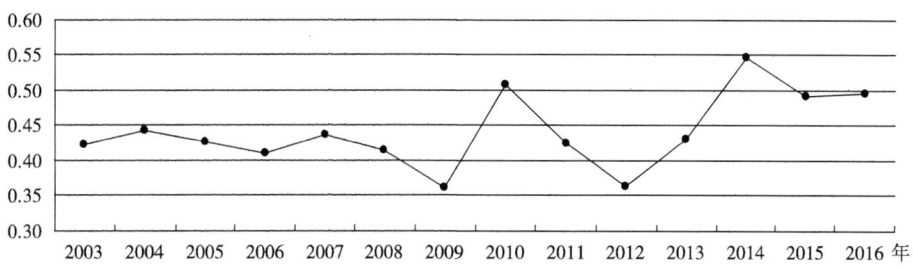

图 4.2 中国制造业发展质量

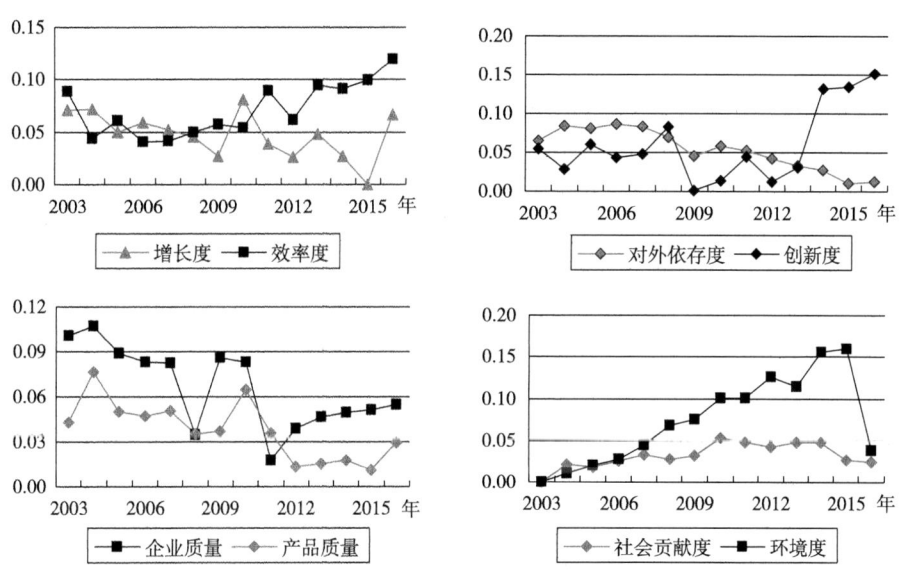

图 4.3 中国制造业发展质量各指标变化

量却增幅不大,综合发展质量变化较缓,年度增幅略有上升趋势,但变化趋势不显著。2010年以及2014年发展质量值出现两个波峰,2014年达到最高值(但仅为0.547),而2009年和2012年出现谷底,2008年之后制造业发展质量值在不同的年份中波动较大,显现为左拖尾的"W"波动型变化趋势。

中国虽然为制造业大国,但是综合发展质量依旧处于低水平运行阶段,离制造业强国的距离还很远。制造业向"中国创造"和"中国智造"迈进,也是一项长期而艰巨的任务。表 4.6 及图 4.3 中看到,制造业各行业发展质量的维度得分都较低,最终导致制造业得分不高。

表 4.6　2003—2016 年中国制造业各行业发展质量各指标年均值

行业类别	增长度	效率度	对外依存度	创新度	企业质量	产品质量	社会贡献度	环境度
农副食品加工业	0.05	0.04	0.02	0.04	0.02	0.02	0.03	0.03
食品制造业	0.03	0.05	0.03	0.04	0.03	0.02	0.02	0.02
饮料制造业	0.02	0.07	0.03	0.03	0.06	0.01	0.02	0.02
烟草制品业	0.01	0.16	0.01	0.05	0.07	0.02	0.02	0.08
纺织业	0.03	0.05	0.03	0.03	0.05	0.02	0.05	0.02
纺织服装、鞋、帽制造业	0.02	0.04	0.04	0.03	0.01	0.01	0.03	0.11
皮革、毛皮、羽毛（绒）及其制品业	0.02	0.03	0.04	0.03	0.02	0.01	0.02	0.07
木材加工及木、竹、藤、棕、草制品业	0.03	0.03	0.02	0.07	0.04	0.01	0.01	0.03
家具制造业	0.02	0.04	0.04	0.05	0.02	0.01	0.01	0.11
造纸及纸制品业	0.03	0.06	0.03	0.04	0.03	0.02	0.01	0.00
印刷和记录媒介的复制业	0.02	0.05	0.03	0.04	0.03	0.02	0.01	0.08
文教体育用品制造业	0.03	0.03	0.05	0.03	0.01	0.01	0.01	0.19
石油加工、炼焦及核燃料加工业	0.03	0.11	0.02	0.06	0.03	0.02	0.01	0.01
化学原料及化学制品制造业	0.05	0.06	0.02	0.05	0.06	0.02	0.06	0.00
医药制造业	0.03	0.06	0.02	0.07	0.10	0.03	0.02	0.02
化学纤维制造业	0.01	0.05	0.03	0.02	0.06	0.02	0.00	0.01
橡胶和塑料制品业	0.03	0.03	0.03	0.01	0.05	0.02	0.03	0.04
非金属矿物制品业	0.05	0.04	0.02	0.01	0.02	0.01	0.05	0.01
黑色金属冶炼及压延加工业	0.04	0.07	0.02	0.01	0.02	0.02	0.05	0.00
有色金属冶炼及压延加工业	0.03	0.06	0.02	0.05	0.05	0.02	0.02	0.01
金属制品业	0.03	0.03	0.03	0.03	0.04	0.02	0.03	0.02
通用设备制造业	0.04	0.04	0.02	0.01	0.08	0.03	0.03	0.07
专用设备制造业	0.03	0.04	0.02	0.03	0.08	0.03	0.03	0.07
交通运输设备制造业	0.06	0.05	0.03	0.15	0.06	0.04	0.07	0.06
电气机械及器材制造业	0.05	0.04	0.03	0.03	0.07	0.03	0.05	0.14

续表

行业类别	增长度	效率度	对外依存度	创新度	企业质量	产品质量	社会贡献度	环境度
通信设备、计算机及其他电子设备制造业	0.06	0.04	0.06	0.07	0.07	0.05	0.06	0.10
仪器仪表及文化办公用机械制造业	0.02	0.04	0.04	0.03	0.09	0.02	0.01	0.11
工艺品及其他制造业	0.01	0.02	0.03	0.03	0.03	0.02	0.01	0.04
废弃资源和废旧材料回收加工业	0.05	0.04	0.03	0.00	0.04	0.01	0.00	0.06

观察表 4.6、图 4.2 和图 4.3，可以看到，中国制造业发展质量的各个指标值得分都比较低，这是制造业综合得分不高的主要原因。

四、中国制造业发展质量各个维度实证结果

（1）观察图 4.3，从时序变化趋势看，在中国制造业快速发展的过程中，2003 年企业质量值（0.10）排在首位，而社会贡献度和环境度的数值都为 0。之后的 2006—2007 年，对外依存度取代企业质量稳居第一位。2010—2015 年，环境度迅速上升，并居于各个指标的领先地位，其中 2014 年创新度开始上升并接近于环境度。

这充分说明，在 2003 年及之前，中国制造业的快速发展主要依靠劳动力和资本的大量投入来推动。2003 年之后，随着中国加入世界贸易组织，中国制造业在全球化的带动下，开始大量从事国际贸易往来，近十多年来，"Made in China" 的标签遍及世界各地，中国也因此被称为"世界制造工厂"，但在此期间，企业质量开始下滑。然而在制造业生产规模快速扩张的同时，当下全社会的环境问题也成为大家关注的热点，这使得制造业的环境影响提上了日程。2009 年全球金融危机之后，制造业的环境度成为大家首要的关注对象。2014 年之后，随着中国通信技术的快速发展，以及信息化的建设，伴随着"工业 4.0"的冲击，制造业的创新度指标成为继环境度指标之后的重要关注指标。

（2）经济期望。首先是增长度和效率度指标。中国制造业综合增长度指标呈现出上下波动趋势，2010 年达到最大值 0.081，2011 年开始回落，之后基本处于下降趋势状态，主要是由于中国经济增长结构发生了变化，制造业在国民经济发展中所占比重明显下降，服务业已超过工业成为经济增长的主

要推动力；另外中国经济增长进入新常态发展阶段，GDP增速从2012年起开始回落，增长度出现了阶段性的新常态特征，中国经济发展需要逐渐适应从高速增长转为中高速增长的状态。

交通运输设备制造业，通信设备、计算机及其他电子设备制造业，以及电气机械及器材制造业，三大资本密集行业的较快增长支撑了制造业的发展。

制造业的效率度指标出现类似"U"形的坡度较缓慢的发展状态，2012年时略有回落，之后仍然显示出上扬势头，2016年效率度达到最大值0.120，处于历年最高水平。行业效率值中，烟草制品业和石油加工、炼焦及核燃料加工业的质量值远远高于其他行业，可能源于这些行业中都集中了更多的大型国有企业，劳动力和资本存量相对稳定，流动性较慢，从而使得劳动力和资本的产出波动较小。

其次是对外依存度和创新度。2008年之前的数值相对比较稳定，但之后中国制造业对外依存度出现较显著的下降趋势。这可能是因为一方面制造业受金融危机的冲击，另一方面是因为除了归属于技术密集型的通信设备、计算机及其他电子设备制造业外，其他均为传统的劳动密集型行业。制造业对外依存度始终依靠劳动密集型产业拉动，而集约型的产业发展模式还没有很好地波及对外依存度指标，使得对外依存度始终处于较低且下降态势中。

相比于其他指标，创新度得到的数值变化最大，创新度在2013年及之前相对较低且数值上下波动明显，但2014—2016年创新度数值急剧上升，远远高于2013年的所得值0.031（2016年为0.150），由此创新度呈现出良好的发展势头。交通运输设备制造业的创新度远高于其他各个行业，其次是通信设备、计算机及其他电子设备制造，以及医药制造业。

在企业质量和产品质量方面，所有的指标中企业质量和产品质量的发展趋势是最为相近的，都呈现较缓慢的波动式下降趋势。企业质量所得值在2008年和2011年出现两个低点，原因是受2008年金融危机和2011年欧洲主权债务危机的强烈冲击，企业在发展潜力、发展活力、增长活力等多个方面受损，使得企业衰退率剧增。其中，医药制造业，仪器仪表及文化、办公用机械制造业，通用设备制造业，专用设备制造业和烟草制品业的企业质量值相对较高，排在其他细分行业的前面。

除2008年和2011年之外，中国制造业的产品质量值均低于企业质量值。在企业质量不高的情况下，产品质量必然受到影响，伴随企业质量的下降，产品质量也逐年下滑。改善并提高产品品质也成了当下亟须解决的重要问题。虽然前面表中显示，通信设备、计算机及其他电子设备制造业的产品质量值最高，但也仅为0.048。除通信设备、计算机及其他电子设备制造业外，医药制造业，仪器仪表及文化、办公用品机械制造业，以及纺织服装、鞋、帽制造业的产品质量排在前三位。

（3）社会期望和环境期望。社会期望和环境期望演变趋势较好，都是逐年稳步上升且波动幅度不显著。中国制造业的社会贡献度变化幅度很小。交通运输设备制造业，通信设备、计算机及其他电子设备制造业，化学原料及化学制品制造业等资本和技术相对密集型行业的社会贡献值排在前三位。

环境度的曲线上升相对陡峭一些。文教体育用品制造业、电气机械及器材制造业、家具制造业等劳动密集型行业的环境度较好。黑色金属冶炼及压延加工业、化学原料及化学制品制造业、化学纤维制造业等以大量消耗自然环境资源的行业环境贡献最差。

第五节　中国制造业发展质量的实证结果分析与启示

通过上面的分析看出，中国的制造业发展质量总体状况并不乐观。在增长度波动式下降，效率度"U"形发展的情况下，企业质量和产品质量均表现为缓慢波动式下降趋势，但乐观的是，社会贡献度和环境度逐年稳步上升，且波动幅度不显著，创新度在近两年也出现了跨越式的进步。中国制造业要以产业增长为核心，以提高企业质量及产品品质为重点，以创新为动力源泉，优化制造业行业结构，完善社会和环境职责，以全面提升产业的发展质量。中国制造业要从根本上提高发展质量，实现从"中国制造"向"中国创造"和"中国智造"的转变，需要从以下几个方面入手，才能全面推进发展质量的可持续目标。希望通过实证结果的呈现和分析，为制造业今后的发展方向提供一些启示。

第一，提高中国制造业发展质量首先要以经济期望为目标。中国制造业发展质量分值均较低，年度增幅略有上升趋势，但变化趋势不显著，总体状态并不乐观。年份之间波动较大，显现为左拖尾的"W"波动型变化趋势。经济期望是制造业发展的基础和根本，提高制造业经济期望要多方面考虑，狠抓产业增长的稳定性、效率度及增长贡献等。

第二，考虑产业增长的同时也要兼顾社会期望和环境期望，要以提升企业质量和产品质量为突破路径。近年来，制造业社会贡献度和环境度演变趋势较好，都呈逐年稳步上升且波动幅度不显著。制造业企业质量和产品质量变化规律和发展趋势最为相近，都是较缓慢波动式下降趋势。虽然中国制造业吸收了大量的劳动力、拥有较高的产值税水平并具有较好的环境效应，但是制造业内部主体存在产能过剩、产品低廉等主要问题，因此，必须继续大力推进供给侧结构性改革，在"一路一带"的推动下，改善产品品质，提升制造业产品的竞争力。

第三，优化制造业行业结构，以高技术产业为主导，带动其他产业积极发展。制造业的内部构成中，技术密集型产业发展质量较好，如通信设备、计算机及其他电子设备制造业，电气机械及器材制造业，交通运输设备制造业、医药制造业和烟草制品业；劳动密集型和资本密集型产业发展质量较差，如皮革、毛皮、羽毛（绒）及其制品业，纺织服装、鞋、帽制造业，文教体育用品制造业，家具制造业，木材加工及木、竹、藤、棕、草制品业，废弃资源和废旧材料回收加工业，黑色金属冶炼及压延加工业，饮料制造业，印刷业和记录媒介的复制、造纸及纸制品业，化学原料及化学制品制造业，化学纤维制造业等。

第四，以创新为核心统领，强化创新意识，培育创新人才。创新是当前制造业发展中的首要关键变量，实证中看到创新强度在制造业发展质量指标构成中权重最大，在制造业发展质量的指标中，创新度变化最为显著。创新成为"中国创造"和"中国智造"时代的核心统领。创新改善资本产出比、废水排放强度、资本劳动比、企业发展活力、外贸依存度及产品品质度等其他主要影响变量，促进制造业发展质量的提升。

第六节 小 结

本章对中国制造业近13年的发展质量进行了综合评价，认为制造业发展质量的衡量要以经济期望为中心，同时关注社会期望和环境期望。同时，探讨了中国制造业发展质量问题，构建了中国制造业发展质量的评价体系，从八个维度细化了25个变量指标。并应用所构建的指标体系，通过变异系数法，对2003—2016年中国制造业29个细分行业和制造业总量进行了详细的分析。

在探讨的过程中发现，中国制造业发展质量存在较多问题，中国的制造业发展质量总体状况并不乐观，增长度呈波动式下降趋势，效率度表现为"U"形发展态势，但是制造业的企业质量和产品质量不容乐观，表现出缓慢波动式下降趋势，但相对乐观的是，社会贡献度和环境度逐年稳步上升，且波动幅度不显著，创新度在近两年中也实现了跨越式的进步。

中国制造业总体发展质量水平较低，这归因于中国作为发展中大国的基本国情，中国制造业仍没有扭转"世界制造工厂"的局面，制造业的发展主要靠大量的劳动及资本投入来推动产业增长，制造业企业和产品的质量亟须改善。但比较乐观的是，目前全社会已经认识到制造业在发展中的各种问题，制造业创新已提上日程，在制造业的环境影响及产业技术创新方面都给予了大量的关注，进而会逐步推动制造业向集约型及创新型方向转变。

第五章 "工业4.0"的代际效应与提振效应

2011年1月,德国工业—科学研究联盟(Industry-Science Research Alliance, ISRA)提出"工业4.0"战略,相对于人类社会发展和工业化进程的历史,把"工业4.0"定义为基于信息物理系统(cyber-physical systems, CPS)的第四次工业革命。到底什么是"工业4.0"?在世界范围内,工业及制造业如何才能跟上"工业4.0"的步伐?我们首先需要明了"工业4.0"的核心是什么,它由哪几个部分组成,它和传统的工业生产模式有哪些区别?它到底改变了什么?它产生了怎样的效应和经济效果?本章将分别分析这些问题。

第一节 "工业4.0"的内容及核心点

"工业4.0"概念受到了德国科学与工程院、弗劳恩霍夫协会、西门子公司等学术界和产业界的广泛认同和大力推行,并在2011年11月被德国政府采纳为"高科技战略2020行动计划"(High-Tech Strategy 2020 Action Plan)的一部分。此后,"工业4.0"正式成为德国全国、全社会共同推动的指导方向和战略行动目标。

一、"工业4.0"的核心内容

在"工业4.0"概念提出至今6年的时间里,它广泛地吸引了来自全球的目光,世界诸多制造业国家纷纷针对"工业4.0"战略提出了适合自己国家的方针、政策和实施计划,各个跨国公司也逐渐开始了对"工业4.0"的探索和实践。

《德国工业4.0战略计划实施建议》指出,企业将建立全球信息网络,把企业内部的机器、存储系统以及生产设施嵌入信息物理系统中。在企业的制造系统中,信息物理系统主要依靠智能机器、存储系统及生产设施,它们能够相互独立地自动交换信息、触发动作以及控制工作。这些内容从根本上改善了包括产品生产过程中的制造、工程、材料使用、供应链以及生命周期管理的工业生产全过程。这其中的智能工厂采用了一种全新的生产方法，生产出来的智能产品可以通过独特的形式加以识别，智能产品可以在任何时候被功能主体定位，并能知道产品的历史状态信息内容，以及当前状态和为了实现其目标状态的替代路线等多项信息内容。嵌入式的制造系统能够通过纵向网络连接工厂和企业之间的业务流程，在分散的价值网络上可以实现横向连接，同时可对商品进行实时管理——从消费者下订单开始到智能商品的外运物流流程，都可以通过智能化得以实现。

"工业4.0"的核心是"智能化"，围绕"工业4.0"的概念，在现实的实施中产生了一系列的具体概念，这其中主要包括"信息物理系统""工业互联网""智能工厂""智能制造"等。"工业4.0"最核心的也是学者和社会实践所共同认同的内容，即"智能化"。"智能化"是建立在"信息物理系统"支撑基础上的，由以往生产方式的"高度机械化""高度自动化""高度信息化"以及"高度网络化"综合产生的新的社会生产和生活方式。

"工业4.0"的智能化核心是"消费智能化"和"生产智能化"。连接"消费智能化"与"生产智能化"、"智能工厂"和"智能生产"的过程，需要具备新技能的劳动力来操控，因此智能制造催生了新的人才，包括开发软件和生产软件的工程师及管理虚拟与现实终端的业务人员等。由此，"智能化"才构成"代际效应"和"提振效应"的核心所在（见图5.1）。

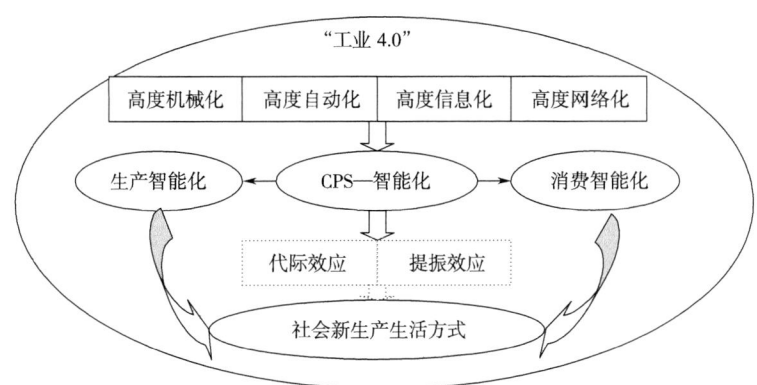

图5.1 "工业4.0"的核心内容框架

二、"工业4.0"的技术基础

"工业4.0"能够付诸实践并最终实现的最重要的支撑就是"信息物理系统"(cyber physical system,CPS),它是实现"智能化"的基础和条件。那么什么是"信息物理系统"呢?

"信息物理系统"是由美国最先提出的。2006年2月,白宫科技政策办公室国内政策委员会发布了通过科技与创新,促进美国经济的发展和提升美国在世界范围内国家竞争力的《美国竞争力计划》(American Competitiveness Initiative)报告。在此基础上,2007年7月,由美国总统科学技术顾问委员会制定并发布《挑战下的领先——竞争世界中的信息技术研发》,该报告指出了当前的八大关键信息技术,包括CPS、软件、数据、数据存储与数据流、网络、高端计算、网络与信息安全、人机界面、NIT与社会科学,其中CPS居于首位,特别强调了"信息物理系统"的重要性。

美国科学基金会(2011)将信息物理系统定义为:紧密结合互联网与用户,并由计算机算法检测和控制的一种机制[①]。信息物理系统涉及跨学科的方法,融合了控制论的理论、机电一体化及设计和进程科学(Hancu et al.,2007;Lee & Seshia,2017;Suh et al.,2014)。

黎作鹏等(2011)指出,信息物理系统可以通过计算、通信和控制技术之间的有机与深度的融合,实现计算资源与物理资源的紧密结合,并协调下一代智能系统。从微观角度来看,信息物理系统可以通过在物理系统中嵌入的计算与通信内核来实现计算进程和物理进程的一体化。计算进程和物理进程则可以通过反馈循环方式实现相互影响,嵌入式计算机和网络可以对物理进程进行可靠、实时及高效的监测、协调和控制。在宏观层面上,信息物理系统包括感知、决策以及控制等各种不同类型的资源和可编程组件,是由运行在不同时间和空间范围的,分布式的、异步的异构系统构成的动态混合系统。

美国提出信息物理系统概念后,并没有受到太多关注,根据信息物理系统的实践运行情况和学者们的相关定义,信息物理系统能够充分实现计算(computation)、通信(communication)与控制(control)(简称3C)的集成和融合(见图5.2)。在德国,为了实现本国制造业未来在世界的领先地位,提出"工业4.0"的概念之后,处于"工业4.0"核心位置的CPS才随之成

---

① https://www.nsf.gov/pubs/2011/nsf11516/nsf11516.pdf. 访问日期2016年11月30日。

为社会各界广泛关注和高频引用的热门词语，这主要基于人们对德国雄厚而强大的工业基础，尤其是以数控设备为代表的机械制造和德国快速发展的信息技术的认可和期望。

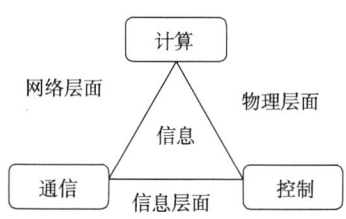

图 5.2　CPS 的 3C 集成与融合

"工业 4.0"的核心保障即为 CPS，虽然 CPS 概念的提出到现在已有 10 年左右的时间，但是其实施和实践还处在发展的初级时期。所以明确和了解 CPS 的结构和应用对于"工业 4.0"的实施是非常重要的。

在"工业 4.0"体系中，CPS 的实际应用和履行，在上述 3C 的基础上，可以扩展为基于金字塔式的 5C 结构，包括智能连接层、数据和信息转换层、网络层、认知层及配置层〔smart connection level, date to information conversion level, cyber level, cognition level, configuration level）（Lee et al., 2015）〕，各个层次主要执行的任务和功能如图 5.3 所示，更进一步，可以把这 5 个层面的内容归结为物理层面、网络层面和决策层面的分工和协作。

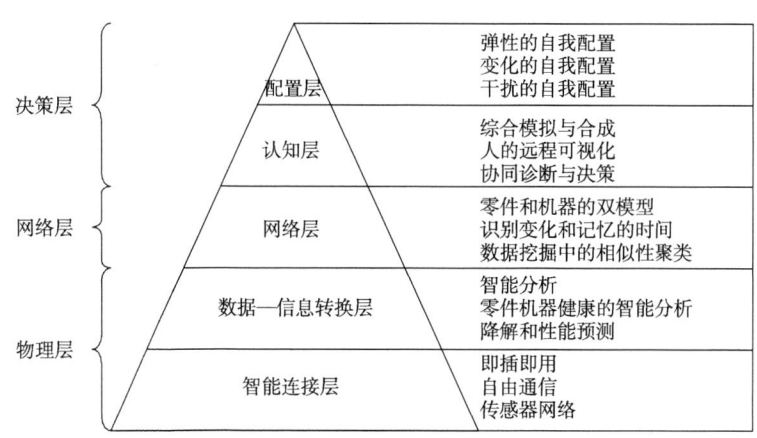

图 5.3　CPS 的 5C 体系结构

资料来源：根据 Lee et al. (2015) 中图 1 改制。

根据上面对 CPS 的界定和体系结构的展示，可以将信息物理系统看成是一个物理层面、网络层面和人的能动决策层面有机融合和深度协作的体系。简单来讲，信息物理系统连接了现实世界、物理世界和信息世界，使得人、物和信息能够相互连接、相互反馈并相互作用，彼此交织构成一个巨大的可无限延伸的网络系统。

2013年，德国联邦教育研究部在《德国工业4.0战略计划实施建议（上）》中说："将来，企业将可以通过建立全球网络，把企业的机器、存储系统以及生产设施等融入信息物理系统中。而在制造系统中，能够相互独立地自动交换信息、触发动作和控制，信息物理系统主要包括智能机器、存储系统以及生产设施。这些内容将利于从根本上改善诸多工业过程，比如制造、工程、材料使用、供应链和生命周期管理多个环节。"

因此CPS是"工业4.0"的核心和灵魂，有了CPS，才能产生智能生产、智能工厂和智能产品，也才能使得智能工厂按照个体消费者的个性化需求进行制造。

第二节 "工业4.0"的代际效应

从18世纪中期开始，社会生产逐渐进入工业化时代，这也成为人类社会向文明进步发展的一个重要转折标志。之后随着工业生产的逐步进化和革命性生产方式的出现，人类社会实现了从"工业1.0"时期向"工业4.0"时期的逐步演变。在不同的工业革命时代，不仅仅企业生产方式发生了变化，更重要的是由此带来的人类的生产和生活方式有了巨大变革，而这种变革将产生深入而广泛的影响。

一、工业革命的演变概要

18世纪60年代，在英国的资本主义经济发展过程中，手工业较为发达的棉纺织业中最先出现了机器化生产，开始取代生产过程中单纯依靠手工完成的作业，资本家开始建造厂房，雇佣工人从事生产。之后随着蒸汽机的发明和广泛应用，由英国开始的工业革命逐渐传播到欧洲大陆和北美地区。这不仅仅是工业领域的技术变革，也推动了人类社会在经济、政治及世界市场等领域的诸多变革，人类从此进入了工业化时代。

第二次工业革命以电器的使用为主要特征。19世纪六七十年代开始，以德国为代表的国家纷纷开始了电气化设备的使用，逐渐取代了蒸汽机作为动力能源的生产方式，进而资本主义经济发生了重大的变化。诸如电力、化学、石油及汽车产业等，都由于使用电气化设备，能够自动化并大规模从事生产活动。这一方面使得劳动分工的作用凸显，专业化生产能够实现产品各个工序的分离，这也被称为"流水线生产"；另一方面，由规模经济而产生的成本降低和劳动生产率的提高，也加速了资本主义经济的发展。由此第二次工业革命改变了人类的生活和生产方式。

第三次工业革命是人类文明发展历史上在蒸汽技术和电力技术之后，科学技术领域的又一次重大变革。随着电子计算机技术的广泛应用和发展创新，科学技术转化为生产力是这次革命的重大飞跃。以互联网为基础，通过电子与信息技术实现制造过程的自动化，让机器逐步替代人类的相关作业，由此机器接管了相当数量的"体力劳动"与"脑力劳动"，在这个过程中出现了大量的信息工作者。此时，信息在连接生产和消费领域时也更加透明，信息也成为人类社会生产和生活的重要角色。

批量越大，效率越高，这是第二次和第三次工业革命的核心原理。假如一个企业只生产一种零件，那么从原材料采购、生产线运转、出厂检测、仓储管理以及劳动人员操作的熟练程度等各个维度，都能够实现效率的最大化。但这只是理想状态下的情况，而个性化需求是很难满足的。

德国为了继续保持其传统制造业在全球范围内所具有的优势，并且进一步促进德国国内新一轮信息技术引起的革命性的工业企业，在高科技领域方面的研究开发内容，以开辟在世界范围内的创新领域引擎和主动地位，开创性地提出了"工业4.0"战略。此战略意图通过"信息物理系统"使得"智能工厂"和"智能制造"成为新的生产方式，从而实现"智能化"生产。此后，"工业4.0"战略在全球范围内引起了重大的关注和相应的应对行动。

二、"工业4.0"的代际特征

工业生产的变迁和各个时代的核心特征如图5.4所示。

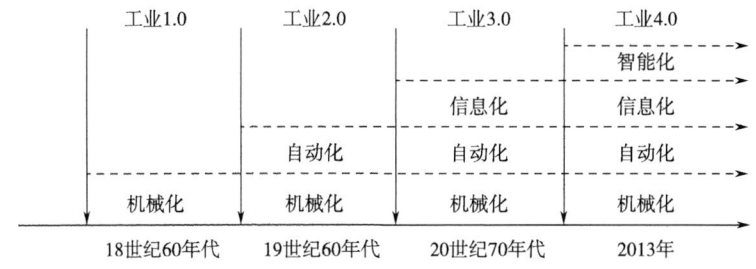

图5.4 工业化的发展历程和各时期的主要特征

和前三次工业革命相比,"工业 4.0"兼具各个时期的特点,即高度实现"工业 1.0"的"机械化生产","工业 2.0"的"自动化批量生产"和"工业 3.0"的"信息化生产",其中"网络化"把三者密切联系在一起,也就是说"工业 4.0"是基于网络的机械自动信息化生产,这是前三次工业革命的集中与融合,是工业生产的高度化和工业革命的升级,从而实现"工业 4.0"的"智能化生产"。简单来讲,在"工业 4.0"的变革中,"智能化"可以被看成是"机械化""自动化""信息化"的融合和集成。

根据上面的阐述和各个时期的主要特征,可以从五个方面分析"工业 4.0"区别于"工业 1.0""工业 2.0""工业 3.0"的代际变革内容,见表 5.1。

表 5.1 工业 4.0 区别于"工业 1.0""工业 2.0""工业 3.0"的代际变革及效应

时代	时间	创新	代际效应		
			核心价值	变革内容	代际影响
"工业 1.0"	18 世纪 60 年代至 19 世纪中期	以水力和蒸汽机进行机械化生产	生产设备等资产发挥重要的作用,单位劳动力的生产效率极大提升	从传统的农业、手工业为基础的经济社会发展模式,向工业与机械制造模式的转型;机械生产代替了传统手工劳动	人类社会第一次出现工厂和工人,开始进入工业化时代
"工业 2.0"	19 世纪 60 年代至 20 世纪初	电气化的自动化生产	以劳动分工作为价值体系基础,"专业化分工+流水线生产""无差异化工厂"	实现了大规模的批量生产,成功分离零部件生产与产品装配工序,创造了产品批量生产的全新模式;出现专业管理人员,极大提高了工厂的生产效率以及管理效率	大规模制造产品,实现规模经济,消费者福利增加
"工业 3.0"	20 世纪 70 年代至今	信息化生产	"信息"成为一种重要的无形价值资源	以互联网为基础,通过电子与信息技术实现制造过程自动化,机器逐步替代了人类的作业;接管了一定数量的"体力劳动"与"脑力劳动",信息工作者出现	互联网在生产和消费领域广泛应用,便利了社会活动

续表

时代	时间	创新	代际效应		
			核心价值	变革内容	代际影响
"工业4.0"	2013年至今	基于"信息物理系统"的智能化	以智能制造为主导，重新构造价值创造体系，自动化、网络化和信息化的三位一体升级	解除了生产过程中对人的束缚，出现"无人工厂"、"智能工厂""智能制造"生产线更加柔性化、数字化、个性化且高度灵活的产品与服务生产模式	实现大批量个性化生产，满足人的个性化需求，社会福利显著增加

围绕"工业4.0"的概念和实施过程，产生了包括"信息物理系统""工业互联网""智能工厂""智能制造"等在生产制造模式与企业生产方式领域内的新概念，但"工业4.0"最核心的也是为学者和社会实践所共同认同的内容就是"智能化"，"智能化"是建立在"信息物理系统"支撑基础之上的，由四个高度，即"高度机械化""高度自动化""高度信息化""高度网络化"共同交错产生的。

三、生产和消费领域的代际变革

"工业4.0"的智能化包括"生产智能化"和"消费智能化"两个重要部分。

（一）"生产智能化"

"工业4.0"变革中的"智能化"可以看成是"机械化""自动化""信息化"的融合与集成。其中"生产智能化"是"工业4.0"的重头戏。"生产智能化"是工业企业利用物联信息系统，将消费者的个性化需求信息转化为实物，提供给消费者使用并满足消费者需求的过程。"生产智能化"是指在制造过程中，生产设计、生产制造、物流和销售等环节均能够实现信息的智能化共享，因此会更强调"生产智能化"过程中的虚拟设计和对数据的采集与分析。由此产生了"智能工厂"与"智能生产"的概念。"智能工厂"会将"信息物理系统"中通过网络传输过来的即时的消费者个性化需求信息，通过云计算和企业的大数据储备数据库，生成标准化的生产数据模块，同时将数据信息通过嵌入式软件，调动生产设备即时从事生产。在此过程中，需要将制造过程中包括生产设计、生产制造、物流和销售等环节均实现信息的智能化及时交流共享。在"物联网"的帮助下,人们可以通过调动智能物流、智能移动、智能建筑以及智能电网等,生产出个性化的智能产品。"工业4.0"的重点内容包括创造出智能产品、生产程序及信息流过程。

(二)"消费智能化"

"消费智能化"会使消费领域中消费内容和消费方式发生转变。消费者可以通过个体的移动终端设备,借助无线通信产生的网络化提供的实时服务,在企业构建的虚拟网络空间中,自主选择符合自身需求的个性化产品。在"工业4.0"之前,消费者一直都是被动挑选生产者生产出来的产品,即使这些产品可以通过现代信息技术,方便而快捷地到达消费者手中,但获得的产品仍然是无差异的流水线产品。而在"工业4.0"时代,消费者的个性化需求可以完全得到满足,因为智能化产品完全是按照不同的个体消费需求而生产的,也可以说使个性化使用价值得以实现。"工业4.0"时代,从消费者产生消费需求,到生产者按照个性化需求提供产品,都能够实现商品使用价值的全新升级。需求在消费者和生产者之间不断循环,产生"需求—生产"到"满足需求—产生新需求",再到"新需求—再生产"不断循环的过程,进而使个性化消费需求得到及时满足。

四、"工业4.0"的代际效应原理

"消费智能化"与"生产智能化"会极大地推进并改变制造业的发展方向,改变制造业行业的生产方式、生产关系和生产空间,从而使制造业的发展质量随之发生转变。也就是说企业的生产方式越来越趋向于网络化和信息化,企业的生产流程逐渐向智能化方向演进;同时受人力资本等生产要素的约束,企业的生产要素异质性效应会凸显出来;但是制造业行业内的竞争性创新也会越来越激烈。因此"智能化"的结果,实现了三个方面的集成:生产标准化与消费个性化的完美匹配,虚拟世界与现实世界的完美结合,以及流水线工作与柔性化生产的完美互补。在上述分析的基础上,可以把"工业4.0"的智能化原理通过图5.5清晰地勾画出来。

从图5.5可以看到"工业4.0"的核心特点是智能化,通过CPS将制造过程中关于生产的计划、加工、物流及销售等信息通过数据的形式在各个部门、各个环节和各个主体之间进行交流和互动,这个过程突出了虚拟设计和数据采集分析的重要性。因此,"工业4.0"是一个过程,而并不是制造业要达到的目标,"工业4.0"有机地补充了传统供应链和制造生产的过程,它以自动化、个性化、柔性化、自我优化等为切入点,通过提高生产资源的使用

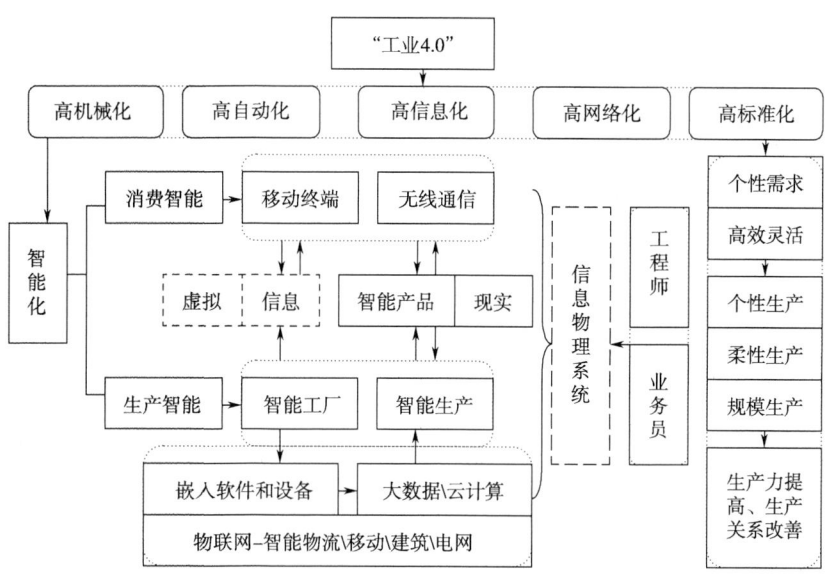

图 5.5 "工业 4.0" 智能化原理及代际过程

效率和降低成本为基础的全新生产方式,努力达到企业的经济目的和产业发展的高质量目标。

"工业 4.0"产生的代际效应可以简要地从三个方面总结。

首先,在核心价值方面,相比于前三次工业革命,生产设备等资产发挥的作用不再居于主要地位,专业化分工和流水线生产的作用会更加凸显,基于大数据的"信息"继续成为一种重要的无形价值资源,劳动力的生产效率极大提升。

其次,"工业 4.0"解除了生产过程中对人的束缚,出现"无人工厂";"智能工厂"和"智能制造"成为新的生产力;生产线更加柔性生产;产生数字化、个性化且高度灵活的产品与服务生产模式。

最后,通过对比前三次工业革命,"工业 4.0"的代际变革会对企业、消费者以及全社会产生深远的影响。"工业 4.0"实现了大批量个性化生产,满足了人的个性化需求,进而会显著地增加全社会的福利。

第三节 "工业4.0"的提振效应

一、"工业4.0"的实施及目的

在世界范围内,德国在关键装备与核心零部件、生产过程与生产系统等环节,相比于其他国家具有明显的技术优势,以中小企业为核心的隐形冠军企业和学徒制双元教育的发展策略,也为德国工业的发展提供了坚实的基础。高素质的技术劳动力和工程专业方面的人才一直是德国经济的重要支撑力量。然而当以金砖国家为代表的新兴经济体基本完成了工业化进程后,德国的工业装备需求却产生了停滞不前的局面。2013年12月,德国电气电子和信息技术协会(VDE)发布了首个"工业4.0"标准化路线图,标志着"工业4.0"战略建议方案中的标准化行动方案步入了正式的实践阶段,德国"工业4.0"战略在生产领域正式拉开了帷幕。

按照《德国工业4.0战略计划实施建议》中的相关阐述,"工业4.0"应该具有如下特征:首先,通过价值网络来实现横向集成;其次,"工业4.0"贯穿整个价值链的端到端工程数字化集成;最后,"工业4.0"具有纵向集成以及网络化制造系统等(工业4.0工作组,2013)。要使得"工业4.0"能够成功实施,需要在八个方面采取行动(德国联邦教育研究部,2013)。

(1) 贯穿整个价值网络的标准化和参考架构;

(2) 管理日趋复杂的产品和制造的复杂系统;

(3) 为保障"工业4.0"的可靠、全面和高质量的通信网络,建立全面的基础设施;

(4) 确保生产设施和产品包含的数据和信息的安全,以及生产设施和产品本身不对人和环境构成威胁;

(5) 在智能工厂,员工的角色及工作需要重新组织和设计;

(6) 由于"工业4.0"极大地改变了工人的工作和技能,因此,需要培训和持续的职业发展;

(7) "工业4.0"中新的制造工艺和横向业务网络需要新的规章制度和法规来约束;

(8) 平衡智能工厂中投入的额外资源与产生的节约潜力。

德国提出"工业4.0"战略的核心目的主要有两个,一是增强德国制造在世界范围内的竞争力,并为德国的工业设备出口开辟新的国际市场;二是以此来转变德国一直以来服务性收入占比比较小,在国际市场上以制造业设备产品为主要收入来源的状态,将产业的发展重点由产品向服务方面转移,由此增强德国工业产品的持续盈利能力,积极提升本国工业在国际市场价值链的地位。

二、"工业4.0"的提振影响

一般认为,"工业4.0"将成为德国乃至世界各国传统制造业企业向智能工厂和智能制造转变的标杆和前进的方向。经过了金融危机的冲击和经济全球化的疲软阶段,制造业整体运行低迷,尤其是传统制造业运转情况不佳,投入要素价格上涨,劳动力成本逐年上升。目前中国应把握互联网及大数据时代的趋势,坚持以创新为指导,实时准备做出新一轮的创新,以转变传统的行业运行模式,加入新一轮的国际竞争中,发挥本地行业优势特点,这些都已经成为全社会持续关注的重要话题。

"工业4.0"的提振效应可以从以下多个层面来分析(见图5.6)。

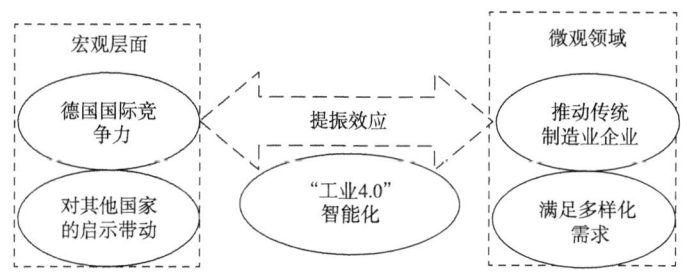

图5.6　"工业4.0"的智能化提振效应框架

(一)提升德国在世界范围内制造业的国际竞争力

尽管德国是世界上最具有竞争力的制造业大国,有着世界一流的生产加工设备、先进的制造业装备、世界瞩目的嵌入式系统和自动化生产工程,但是随着信息技术的广泛应用,新材料、新能源的开发及世界范围内战略性新兴产业的广泛兴起,在经济全球化与再全球化过程中,德国紧迫面临着原发达国家诸如美国、日本、韩国的制造业装备领域的威胁以及新型发展中国家如中国制造业的追赶和挑战。德国欲通过率先提出的"工业4.0"战略再次领跑世界范围内的制造业,以通过新一轮的创新成为其他国家发展的标兵和榜样,重新建立其领先地位。

(二) 对世界其他国家的启示和带动作用

美国金融危机对世界大部分国家的经济发展都产生了不同程度的影响。在世界经济发展低迷及制造业前景暗淡的后危机时代,德国"工业4.0"战略无异于前进的标杆和方向。世界主要国家纷纷推进本国制造业的转型和升级,应用"工业4.0"核心技术"信息物理系统"中所产生的大数据促进本国产品与生产制造的紧密结合、消费者与生产者的实时数据交换,并使得信息技术在企业管理、装备制造、交易消费等环节实现智能化和柔性化,从而改变传统产业的转型升级和不断地进步发展。这对世界上其他国家,乃至人类社会的长远发展都将产生划时代的重要意义。

(三) 对传统制造业企业的重要推动作用

制造业企业是"工业4.0"时代重要的实施者和参与者。此种生产模式,将大大改变传统制造的产销模式,"智能生产"和"智能工厂"将成为未来企业的发展方向和发展方式,这也将颠覆企业现有的作业模式,从生产设备及相关装备全面升级和全方位重组、就业劳动力的技术培训和技术改进,到企业管理层面的思维模式,都会发生重大转变,并引发一系列的生产力、生产方式及生产关系的前所未有的突破和变革。

(四) 满足消费者多样性需求

人的欲望是无止境的,为了满足人的欲望,技术水平会进一步提升,而技术水平的进步又进一步推动了人的欲望,人的欲望和需求的质与量的增长,使需求不断向高端移动,又促成了技术的进步。"工业4.0"时代最直接的受益者仍然包括消费者。在此种历史发展阶段,消费者能够真正意义上实现"个性化"需求的满足,可以随时随地获得根据自身的个性需求和多样性需要而供给的个性化产品和服务,也将大大提升消费者个人的效用及满足感,进而提高消费者个体的社会福利水平。

从以上分析可以看到,"工业4.0"的代际和提振效应并不能完全分开,在代际影响过程中,必然会产生提振作用;在提振的拉动下,必然会产生代际影响。因此,"工业4.0"的代际和提振特征可以总结为:虚拟信息和实体制造的紧密结合、个性需求与标准生产的统一、基于大数据的一体化即时生产、能源的节约与绿色生产。

第四节 小 结

本章详细阐述"工业4.0"的核心内容及其产生的经济及社会效应。"工业 4.0"作为重大的技术变革战略，主要是通过"智能化"来显著影响经济的快速增长。

相比于前三次工业革命，"工业 4.0"对生产率、生产方式及经济发展都会产生重要而深远的影响。"工业 4.0"的代际变革主要表现为智能化核心，包括"消费智能化"和"生产智能化"。其中以智能制造为主导，重新构造价值创造体系，自动化、网络化和信息化的三位一体升级，能够实现大批量个性化生产，进而满足人的个性化需求，最终使社会福利显著增加。这需要具备新技能的劳动力，包括开发软件和生产软件的工程师及管理虚拟与现实终端的业务人员等。

"工业 4.0"的提振作用包括：提升德国制造业在世界范围内的国际竞争力；在世界经济发展低迷及制造业前景暗淡的后危机时代，启示并带动世界上其他国家和地区的制造业发展；对传统工业及制造业企业的重要推动作用；真正意义上更好地满足消费者的多样性需求。

"工业 4.0"战略提出后，全球范围内各个国家对制造业乃至工业发展前景展开了研究、探讨与实践。目前"工业 4.0"战略处于理念和战略思考阶段，它的具体实施效果，以及在制造业企业和产业层面的具体实践效果，还有待进一步地观察和不断地探索与摸索。

第六章 "工业4.0"影响中国制造业发展质量的机理

有着"世界制造工厂"之称的中国,在面对"工业4.0"的冲击时,如何通过"工业4.0"对制造业发展质量的影响作用,转变其发展方向,明确中国制造业的应对方法和措施,确实是中国尤其是中国制造业当前面对的重要机遇和挑战。接下来,需要系统地剖析"工业4.0"对制造业发展质量的影响机理及制造业发展所受的代际与提振作用的现状。

通过上一章的分析可以看到,"工业4.0"的代际效应与提振效应并不是完全分开的两种影响,二者之间是相互影响,相互交融,共同作用于社会发展的,因此,很难将两种效应完全剥离开来。本章的分析,主要将"工业4.0"对中国制造业发展质量的影响与过去相比发生的重要转变作为代际效应分析机理内容,而将促进中国制造业发展质量提升的过程,作为提振效应的影响机理。尽管如此,在实际的作用过程中,"工业4.0"的代际效应与提振效应依旧是相互叠加,共同影响中国制造业发展质量的。

第一节 "工业4.0"对产业发展的影响机理

一、"工业4.0"对中国制造业产业的影响

"工业4.0"的提出引起了社会的强烈反响,归因于技术进步是经济发展的重要动力和主要源泉。早期的理论阐述,包括古典经济学理论对机器的使用及劳动分工带来的效率的提高,技术进步在经济发展中的重要作用,熊彼特对"创新"的开创性界定,以及内生经济增长理论等内容,都认为技术进步是保证经济持续增长的决定性因素。然而关于定量的分析技术进步与经济增长的关系的探讨是从20世纪40年代才开始的。"工业4.0"战略的提出给制造业带来了巨大的代际变化,在积极推广信息及电子通信技术,即紧跟"工业3.0"时代的同时,如何顺利地踏入"工业4.0"时期,是工业尤其是

制造业当前面临的巨大问题。

在经济全球化及再全球化的演进和变革中，无论新型工业的发展中国家，还是发达国家都各自针对本国的历史发展和现有的特色工业制定了一系列的政策措施，其中尤其是以美国、日本、中国为典型代表。2015 年，中国工信部中长期规划《中国制造 2025》，可以看作是针对"工业 4.0"战略的及时承接，这似乎也给中国制造业的实时发展转型带来了巨大的契机。

2019 年 5 月，中国电子技术标准化研究院以现有数据为基础，编写了《智能制造发展指数报告（2019）》，该报告指出：首先，智能制造已经成为普遍共识，业务流程化和装备自动化是提升智能制造能力水平的基础，在这个过程中，江苏和山东等制造业大省在智能化发展和数字化转型方面都起了领先的作用；其次，在政府的扶持过程中，企业的智能制造水平相对较高，智能化的成果比较显著；再次，制造业行业发展很不均衡，优势行业的领先地位仍比较明显，如汽车制造和家电企业都明显有了较大的智能制造探索和智能制造实践，其在流程化管理和自动化改造方面都有良好的基础和相对优势，尽管如此，在智能化发展过程中，新一代信息技术在工艺优化、系统集成及服务等多个环节的提升方面仍需进一步加强；最后，生产型企业在加速向服务型企业转型，尤其是装备生产制造企业。

从《智能制造发展指数报告（2019）》中得到的结果亦可以看出，"工业 4.0"的"智能化"核心以及对中国制造业发展质量产生"代际效应"和"提振效应"的作用机理。代际变革会带来垂直一体化、物联网、信息物理系统等的变化，中国制造业在市场需求增长效应、规模报酬机制、要素资源约束及竞争性创新方面都会发生断层和突变，这些方面会推动制造业在生产能力、生产方式、生产关系和生产空间方面发生转变，进而实现产业的创新性转型。

二、"工业 4.0"对中国制造业产业的影响机理

（一）"工业 4.0"对中国制造业产业内部关系的影响机理

"工业 4.0"能够满足消费者的个性化需求，随着消费者个性需求信息的实时传送，企业的业务流程将更加柔性化，变得更加灵活。

企业依靠透明的数据传送来控制整个生产过程，决策的制定、生产的效率及消费者创新性使用价值等都将通过智能化的操作来实现。在这个过程中，企业之间的竞争由于信息的相对透明而更加激烈，因此不会存在某一个企业完全垄断市场的现象，产业内部企业之间的关系将逐渐趋于竞争化。

另一方面,"工业4.0"产生的新的业务模式会对企业传统生产制造的流程产生很大影响,企业需要借助智能工厂和智能生产满足消费者的个性化需求,而这将会使得企业在生产和管理方式方面做出调整,因此企业间竞争的复杂性也会增加。

(二)"工业4.0"对中国制造业产业之间关系的影响机理

首先,"工业4.0"会促进产业之间的集成。企业在智能生产过程中,对数据的智能分析、对工厂的厂房及设备的更新和维护、产品物料和订单的统一、生产过程的状态及质量的追踪负责等方面,都需要做出调整并集成化,进而通过网络实现整个供应链系统的集成。以产品、资本、技术及人员为纽带的产业之间的关联,要统一于云数据所产生的信息,各个产业之间要服从于统一的调配规则,这需要企业之间通过网络实现企业间横向和纵向的集成,因此集成与相互融合将贯穿价值链的各个环节,这也是企业新的生产方式。

其次,产业之间新的依存关系和共存关系会创造出新的业务模式。"工业4.0"时期,价值链的细分和更加专业化的定位也会创造出更多的市场机会,从而产生供应链上新的企业来从事相关的生产活动,产业之间的沟通和合作模式会发生变化,产业和产业之间基于需求和供给的纽带的要素、技术和资本都相应地发生数量、流向等方面的转变,新的产业会随之出现。当"工业4.0"达到一定的阶段时,自动化和信息化高度融合,智能化掌控产业运作模式,制造业将拥有整个市场的全部数据信息,跨界竞争将成为一种常态。

制造业企业服务化的趋势使得所有产业的商业模式发生根本的变化,产业之间可能会由合作转为合作竞争关系,更进一步演变为完全竞争的关系。进而传统的行业之间的界限将会消失,产生新的活动领域以及产业的合作形式,产业链的分工将进行重构,新的价值将会被创造。在此重组分工的过程中,可能会让小企业有更多收益。

最后,"工业4.0"的快速技术进步会打破原有的产业结构的平衡。具有创造性和颠覆性的技术进步会改变原有经济社会的技术结构平衡,快速的时代变迁使得旧的产业因没有较好的前景而快速衰退,然而在短时间内,不可能所有的企业都能跟上技术前进的步伐,所以要形成新的产业,并且新的产业在短期内要实现一定的规模是不可能的,产业必然会存在短时间内由于技术结构的失衡而出现产业的结构性失衡。

因此,"工业4.0"使得中国制造业企业的生产方式和生产关系发生变化,促进制造业的转型升级和技术进步。

(三)"工业4.0"对中国制造业企业及产业绩效的影响机理

企业在提供个性化产品、实现智能制造、价值链生产模式的变化等诸多过程中,会更多地向服务化方向转变,也就是制造业企业的服务化功能会增加。在产业的技术变革层面,数字化将成为产业价值链的主要推动力量,通过即时的数据传输,"工业4.0"提高了生产率,并增强了企业的创新能力,"工业4.0"提升了企业的技术进步率,进而提升了产业的技术进步率。

定制化和个性化是"工业4.0"的标志性特点,尽管如此,不管是从产业相对宏观的角度,还是从制造业企业的微观角度,差异化的消费者需求在一般的市场需求接近于顶点的时候,就可以成为经济的新的快速增长点,可见"工业4.0"会极大地提高制造业企业的利润和增长速度,从而提升产业的增长度,由此"工业4.0"会对产业绩效产生重要影响,从而提升制造业产业的发展质量。

"工业4.0"对制造业产业发展的影响机制及影响过程见图6.1。

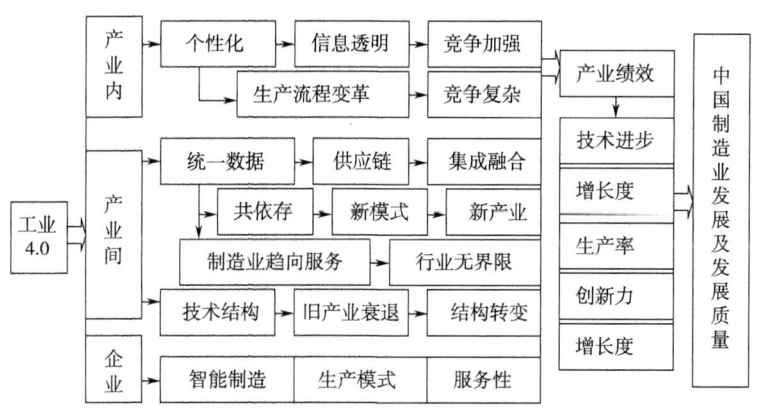

图6.1 "工业4.0"对制造业产业发展的影响机制及影响过程

第二节 "工业4.0"对中国制造业发展质量的代际作用机理

由于"工业4.0"时代带来的信息物理系统的广泛应用、人工智能的快速兴起和普及、商业模式的变革与垂直一体化的融合加快,这些代际性的革命给制造业带来了一系列的突变,这些突变一定程度上对制造业产生了颠覆性的作用,对制造业发展质量产生了强大的代际效应。

一、中国制造业开启"大数据思维范式"

"工业4.0"是产业革命的先导,产业革命并不是一蹴而就的,需要逐渐完成。目前中国制造业大部分企业仍处于工业2.0和3.0阶段,在短时间内不可能完全转变,在阶段性的过渡中,需要社会生产和生活在思维范式上率先做出转变。

"工业4.0"的核心是智能化,而智能化在制造业中是要靠知识的运用来实现的。"互联网+"和"中国制造2025"是密不可分的,中国制造向智能化方向发展,必须通过互联网、云计算及大数据的全面应用和全面覆盖来完成。通过计算机算法对大数据进行加工、分析和处理,可以快速获得并积累知识,进而在人—物、物—物及物—人之间建立逻辑关系并得到结论,这便是一种新的思维范式:大数据思维范式。

大数据思维范式重视对数据的挖掘、获取和利用。中国有14亿人口,到目前为止,每个人手中都基本拥有智能终端,智能终端产生的数据将成为数据的海洋,在量上实现了大数据思维范式的现实基础。然而,数据的质量也是该思维范式的重要支撑。对数据进行建模、构建量化指标是企业做出准确决策的前提,企业从系统导出的数据应该能完全适合各个生产部门、生产设备及人员的要求,二者也是需要逐步完成的。现有的制造业企业正逐渐通过供应链管理系统、产品全生命周期系统、企业资源计划、仪器仪表产品等进行数据的挖掘、数据的匹配和数据的发现。如果能够保证大数据的数量和质量,那么制造业将会使得大规模定制成为可能,大数据的应用也将使得制造业在价值链中取得竞争优势。另外,制造业存储的数据将超过其他任何工业部门,制造业将彻底实现跨越式发展。因此制造业行业企业生产经营的思维范式应该向大数据的战略定位转移。

二、"工业4.0"升级中国制造业技术

德国政府《高技术战略2020》确定将"工业4.0"作为未来十大项目之一,"工业4.0"已上升为德国国家层面的战略,以此支持工业领域的新一代革命性技术的研发与创新,德国的西门子公司已经开始将"工业4.0"的概念引入到公司的工业软件开发和生产控制系统中。中国政府也提出了《中国制造2025》计划,在中国第十六届工业博览会上,首套"工业4.0"也亮相其中。中国工业和信息化部也将中国实施"工业4.0"的酷特智能公司的"红领模式",立为行业发展的标杆和范本。机器人、人工智能、自动化流水

线、虚拟现实技术等专业词汇也开始在中国制造业中应用和开发。因此，"工业4.0"作为战略方针，能够引领中国制造业的快速技术创新，有利于制造业高端技术的扩散和应用。

随着新一代互联网技术、高科技信息技术与传统企业生产流程的互动融合，自动化生产成为"智能化"的先锋军，它也是"智能化"的主要特征之一，这将极大促进制造业的劳动生产率和资本生产率的提升，大大提高制造业的增长速度，同时"智能生产"也会使企业实现高度灵活的个性化生产、专业化生产和数字化生产，保证制造业产品生产与产品需求之间的均衡，进而实现制造业增长的稳定性。

同时在消费者的市场中，智能终端的普及和使用成为市场"智能化"需求增长效应凸显的主要助推力。第三次工业革命之后，随着计算机和网络在生产生活中的广泛使用，人们对于电脑及网络的需求逐渐增多，这不仅简化和方便了工作流程及生活内容，最主要的是改变了人们的生产和生活方式，计算机及网络的使用已经成为当代人们生产和生活的一部分。

"工业4.0"的信息技术能够实现制造业的多元融合。首先是人与机器的融合："工业4.0"的核心技术是信息物理系统，它通过传感器收集生产过程中的各种信息，并对生产过程发布嵌入式系统命令的指令。在制造业企业智能生产过程中，智能硬件和软件提供的生产与服务过程，是通过网络实现数字连接的。这实现了多方位的人机互动和融合，虚拟世界和现实世界的结合。其次是全价值链的融合：在传统的制造业的制造系统中，硬件和软件并没有太多的联系，只要做到兼容即可，生产模式较为分散。而在"工业4.0"时期，在生产的全价值链中，产品开发、加工制造、售后服务都由CPS技术支撑，消费者的个性需求信息贯穿整个流程。工作人员可以实时、准确地对流程进行监控，这种新的核心技术实现了智能化的全价值链的高效融合。

三、"工业4.0"转变了中国制造业的发展模式

（一）促使中国制造业的生产模式发生变化

长期以来，中国的制造业大部分处于"工业2.0"和"工业3.0"时期，自动化、批量化和标准化生产是主要的生产方式。"工业4.0"能够改变中国传统制造业的生产方式。在"工业4.0"时期，企业需要实现快速、小批量和定制化的生产。"工业4.0"是由高机械化、高自动化、高信息化、高网络化及高标准化而形成的"智能化"。其中，智能工厂构成了"工业4.0"一个

主要的关键特征①。"智能工厂"将"信息物理系统"中网络层传输来的即时消费者个性化的需求信息，通过云计算和企业的大数据进行储备，在智能工厂生成标准化的生产数据模块，并将此数据信息通过嵌入式软件调动生产设备，进而从事个性化的智能生产。这个过程需要在"物联网"的帮助下，调动智能物流、智能移动、智能建筑以及智能电网等，最后产生出智能产品。前面提到的"智能"，其主要内容意味着机器和机器之间的时时通信，并通过嵌入式软件与无线通信服务，自动地实现即时的批量处理命令。而嵌入式软件和处理命令都是通过大数据以及云数据得出标准化结果，由此产生的标准化大大简化并优化了产品的整个生产过程。将设备、机器、人员和网络通过先进的控制器、传感器以及应用程序软件连接起来，整个过程也就可以实现"智能生产"，所以"智能生产"实质上既是高度灵活化的规模化生产，也是虚拟世界得以转化成现实世界的重要桥梁与纽带。

（二）中国制造业商业模式的变化

"工业 4.0"时代，制造业行业的发展需要基于数字化智能柔性的生产和云数据驱动的供应链来完成，消费者—机器（Consumer to Manufacturer, C2M）模式将直接连接消费者的需求与智能工厂的生产，这使得企业提供的产品需要满足个性化定制的模式才能得以实现。C2M 的商业模式不仅完全消除了传统中间流通环节，大大地降低了市场的交易成本，同时也实现了企业的零库存管理，减少了企业的管理费用，使企业能够拥有更多的可流动资金，从而减轻了企业的融资压力。

（三）"工业 4.0"衍生出新的管理模式

实现"工业 4.0"的智能制造，考验的绝不仅仅是企业的技术研发和创新能力，还有企业在管理等各方面的软实力。创新的管理模式可以促进制造业企业管理技术水平的进步。制造业通过网络连接管理，把每个人分配到最合适的位置上，这也节约了劳动力管理成本，提高了劳动产出率。同时制造业也能根据市场的需求变化状况灵活地决定生产时间、生产地点和生产过程，这同样提高了制造业企业组织、计划、协调和控制的效率。

最后，"工业 4.0"实现了中国制造业的人机多模式交互与协同。在"消费智能化"与"生产智能化"的多个环节与模块的加载过程中，人可以通过语音、面部表情、身体语言、手势、肢体动作等与机器、智能终端、智能设

---

① 工业 4.0 工作组，德国联邦教育研究部. 德国工业 4.0 战略计划实施建议（上）[J]. 机械工程导报，2013（7-12）：23-55.

备进行快速准确的交互，机器、智能终端、智能设备也可以通过提供图像、文字、图形等方式对人体的视觉、眼球、肢体、手势等进行跟踪，以智能化的方式匹配人的多元命令。"工业4.0"实现了新一代的轻量化模式，人与机器人和智能设备在各环节之中一起协同作业，这也是智能化和集约化的根本所在。

四、改变制造业产品品质

在"工业4.0"的模式下，制造业生产的产品为智能产品，智能产品能够集成信息的存储、与设备的传感以及无线通信网络等功能，因此智能产品是一个全面的信息载体。它能够在整个供应链和全部的产品生命周期阶段影响、感应并监测所处的环境，将所得的信息通过数据与外界进行交互。在这个过程中，智能产品也会监测自身的状态，将当下自身的变化数据，及时地传送给企业和消费者。目前，市场上的智能手环、智能自行车、智能跑鞋等都可以不间断地采集用户的信息，并把信息以数据形式上传到云终端，方便用户对其智能产品的管理，以及生产厂商对其智能产品的维护。

五、重塑中国制造业在价值链中的位置及附加价值

世界知识产权组织发布的《2017年世界知识产权报告：全球价值链中的无形资产》显示，中国制造业在全球价值链中的地位稳步提升，中国制造业企业正在逐步跻身于高技术附加值的上游生产商的名列之中。尽管如此，中国制造业在国际市场中仍然主要处于供应链的低端环节，制造业企业仍以加工制造和代工生产作为主要业务。

"工业4.0"带来的现代信息技术使得基于大数据的信息具有很大的开放性，互联网的信息溢出效应更加明显，这使得整个工业价值链的"微笑曲线"不再陡峭，而逐渐向平缓趋势发展，中国制造业原本处于"微笑曲线"底部的生产制造多个业务环节的附加值，逐渐与"微笑曲线"两端的业务环节趋平，进而提升了制造业在价值链中的附加值。这主要取决于以下原因。

首先，"工业4.0"使得中国制造业企业能够实现低成本的生产。互联网时代的到来，解决了经济活动的不确定性及信息不对称问题，使企业和市场之间、企业内部各个业务流程、每个设备之间实现了低成本的连接，企业通过对生产过程的智能化控制，快速地得到最优的决策和最小化的成本，提高了企业的利润。随着3D打印技术的推广和应用，企业在生产过程中的某些中间环节可以被省略，供应链的环节可能被压缩，制造业和设计者之间实现短

链条连接，这也使得企业的生产成本大大降低。

其次，"工业 4.0"改变了中国传统制造业单纯以生产制造为主要业务的状态，而逐渐向制造业服务化方向发展。大数据和物联网技术驱动了制造业设备的数据化，这也是"智能工厂"的要求，因而大数据对制造业资本设备的改善会贯穿于整个产业链环节，从机器设备的使用和维护，供应链各环节的处理，到产品在市场中的销售及售后的维护和预测，都会通过数据把各环节的运行状态和遇到的问题及时反馈给制造企业，这样企业就会很方便且准确地了解现在各个四维空间的运行状态，分析当下的问题并及时做出处理，在此阶段中，无时无处不体现着生产厂商的服务商性质，这些都体现并实现了制造业的服务性功能。

因此，大数据和互联网带来的创新技术驱动制造业服务化，是未来发展的必然趋势，这也必然会拉平价值链的"微笑曲线"，增加制造业企业的附加价值，因此制造业在整个产业价值链中的附加价值会提升，如图 6.2 所示。

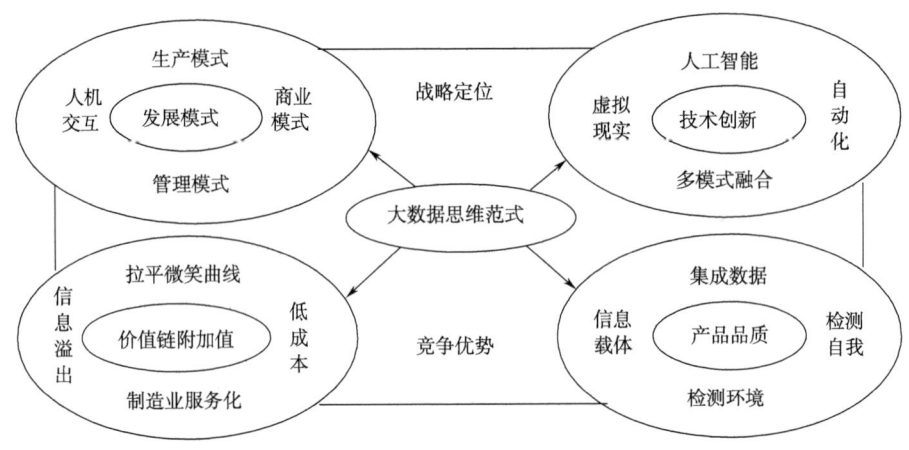

图 6.2 "工业 4.0"对中国制造业发展质量的代际作用机理分析框架

第三节 "工业 4.0"对中国制造业发展质量的提振作用机理

"工业 4.0"是经济社会发展的飞跃式转变，其将对制造行业、企业质量及产品质量带来重大的变革效应，同时对经济增长和效率的提升、创新的推进、对外贸易、对社会的贡献以及制造业的环境效应等多个方面带来巨大冲击，然而这些方面不仅构成了制造业发展质量的各个维度，也是经济发展的重要指标。中国制造业可以通过多方面的转变和提升，全面改善产业的发展质量（见图6.3）。

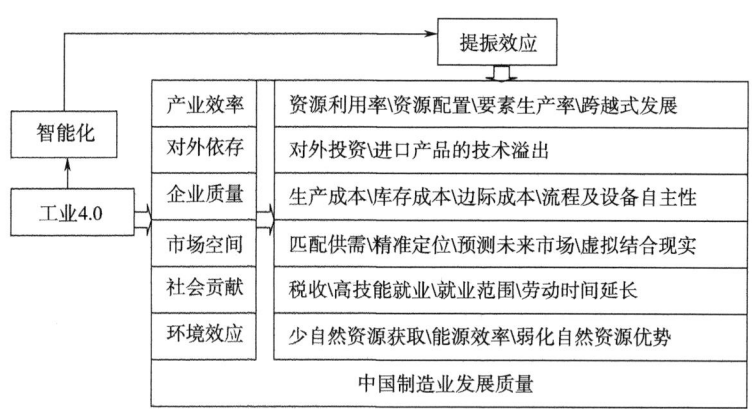

图6.3　"工业4.0"对中国制造业发展质量的提振作用机理分析框架

一、提升中国制造业效率

在经济学的意义中，资源的配置主要解决生产什么、生产多少、为谁生产以及在哪里生产的问题。在"工业2.0"和"工业3.0"时代，中国制造业生产企业没有办法低成本地获取每一个消费者的需求，因此往往采用标准化的策略，把消费者的需求进行组合、标准化生产和销售。然而"工业4.0"带来的信息技术变革和发展，诸如互联网、大数据、云计算等创新方法和技术，撼动了工业时代的基础，把市场中消费者的个性化云需求和制造业的制造准确匹配起来，能够不断地减少经济活动的不确定性和风险，从根本上解决了信息不对称问题，这必然会极大地提高制造业资源配置的效率。

在国际市场中，中国制造业的主要竞争优势是批量化和标准化生产，以及劳动力低成本为主的要素优势。这种较传统的粗放式发展模式必然是劳动产出率较低，资本的利用率和投资回报率不能有效改善。然而"工业4.0"通过大数据、物联网及人工智能等诸多新的技术手段对中国现实制造业进行改进，深化制造业的理念，转变思维模式，会空前提升产业效率。互联网的应用为制造业实现系统优化及大幅度提升产业效率提供了极大的可能。

在制造业生产过程中，由于动力的升级、机器和机器人的使用，极大地提升了劳动生产率。"工业4.0"能够提高制造业的人均产出效率、资本产出率、土地等要素的生产率,资源和要素能够高效率利用,极大提高了企业及行业的利润率,这也是制造业高质量发展的基础和必然结果。

二、增加中国制造业对外交流和沟通

虽然在国际信息技术的影响进程中,中国制造业企业纷纷从自身做起,不断改进生产模式,并更换先进设备,但中国制造业仍然处于弱"工业4.0"阶段,由于经济发展状况、资源和要素的约束等作用,中国中西部地区的很多企业仍处在"工业2.0"和"工业3.0"阶段,这就需要企业积极开放市场,增加海外交流和合作,通过国外先进技术公司对外直接投资,以及进口的技术溢出效应,逐渐实现从技术引进到技术模仿,再到技术创新的阶段性发展路程。因此,"工业4.0"促使中国制造业加强对外交流和沟通,以弯道超车实现跨越式发展。

在对中国制造业发展情况及受"工业4.0"影响的分析中,设备相关制造业出口交货值始终居于领先水平,除设备相关行业出口交货值之外,纺织品相关制造业、石化医药和食品相关制造业的出口交货值居于各个具体行业的相对领先水平。中国设备的海外市场需求较大,除此之外,居于较高水平的都是劳动力密集型行业的产品。"工业4.0"模式之下,制造业能够转变劳动力低成本的竞争优势,增加技术密集和知识密集型产品的生产,这可能会增加海外市场的需求。

三、极大拓展市场空间

"工业4.0"通过精准地匹配生产和需求,为制造业缓解现有市场矛盾,拓展未来市场空间提供可能。"工业4.0"的核心"智能化"能够实现"生产标准化"和"消费个性化"的完美匹配,"虚拟世界"和"现实世界"的完美结合,以及"流水线工作"和"柔性化生产"的完美互补。由此社会整体生产力会有较大提高,使得能源能够实现有效节约、生产能够高效完成,这不仅大大提高了企业生产的灵活性,而且较好地满足了消费者的多样化需求。

"工业4.0"能够对现实市场进行精准定位。"工业4.0"时代,全部的设备都通过统一的中央系统进行管理和控制,所有由数据产生的信息能够被汇总并分析,这一过程也实现了每一个流程和环节的互动,每一个设备的运行都是准确可知的。"工业4.0"可实现在任何时间和地点,通过大数据和云计算搜集并获得消费者的个性化需求数据,消费者、供应商、生产商和服务商即时的信息交流,生产系统中人与智能机器及模块化的产品各部件之间的智能沟通和互动，实现消费者个性化需求的设计和 3D 仿真，准确地满足消费者的个性化需求。

"工业 4.0"也能够对未来市场进行准确的预测。通过对大数据的采集、提取、输入、处理、分析、建模等诸多过程，可以告知企业各环节的现实状况，进而使得企业对未来的市场进行预测和准确判断，由此企业可以快速准确地定位市场，改善现实市场状况，精准预测未来市场的需求。

四、提高制造业企业质量

"工业 4.0"能够影响制造业企业的成本，"工业 4.0"进程中制造业企业提供了个性化和定制化的服务。这种个性化和定制化的服务不同于以往的批量生产的标准化配置，也不同于传统的粗放式生产及管理。以消费者为中心的个体化定制能够精准满足消费者的诉求，提高客户的满意度，这让制造业企业能够获取更多的市场总量，在这个过程当中，帮助制造业企业节约营销成本。同时通过精准生产和精准销售，企业也可实现零库存，减少库存成本，有效提高存货的周转速度及流动资金的使用效率。另外，网络信息及云数据的使用也降低了企业边际产品的生产成本。虽然在"工业 4.0"的生产模式下，制造业降低了销售成本、库存成本及边际成本等，但同时也会让企业的资本折旧时间缩短。由于技术进步的速度过快，企业投资的回收期变短，增加了企业的运营成本，抑制了企业的投资行为。

"工业 4.0"能够实现生产流程和生产设备的自组织性。"工业 4.0"带来的"智能生产"和"智能工厂"，最终都是在企业层面实现的。企业为了实现智能工厂，需要重点分析智能化生产系统和生产过程，协调生产设施的网络化分布问题。智能化生产要涉及企业的生产、物流管理、人机互动、3D 打印、新技术材料等的应用，这些都是由整个生产的价值链集成的。这种模式使得企业能够自主安排生产环节，并优化生产流程，从而实现制造业生产的自组织性。

五、明晰中国制造业对社会的职责与贡献

现代企业理论认为，不能简单从组织追求利润最大化方面探讨企业，而应该在此基础上，将企业作为社会"公民"进行分析。作为社会"公民"，既要有"公民"的权利，也要履行"公民"的义务。中国制造业作为国民经济发展的重要基础产业，其社会职责首先表现为向国家财政上缴的税收贡献。在"工业 4.0"的影响下，制造业能够寻找到新的产业增长点，产业利润率

增长，进而增加对国家财政税收的贡献。

另外，制造业对劳动力就业的吸纳作用使得其就业职责和贡献更加明晰。

首先，"工业4.0"能够稳定高素质人才的职业。技术与劳动力就业的关系一直也是经济学探讨的热门话题之一。技术进步会产生"创造性毁灭"还是"互补效应"一直存在争议。"工业4.0"带来的新技术必然会影响制造业的劳动力就业。从就业的结构上来看，以知识和技能为主要特点的新一代信息技术会增加对高技能劳动力的需求。企业受人力资本等生产要素的约束，在连接"消费智能化"与"生产智能化"、"智能工厂"与"智能生产"的过程中，需要具备新技能的劳动力来从事相关工作，因此智能制造催生了新的劳动人员，包括开发软件和生产软件的工程师及管理虚拟与现实终端的业务人员等。然而高技能劳动力市场的进入壁垒相对较高，从而有效阻挡了更多劳动力的进入。因此"工业4.0"会稳定高素质人才的就业和职业。

其次，"工业4.0"带来的新技术扩大了劳动力就业的范围。虽然新技术会增加高技能劳动力的就业，但是并不一定减少低技能劳动力的就业，相反，会由于扩大了劳动力就业的范围而为低技能劳动力提供就业机会。这是因为"工业4.0"带来的技术进步会深化制造业产业的分工，延长制造业的产业链，从而扩大市场的范围，即需要更多不同技能的劳动力从事生产经营活动。

最后，"工业4.0"带来的新模式可以延长人类劳动的生命时间。"工业4.0"将改变人们的生产和生活模式，通过智能化实现全价值链的融合以及人机的融合，使原本纵向集中的生产制造和销售系统分散化，增加虚拟工作和虚拟任务，这使得人们可以通过智能终端随时随处执行岗位工作，只要有网络的支持就可以完成，这样劳动力就业也就更加宽松和自由。同时这种新的工作和生活方式的改进，能够应对人口老龄化带来的动力不足问题。另一方面，由于技术水平的提升，智能化也缩短了工人的劳动时间，生产相同数量的产品，在"工业4.0"时期需要的时间变短，人们有更多的时间从事其他的工作或活动。由此能够提高制造业的劳动产出率。

六、改善中国制造业的环境效应

"工业4.0"时代的全新生产模式将逐渐实现机器人对人工的替代、新能源对传统能源的替代，减少资源浪费，有效提升能源的利用率。从而实现制造业从高污染高耗能的生产到绿色生产的过渡。

(1) "工业4.0"的生产模式使中国制造业减少对自然资源的获取和利

用。"工业4.0"时期,由于解决了产能过剩问题,不会存在冗余的生产,制造业企业可以节约燃料成本,进而可以节省石油和天然气的开发资本,减少对自然资源的采掘;另一方面,在这种模式之下,必然减少制造业生产制造过程中的污染物排放,减少废气、废水和废渣对环境的污染。

(2)"工业4.0"实现了智能生产。制造业企业生产过程中,通过智能工厂和智能生产的智能控制,实现企业制造过程的精准生产和决策的优化,提高制造业资源和能源的生产效率,进一步实现清洁生产、可持续生产和绿色生产,进而实现低碳经济和循环经济,这也体现了制造业的环境友好性,从而保证了制造业的高质量发展。

(3)"工业4.0"弱化了制造业企业的自然资源竞争优势。中国传统的制造业一直以劳动力低成本及自然资源的低成本使用为主要的竞争优势。"工业4.0"进程中制造业的增长更多依赖于信息技术,依靠知识、技术和技能来拉动经济增长。知识和技能将成为制造业长期可持续发展的竞争优势的来源,对资源过度依赖的发展模式将逐渐被淘汰。

第四节 "工业4.0"时代中国制造业发展质量的代际变化情况

在当今社会中,生产和消费正处于日益融合的阶段,科技变革带来的新生产与消费模式及应用,已成为制造业必须面临的新趋势。目前虽然科技创新及技术的变革并没有全部落地,但是其发展的速度和影响的广度,已经达到了前所未有的高度。

一、中国制造业信息物理系统已得到广泛发展和推广

作为"工业4.0"基础的信息物理系统的发展和传播速度非常快,虽然这个概念的含义并不是十分明确,但是社会普遍认同"工业4.0"具有"智能化"这一特点,及"智能化"最重要的支撑就是信息物理系统这个概念。信息物理系统能够实现计算、通信与控制的集成和融合,在运作过程中,需要物理层面、网络层面及信息层面的支持。近年来中国信息物理系统逐渐完善,三方面的支撑也趋于成熟,为中国"工业4.0"智能化的发展奠定了坚实的基础。

接下来,分别从三方面探讨中国信息物理系统的进展情况,其中物理维度的指标包括使用固定宽带和移动宽带连接互联网的企业、计算机的使用;

网络维度包括接入互联网的企业和有网站的企业、网站的使用情况等；信息维度用通过网站、APP 或 EDI 购买和企业电子商务发展状况两方面衡量。

(一) 信息物理系统物理层发展相对完善

从图 6.4 中看到，经过多年的发展，截至 2016 年 12 月，中国企业使用计算机的比例已经达到 99%，这说明目前中国企业已经基本实现了计算机的使用，基本完成了信息物理系统中物理层面的要求。这为中国制造业向"工业4.0"时代迈出了坚实的第一步。

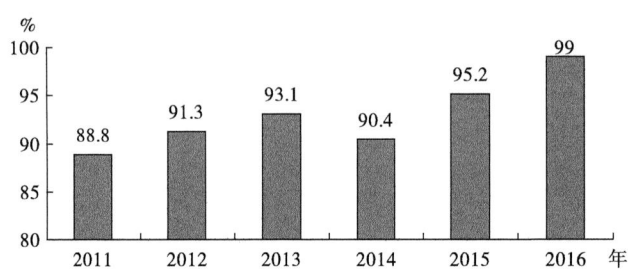

图 6.4　中国 2011—2016 年企业计算机使用比例

数据来源：《第 41 次中国互联网络发展状况统计报告》。

在互联网技术使用并飞速发展的 21 世纪，网络已成为企业生产经营的主要方式，在产业内部和产业之间，网络已成为不可或缺的生产力。2011—2016 年，中国企业通过固定宽带和移动宽带接入网络的比例逐年提升，使用固定宽带接入互联网仍然是主要的形式，2016 年，企业通过固定宽带接入网络的比例已经达 90% 左右，使用移动宽带接入网络的形式在企业的应用中也逐年提高，2016 年已接近 40%，如图 6.5 所示。

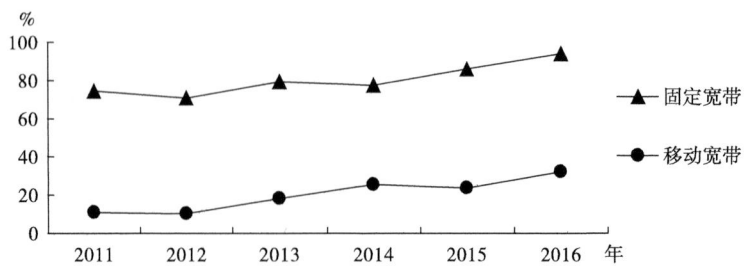

图 6.5　2011—2016 年中国企业固定宽带和移动宽带接入百分比

数据来源：《第 41 次中国互联网络发展状况统计报告》。

(二) 网络建设有待进一步强化

从图 6.6 看出，2013—2016 年，企业所拥有的网站数实现较快增长，每百家企业拥有网站数保持在50%以上,也就是半数以上的企业都拥有自己的网站,但数据在2015年及2016年有所下降,说明新进入企业建立网站速度没有跟上企业增长数目,新企业还未及时建立网站。

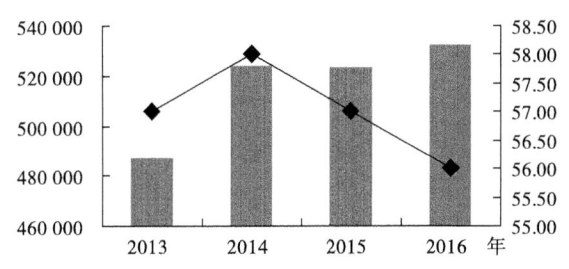
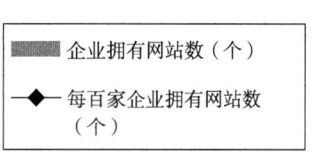

图6.6 2013—2016年中国企业网站情况

数据来源:2014—2017年《中国统计年鉴》。

如图6.7所示,到2016年年底,全国使用互联网的企业①所占比重为95.6%,为近年来使用互联网比例最高值,且逐渐缩短了与计算机使用所占百分比的差距。网络层的应用已在企业中基本普及,正在趋于完善,但仍然存在可发展空间。

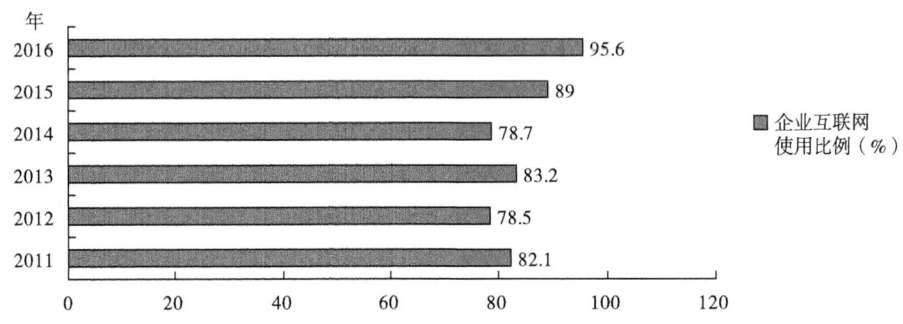

图6.7 2011—2016年中国企业互联网使用比例

数据来源:《第41次中国互联网络发展状况统计报告》。

从图6.6和图6.7中看到,物理信息系统中网络层的建设已基本成形,半数以上企业建立了网络工作方式,且网络的使用率较高。但由于网络层的普及率还较低,所以网络层建设亟须解决。

---

① 按照《中国互联网络发展状况统计报告》说明,企业使用互联网办公,指企业在各项活动中直接使用互联网,任何具备互联网介入功能的设备,都可以被称为使用互联网的工具。

(三) 信息层面需求已基本实现网络化

从图 6.8 中数据得到，在消费者网购情况中，中国信息层面消费需求已基本网络化。中国网民中网络购物人数从 2011 年的 1.93 亿人上升到 2017 年的 5.33 亿人，占网民总体的百分比从 37.8% 上升到 69.1%。截至 2017 年年底，中国大约三分之一的人已使用网络购物，且占网民比重的 70% 左右。中国人口基数较大，使用网络的人数比例已经成为世界上潜在需求最大的市场，智能化消费将成为企业未来消费模式中需求方的主要需求方式。

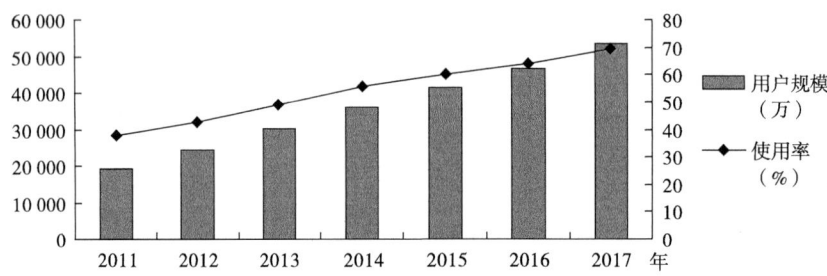

图 6.8 2011—2017 年中国互联网网络购物用户规模和使用率

数据来源：《中国信息年鉴》及《第 41 次中国互联网络发展状况统计报告》。

中国信息物理系统正处于蓬勃发展的快速增长期，其中物理层发展较好，网络层和信息层仍处于起步阶段，企业的信息化建设急切需要完善和均等化普及。

二、人工智能获得重大进展

计算机计算能力的发展，大数据以及人工智能的应用，使得计算机接近人的大脑级别的功能。虽然人工智能并没有在制造业中充分发挥其全部潜能，但是制造业企业正向此方面发展，所取得的成就也可以通过以下数据和案例看到。

截至 2017 年 6 月，中国人工智能企业的总数达 592 家，占全球人工智能企业总数的 23.3%，中国国内的人工智能企业，主要集中在北京、上海、深圳、杭州、广州、香港、成都、南京、厦门、苏州等经济发达地区[①]。同时，互联网企业已经在计算机视觉、自然语言处理等人机交互技术方面，取得了一系列的研发与应用成果。另外在识别技术研发领域，百度公司深度学习网

---

① 参见《第 41 次中国互联网络发展状况统计报告》，第 76 页。

络人脸识别准确率已经达到99.84%、语音识别准确率达到95%，这是世界领先的成绩；在国际权威人脸数据库通过100万级人脸识别的测试，腾讯公司以83.29%的成绩，在全球人脸识别大赛中最终获得冠军；另外，阿里云ET的人脸识别技术在户外脸部检测数据库方面，识别率也超过99.5%。华为公司成立诺亚方舟实验室，每年投资超过500亿元人民币，以专门从事人工智能方面机器学习和数据挖掘工作。科大讯飞公司以语音为主要切入口，稳步推进了从感知智能到认知智能的人工智能的生态布局①。

三、垂直一体化融合的加速促使商业模式变革

目前，中国采用C2M（Custorner-to-Manufacture）模式进行生产经营的典型企业，主要有青岛酷特智能股份有限公司，"酷特智能C2M商业模式"，使用工业化的标准流程为消费者个性化定制西服。在酷特智能的C2M平台，消费者可以输入个性化体型数据和个性化需求，并支持客户自主设计，由消费者自主决定产品在工艺、款式、价格、交期、服务方式等方面的内容，并在七个工作日交付成品。此外2016年3月，青岛海尔集团发布了具备自主知识产权、支持大规模定制的互联网架构软件平台COSMO及该平台下众创汇、海达源模块的升级版等。在海尔CosmosPlat个性化定制平台上，消费者可以通过手机智能终端与全球的设计师进行交互，提供个性化需求信息，完成个性化的定制服务。

在产业应用方面，随着人工智能技术的快速发展，中国人工智能、电子终端和垂直行业加速融合。基于自身的设备物联网功能，领先的部分制造企业，不仅能够实现自身工厂的智能化制造过程，逐渐汇集和整合行业的相关设备数据，搭建行业大数据平台，还能吸引产业上下游的企业共同参与构建本行业的智能化系统。目前，中国在诸多智能生产领域，开发了智能家居、智能汽车、可穿戴设备以及智能机器人等一系列人工智能产品，正在全面重塑家电、机器人、医疗、教育、金融以及农业等多个领域的生产模式。其中，智能家居产业，通过云端数据的快速交互，竞相打造开放式互联平台，实现各个智能终端之间的即时互联与互动，打造智能家居生态系统，如华为的Hilink协议，小米的SmartThings，以及海尔的U+等；另外，无人驾驶作为智能汽车的主要代表产品，其产品市场也备受关注，大量的汽车生产制造商、科技巨头以及创业企业都积极布局，进军智能行业；医疗领域也开始应用人

① 参见《第41次中国互联网络发展状况统计报告》，第76页。

工智能,伴随着人工智能、传感技术以及大数据等高科技的快速融入和推广使用,各项医疗产品的服务正在逐渐向智能化靠近,这也推动了智慧医疗行业的快速发展。当前,人工智能的相关先进技术,已经在辅助诊断、基因检验以及消费者个性化治疗、智能看护病患和老年患者与智能化药物的研发等多个领域,开展了大量的探索或应用[1]。

四、网络化和信息化促使生产流程向智能化方向演进

随着物联网的迅速扩张,全球的万物互通互联时代已经到来。越来越多的企业通过网络开展自身的生产经营等活动。国内诸多企业,如海尔、奇瑞、华为、中兴等在传统家电、汽车以及通信设备等领域都在积极地向智能制造方向转型。

如图6.9所示,2013—2016年,中国电子商务销售额和采购额直线上升,2016年销售额已达10万亿元以上,采购额也达到6.3万亿元。企业电子商务活动愈加频繁,电子商务交易的企业稳步增多,2016年通过电子商务进行交易的企业为102 761家,同时电子商务交易企业的百分比也逐年上升。尽管如此,2016年,通过电子商务交易企业的百分比却仅占10.9%,说明此项交易方式的空间还很大,其发展速度还有待快速提升,如图6.10所示。

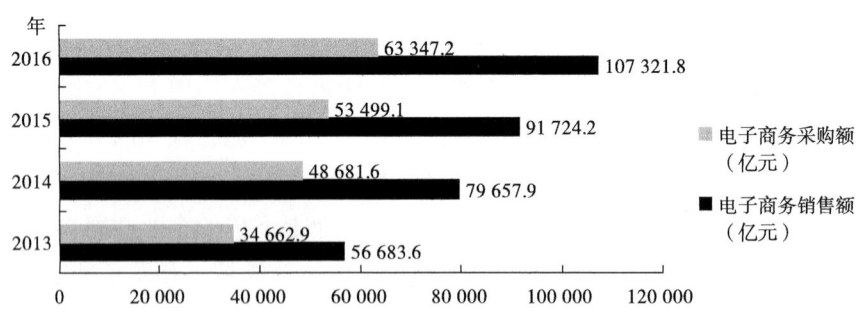

图6.9 2013—2016年中国电子商务销售额和采购额

数据来源:2014—2017年《中国统计年鉴》。

由此可见,电子商务交易及相关活动大部分集中在少数企业内,电子商务的普及还需要进一步均等化,电子商务可发展空间仍非常大。企业供给侧的信息化建设仍要进一步加强,企业信息化发展及企业与信息的融合性仍处

---

[1] 参见《第41次中国互联网络发展状况统计报告》,第77页。

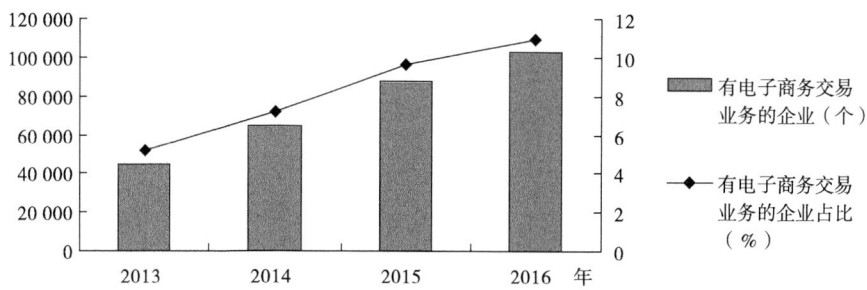

图 6.10 2013—2016 年中国有电子商务活动的企业

数据来源：2014—2017 年《中国统计年鉴》。

于较低水平。但这也说明企业已转变了传统的经营理念，逐渐从传统的生产经营方式中解脱出来，伴随第四次工业革命的浪潮，正朝着信息化的生产和销售方向不断迈进。

第五节 "工业 4.0" 对中国制造业的提振影响情况

一、市场"智能化"需求增长效应凸显

以信息技术为主导的科学技术发展从规模到模式上，都极大地满足了人类的各种生活需求，《第 41 次中国互联网络发展状况统计报告》结果显示，截至 2017 年 12 月，中国的网民规模为 7.72 亿人，互联网的普及率达 55.8%，超过亚洲平均互联网的普及率水平（46.7%）9.1 个百分点，也超过了全球互联网的普及率平均水平（51.7%）4.1 个百分点，如图 6.11 所示。

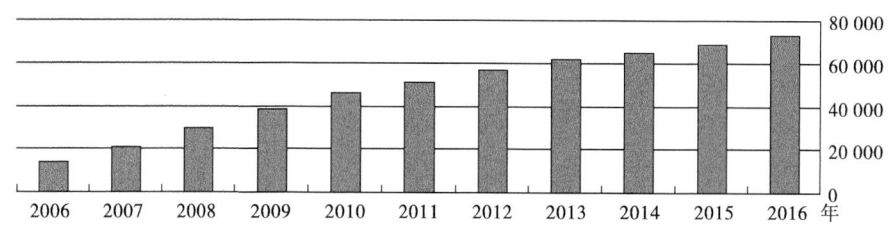

图 6.11 2006—2016 年中国互联网上网人数（万人）

数据来源：国家统计局网站。http：//data. stats. gov. cn/easyquery. htm？cn = C01&zb = A0G0Z&sj = 2016，访问日期 2018 年 5 月 17 日；《第 41 次中国互联网络发展状况统计报告》。

从上面数据可以看出，中国网民人数规模继续保持平稳快速的增长势头，取得这样的效果主要得益于互联网商业模式的不断创新，其能够使得线上与线下服务融合的速度加速，公共服务的线上步伐的加快等。

近10年间，中国互联网上网人数从1.37亿人增长到7.31亿人，增长了5倍以上，除去网络产品属于上瘾性产品的特殊性外，也反映出人们生活方式越来越网络化。互联网的需求已经成了人们的基本生活需要，人们的衣食住行都离不开互联网的使用，互联网已经完全改变了人们的生活方式和工作方式。

图6.12为2002—2017年中国互联网的普及率情况，可以看到互联网的普及率从2002年的4.6%上升为2016年的53.2%。人们对信息交换需求的不断增长和变化，是信息通信技术和设备的规模增长和技术水平提升的主要动力。

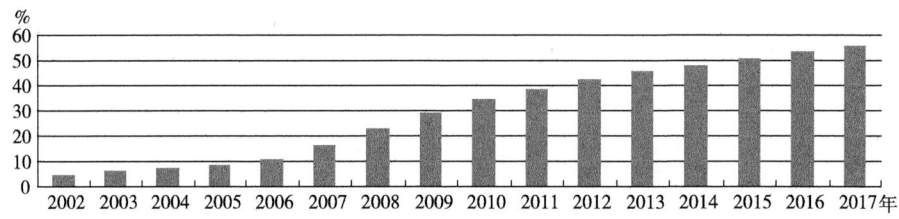

图6.12　2002—2017年中国互联网普及率

数据来源：国家统计局网站。http：//data.stats.gov.cn/easyquery.htm？cn=C01&zb=A0G0X&sj=2016，访问日期2018年5月17日；《第41次中国互联网络发展状况统计报告》。

2017年12月中国手机网民的数量已达7.53亿人，使用手机上网人群占网民的比例由2016年的95.1%上升到2017年的97.5%，台式电脑、笔记本电脑、平板电脑的使用率均出现下降趋势，以手机为中心的智能终端设备，不断超出其他个人上网设备的使用率，成为网络需求的主要使用工具。

因此，中国互联网市场需求的急剧增长，移动终端设备使用规模的加速扩张，消费需求的路径网络化使得移动数据量持续扩大，这些是"工业3.0"及之前所没有的，为"工业4.0"时代相关产业的发展创造了更多的价值挖掘空间。

二、规模报酬出现递增趋势

根据《中国统计年鉴》信息发现，截至2016年，企业中有网站运行的百分比也刚超过50%，而有电子商务活动的企业比重仅占10.9%。这说明在使用网络和信息方面，企业的网络及信息化的市场集中度很高，也就是说，能够使用网络和信息化的企业相对比较少，而使用网络和信息化比较集中的企业在市场中一般也会处于领先和主导地位，一定程度上被少数企业所垄断。

这种现象主要源于中国大部分企业，尤其是中部和西部地区的企业还处于"工业2.0"时代或"工业3.0"初期，生产要素的使用仍以劳动力密集输入为主要方式，传统的企业在使用先进设备和高技能劳动力方面还很欠缺。高技能人才比例也较低，这必然导致企业受到生产要素的约束。传统企业及创新性企业的差异性凸显，而这种异质性效应的作用在短期内还广泛存在，但随着企业生产意识的逐渐转变和物理信息系统的逐渐完善，生产要素异质性效应将会逐渐降低。

同时，在企业再生产过程中，对智能化设备的需求也在逐渐增加。从2010年开始，全球工业机器人的市场需求稳步增长，根据国际机器人联合会（IFR）统计，2011—2016年，工业机器人市场需求量平均以每年12%的速度增长。近些年来，中国已成为全球最大的机器人需求市场。2017年，全球机器人市场规模达232亿美元，2012—2017年的机器人市场平均增长率接近17%。工业机器人的市场销量为147亿美元，同时服务机器人的市场规模为29亿美元。而在中国，国内机器人市场规模达到62.8亿美元，而在机器人市场销售中，工业机器人的市场规模是42.2亿美元左右，同时服务机器人市场规模为13.2亿美元左右，可以看到整体市场需求呈上升趋势①。

三、竞争性创新越来越激烈

在网络化和信息化快速增长的发展阶段，企业的创新形式也日新月异。其中，网络化和信息化的溢出效应，使得大企业在创新中并不具备先发优势，市场中企业的竞争性创新凸显，尤其是小企业，在生产方式和运营模式方面更能引领前沿，这使得竞争性创新在市场中越发成为主要竞争模式。以共享经济为例，2017年共享经济快速发展。以整合社会资源、为用户提供服务、以第三方信息平台为基础的共享经济蓬勃发展。根据《第41次中国互联网络发展状况统计报告》调查数据结果，网约车与共享单车业务在网民中的渗透率分别为30.6%与28.6%，同时共享充电宝业务的渗透率为12.5%，相比网约车和共享单车，共享民宿与共享汽车仍属于较为小众的业务，它们的渗透

---

① 可参见国际机器人联合会数据 https://ifr.org/。

率仅为2.8%和2.2%[①]。

由以上的基于现实数据的观察、统计及分析可以看到,"工业4.0"的智能化的核心是消费智能和生产智能,这是人类社会发展的飞跃式转变。而"消费智能化"与"生产智能化"会极大地推进并全面改变制造业的发展方向,制造业的生产方式、生产关系和生产空间都会随之发生变革。目前,"工业4.0"对中国制造业的代际影响为信息物理系统的广泛发展和推广,包括:物理层发展相对完善、网络层使用率较高、信息层面需求已基本实现信息化;商业模式变革、垂直一体化融合加速;人工智能获得重大进展。这些革命性的代际效应给制造业带来了一系列的变革,一定程度上对制造业产生了颠覆性的作用,其中最主要的是市场"智能化"需求增长效应凸显,智能终端的普及和使用成为主要助推力。越来越多的企业通过网络开展生产经营活动,企业的生产方式越来越网络化、信息化,企业内部的生产流程逐渐向智能化演进;企业受人力资本等生产要素的约束,生产要素的异质性效应会凸显,规模报酬递增趋势得以实现;制造业行业内的创新竞争会变得越来越激烈。

"工业4.0"对制造业发展质量的代际影响和提振影响并不是完全分开的两种效应,二者之间相互作用,叠加交纵,共同影响着中国制造业的发展方向及发展质量,其现实影响的内容可以简明地用图6.13表示。

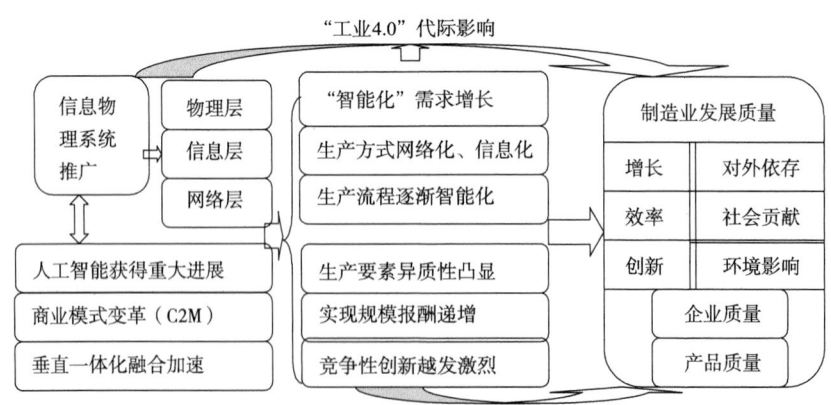

图6.13 "工业4.0"对制造业发展质量的代际和提振影响层级

---

① 参见《第41次中国互联网络发展状况统计报告》,第73页。

第六节 小 结

通过分析"工业4.0"对中国制造业发展质量的影响作用机理，可以得出，"工业4.0"时期的"智能化"核心包括"消费智能化"和"生产智能化"，且通过"代际效应"和"提振效应"两个主要方面对中国制造业及制造业发展质量产生变革性的影响。

"工业4.0"对中国制造业产业的作用机理主要包括三个层面的内容：产业内部企业之间的关系逐渐趋于竞争化，且竞争的复杂性增加；"工业4.0"会促进产业之间的集成，产业之间新的依存关系和共存关系会创造出新的业务模式，打破原有的产业结构的平衡；"工业4.0"提高了生产率，促进了中国制造业企业的创新能力，提升了企业的技术进步率，进而提升了产业的技术进步率。

"工业4.0"对中国制造业发展质量的代际效应作用机理包括：转变中国制造业思维范式；升级中国制造业技术水平；提升在价值链中的附加价值；转变中国制造业生产模式、商业模式、管理模式，实现中国制造业的人机多模式交互与协同；制造业产品转变为智能产品等。

"工业4.0"对中国制造业发展质量的提振作用机理包括：提升中国制造业效率；改善中国制造业市场空间；增加中国制造业对外的交流和沟通；影响制造业企业的成本，实现生产流程和生产设备的自组织性；使得中国制造业能够稳定高素质人才的职业，增加劳动力、提供就业机会，延长人类劳动的生命时间；将使制造业减少对自然资源的获取和利用，提升制造业资源和能源的生产效率，实现清洁生产、可持续生产和绿色生产，弱化制造业企业的自然资源竞争优势，体现出制造业的环境友好性。

根据对近年已有的数据的分析，看到中国制造业发展质量在"智能化"的作用下，代际和提振的作用机理内容已有在凸显：中国制造业信息物理系统已得到广泛发展和推广；人工智能获得重大进展；垂直一体化融合的加速促使商业模式变革；网络化和信息化促使生产流程向智能化演进；市场"智能化"需求增长效应凸显；规模报酬呈现递增趋势；创新竞争性越来越激烈。

"工业4.0"会改变企业的生产方式、生产关系和生产空间，企业的生产要素异质性效应，竞争性创新等多个方面都会发生变化，进而中国制造业会在制造行业内部、企业质量及产品质量等多个方面发生重大的变革，这会对制造业的增长和效率的提升、创新的推进、对外贸易的发展、对社会的贡献率以及制造业的环境效应等多个方面带来巨大冲击，在这个过程中，制造业的发展质量会受到巨大的冲击，进而发展质量必然发生转变。

第七章 "工业4.0"对中国制造业发展质量影响的实证分析

第六章主要分析了"工业4.0"对中国制造业发展质量的作用机理,本章在理论分析的基础上,分别使用统计分析方法和计量回归分析方法,从实证角度探讨中国制造业发展质量的现实情况及所受的影响程度,重点探讨"工业4.0"对中国制造业发展质量及其构成维度的影响。

第一节 中国制造业发展质量构成维度的变化情况

本书第四章采取变异系数法对中国制造业发展质量进行了分析,使用2003—2016年中国制造业的相关数据,从总量上系统地分析了中国制造业总体及分行业的发展质量情况,其中重点构建了衡量中国制造业发展质量的指标体系,包括8个一级指标,25个二级指标。

本节以25个二级指标为引导,应用统计分析方法探讨中国制造业发展质量主要构成维度的状况,包括增长速度及增长的稳定性、生产率、制造业企业及产品、出口交货值、应交所得税、产业创新等[①]的变化,以及受"工业4.0"战略影响的情况。

一、中国制造业增长速度及增长的稳定性

通过搜集并整理中国制造业销售产值的相关数据,得到中国制造业主营业务收入年均增长率为19.60%,结合第四章对中国制造业发展质量的分析,可以看出,中国制造业企业销售产值与主营业务收入呈现基本趋同变化的趋势,企业销售产值年均增长速度为16.56%。总产值从2000年的72 986.11亿元上升到2015年的988 376.65亿元,如图7.1所示。

[①] 在第四章对中国制造业发展总体情况的分析中,已经对所构建的25个二级指标进行了部分分析,这里主要挑选最能够体现发展质量的部分指标进行统计分析。

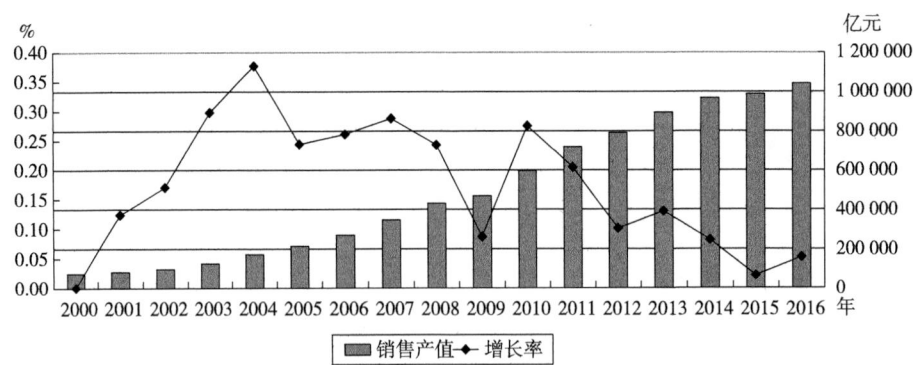

图 7.1 2000—2016 年中国制造业规模以上企业销售产值及增长速度

数据来源：国家统计局网站。http：//data.stats.gov.cn/easyquery.htm? cn=C01，访问日期 2018 年 4 月 6 日。

中国制造业企业销售产值在 2013 年（"工业 4.0"战略提出年份）之后，增长速度减缓，总量呈现较为平缓的增长势头。这可能主要是因为中国总体经济进入新常态的发展时期，国家逐渐开始对供给侧结构进行改革，而"工业 4.0"带来的提振影响并没有完全扭转较长时间的产能过剩、供大于求的历史局面，需要继续观察发展质量的其他指标，综合进行分析。

在促使中国制造业快速发展的同时，也要重点关注发展速度的稳定性问题。制造业发展的稳定性可以使用指标来量化，量化公式为当年增长速度与上一年增长速度之差除以上一年增长速度。通过整理及计算相对应的数据，得到中国制造业总体的产业增长稳定性情况，如图 7.2 所示。

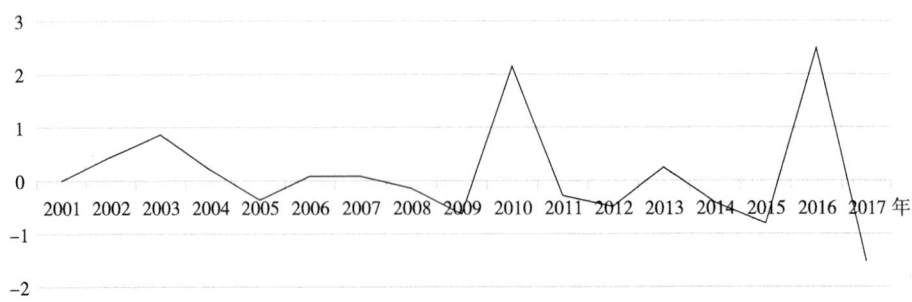

图 7.2 2001—2017 年中国制造业增长的稳定性

数据来源：国家统计局网站。http：//data.stats.gov.cn/easyquery.htm? cn=C01，访问日期 2018 年 4 月 6 日。

从图 7.2 看出，2002—2017 年，中国制造业销售产值增长的稳定性均值为 0.12，因此增长的稳定性相对较差。与增长速度的变化趋势相似，增长的稳定性依旧呈现出"双 M"形发展态势，其中第二个"M"的波动性更为明显，2016 年出现正波动性的最高值 2.49，2017 年出现波动性的最低值-1.52。中国制造业总体增长情况相对稳定，但是从年份变化来看，年份稳定性变化明显。而 2014 年后，稳定性的变化较前几年更加突出。

接下来分析中国制造业各个行业 2005—2016 年的增长稳定性。通过分行业的数据及对数据的计算和统计整理，得到 2005—2016 年中国制造业各行业增长的稳定性情况，见表 7.1。

表 7.1 2005—2016 年中国制造业各行业增长的稳定性

行业类别	2005年	2006年	2007年	2008年	2009年	2010年	2011年	2012年	2013年	2014年	2015年	2016年	均值
农副食品	-0.19	-0.19	0.39	0.01	-0.38	0.18	-0.05	-0.19	-0.22	-0.64	-0.54	0.21	0.00
食品制造业	0.33	-0.21	-0.02	-0.15	0.13	-0.12	-0.02	-0.46	0.29	-0.36	0.01	-0.33	-0.01
饮料制造业	4.10	0.02	-0.04	-0.35	0.32	-0.08	0.21		-0.01	-0.49	0.04	-0.05	0.31
烟草制品业	-0.19	0.06	0.27	-0.16	0.07	0.35	-0.28	0.20	-0.46	0.65	-3.40		-0.22
纺织业	-0.30	-0.06	-0.14	-0.53	0.07	1.46	-0.57	-1.39	-3.55	-0.51	-0.29	-0.91	-0.32
纺织服装	0.81	-0.04	-0.17	-0.07	-0.30	0.21	-0.69	5.17	-0.64	-0.34	-0.31	-0.11	0.24
皮革毛皮等	0.44	-0.24	0.01	-0.57		1.00	-0.63	2.39	-0.61	-0.11	-0.35	-0.71	0.06
木材加工	-0.14	0.07	0.24	-0.27	-0.25	0.15	-0.37	-0.08	0.00	-0.32	-0.67	0.52	0.01
家具制造业	-0.61	0.36	-0.20	-0.15	-0.35	0.87	-0.60	0.09	0.34	-0.38	-0.20	0.19	0.05
造纸及制品	-0.20	-0.07	-0.01		-0.58	2.30	-0.58	-0.62	-0.81	4.80	-0.56	0.30	0.30
印刷媒介	0.52	-0.11	0.13	0.07	-0.44	0.50	-0.83	4.89	0.84	-0.62	-0.37	-0.04	0.30
文教用品	-0.10	-0.14	-0.21	-0.10	-0.42	1.20	-1.20	-71.86	-0.89	-0.38	-0.59	-0.20	-4.92
石油加工等	-0.13	-0.24	-0.48	0.46	-1.22	-8.62	-0.38	-0.79	-0.92	-2.29	40.32	-0.85	2.02
化学原料等	-0.27	-0.08	0.09	-0.23	-0.49	1.69	-0.21	-0.57	0.26	-0.41	-1.05	-8.34	-0.53
医药制造业	2.27	-0.39	0.17	-0.13	0.21	-0.07	0.07	-0.26	-0.18	-0.28	-0.12		0.07
化学纤维	0.11	-0.35	0.01	-1.41	-0.79	-14.70	0.09	-1.04	-3.92	-0.78	0.41	5.40	-1.17
橡胶和塑料	-0.45	0.33	-0.10	-0.30	-0.19	0.83	-0.55	-0.47	1.04	-0.37	-0.58	-0.26	0.02
非金属矿物	-0.31	0.30	0.03	0.00	-0.25	0.25	-0.24	-0.50	0.61	-0.40	-0.83	0.94	0.08

续表

行业类别	2005年	2006年	2007年	2008年	2009年	2010年	2011年	2012年	2013年	2014年	2015年	2016年	均值
黑色金属	-0.61	-0.26	0.52	-0.10	-1.18	-5.34	-0.09	-0.69	-0.39	-2.11	3.21	-0.77	-0.36
有色金属	-0.53	1.07	-0.45	-0.75	-1.07	-58.36	-0.37	-0.79	1.50	-0.44	-1.11	-5.53	-4.24
金属制品业	-0.09	0.08	0.02	-0.17	-0.69	1.96	-0.52	1.23	-0.50	-0.31	-0.82	0.61	0.13
通用设备	-0.47	0.24	-0.03	-0.05	-0.54	0.99	-0.56	-1.73	-2.48	-0.42	-1.20	-1.34	-0.41
专用设备	-0.35	0.66	-0.07	0.05	-0.38	0.34	-0.36	-0.39	0.23	-0.49	-0.68	0.12	0.13
交通运输	-0.28	0.95	0.05	-0.37	0.48	0.17	-0.72	-0.57	2.06	-0.04	-0.56	1.07	0.17
电气机械等	-0.43	0.34	-0.12	-0.23	-0.46	1.36	-0.48	-0.59	0.96	-0.35	-0.63	0.81	0.11
通信设备等	-0.46	0.10	-0.34	-0.62	-0.52	7.12	-0.52	-0.14	0.20	-0.32	-0.16	-0.01	0.33
仪器仪表等	-0.16	0.02	-0.34	-0.55	-0.48	4.64	-0.42	-2.05	-1.81	-0.25	-0.48	0.40	0.06
工艺品其他	0.11	-0.02	0.22	-0.51	-0.20	1.14	-0.08	-4.41	-1.16	-0.11	-0.41	-1.12	-0.32
废弃物回收	-0.86	0.04	0.33	-0.04	-0.44	0.77	-0.87	0.39	0.57	-0.56	-0.27	-0.23	-0.08

从具体的行业来看，农副食品、食品制造业、皮革毛皮等、木材加工、家具制造业、医药制造业、非金属矿物、橡胶塑料、仪器仪表、废弃回收加工业的稳定性较好，绝对值均在 0~0.1 范围以内，波动较小，这些行业大部分都是劳动力密集型行业类型。相对来讲，文教体育用品制造业和有色金属冶炼及压延加工业增长的稳定性较差，波动较大，绝对值均超过了 4。

二、中国制造业生产率

在分析制造业总体规模增长的同时，需要重点观察其具体行业及分行业生产率的变化，这里主要从资本产出率、劳动生产率、资本深化程度及全要素生产率等方面进行分析。

（一）中国制造业资本产出率、劳动生产率及资本深化程度

从图 7.3 中可以看到，中国制造业资本产出率始终高于劳动生产率，制造业目前仍然属于资本密集型产业，产出的增加主要靠资本的投入来拉动。2004年之前，中国制造业资本产出率始终大于 1，从 2004 年开始资本产出比逐渐回落，但仍不低于 70%（2011 年为历年最低值 71.40%）。相比于资本产出率，制造业的劳动生产率逐年缓步增长，在 2016 年达到最高值 19.57%。也可以看到，自 2013 年后，资本产出率和劳动生产率都较为稳定，没有大的波动。

第七章 "工业4.0"对中国制造业发展质量影响的实证分析

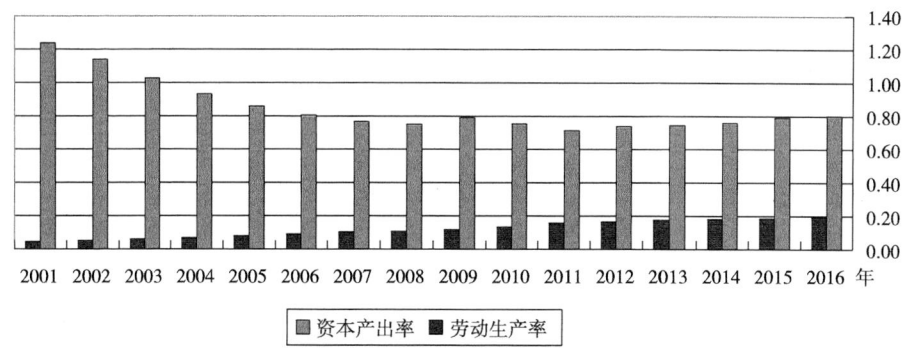

图7.3　2001—2016年中国制造业规模以上企业资本产出率与劳动生产率
数据来源：根据《中国工业经济统计年鉴》数据计算整理。

用2001—2016年中国制造业各行业的资本总量除以就业人数，可以得到资本劳动比，即产业的人均资本存量指标，这个指标可以用来具体分析中国制造业的资本深化程度。中国制造业的资本深化总量的变化和分行业的变化情况如图7.4和表7.2所示。

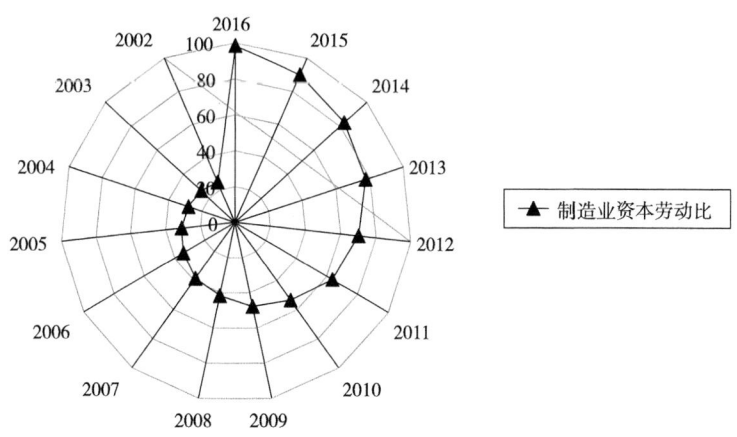

图7.4　2002—2016年中国制造业资本深化程度（亿元/万人）

从图7.4分析发现，中国制造业年人均资本存量逐年上升，从2002年的24.42亿元/万人上升到2016年的89.85亿元/万人，呈逐年稳定增长态势，年均资本劳动比为53.91亿元/万人，显示了中国制造业资本积累速度远超于劳动力的积累速度，呈现出较为显著的"资本深化"现象。说明中国制造业产业内部可能存在由于"资本边际报酬递减"而导致的产业增长放缓问题，这也进一步证实了上一节的分析中，制造业主营业务收入及销售产值增长存在衰减的"M"形特点。相对来讲，2013年前后并无显著变化差异。

表7.2　2005—2016年中国制造业各行业资本深化变化程度

行业类别	2005年	2006年	2007年	2008年	2009年	2010年	2011年	2012年	2013年	2014年	2015年	2016年
农副食品	25.84	29.02	33.23	34.84	39.52	45.34	54.68	60.23	66.29	71.13	77.43	81.37
食品制造业	26.88	28.79	32.7	33.93	37.83	41.1	48.13	52.99	57.78	63.64	69.22	73.23
饮料制造业	39.48	44.15	48.53	52.6	55.37	60.4	69.03	75.89	83.14	87.77	93.51	103.08
烟草制品业	165.83	185.43	202.47	224	246.63	259.91	309.55	356.09	401.79	392.26	439.94	476.22
纺织业	17.53	19.18	21.93	23.52	26.47	29.03	33.95	38.1	45.96	48.77	52.33	56.22
纺织服装	9.21	10.41	11.01	12.33	13.23	15.72	19.53	23.84	24.57	26.57	29.02	31.94
皮革毛皮等	8.55	9.15	10.31	11.07	12.8	14.14	16.4	20.12	23.08	23.08	24.92	26.93
木材加工	16.07	17.64	19.29	20.9	22.8	24.89	29.51	33.3	38	42.17	45.58	46.64
家具制造业	14.49	15.76	18.14	18.59	21.58	23.62	27.74	31.91	36.06	38.74	41.74	45.48
造纸及制品	35.81	39.52	44.22	49.03	52.96	61.14	74.51	82.64	91.54	97.12	103.92	111.06
印刷媒介	26.5	28.62	31.19	32.22	34.77	37.81	44.34	46.32	49.93	53.52	56.38	60.19
文教用品	9.24	10.25	11.45	12.02	13.5	14.28	16.23	30.53	28.77	33.72	35.66	38.46
石油加工等	87.24	98.77	116.55	136	152.84	170.04	196.32	219.68	245.16	254.69	265.79	302.50
化学原料等	44.64	51.67	58.96	64.16	72.25	81.77	98.75	112.41	123.9	137.24	147.5	158.29
医药制造业	44.96	47.1	50.36	52.28	58.21	64.17	74.02	81.46	88.47	97.75	108.78	122.03
化学纤维	57.74	63.05	76.43	74.7	81.77	95.72	113.18	121.07	127.92	137.17	143.52	150.88
橡胶塑料	24.3	26.09	27.98	29.27	31.17	34.55	41.72	47.32	55.66	59.32	63.44	67.83
非金属矿物	24.8	28	31.16	35.95	40.91	46.95	57.81	65.23	72.91	78.25	83.2	88.12
黑色金属	65.92	78.07	95.58	112.27	126.96	133.04	153.05	153.94	155.59	161.27	177.44	195.09
有色金属	50.25	62.58	73	76.31	92.63	105.95	123.09	141.42	157.82	173.2	187.71	205.47
金属制品业	21.36	23.76	27.4	29.31	34.31	38.17	48.77	56.8	59.78	68.43	67.98	73.30
通用设备	27.84	30.89	35.34	39.46	45.98	51.2	60.37	64.89	75.75	81.29	88.79	86.79
专用设备	29.07	32.69	38.84	43.89	49.95	58.53	70.43	78.17	87.21	94.99	100.12	107.59

续表

行业类别	2005年	2006年	2007年	2008年	2009年	2010年	2011年	2012年	2013年	2014年	2015年	2016年
交通运输	45.71	52.34	61.65	65.83	76.45	83.63	93.78	99.06	109.14	110.14	124.31	138.59
电气机械等	30.13	32.73	36.54	39.31	45.28	52.49	62.68	69.21	76.2	82.05	90.74	101.52
通信设备等	41.09	40.59	41.46	39.88	44.81	48.81	50.66	54.62	59.38	66.15	73.94	88.80
仪器仪表等	25.1	27.14	29.33	32.73	40.35	41.4	48.81	51.04	62	68.36	76.26	84.57
工艺品其他	10.88	12.24	15.55	17.2	20.36	23.71	32.68	20.74	50.42	51.12	56.24	56.16
废弃回收	29.8	35.55	41	38.66	54.67	66.35	83.93	84.68	96.1	107.25	108.18	115.93

(二) 中国制造业全要素生产率的变化

下面分析中国制造业全要素生产率的变化特征及演变趋势。全要素生产率采用 Malmquist 指数分析方法进行计算。1953 年，由马尔奎斯特（Malmquist）最早提出了用于定量分析消费指数的方法，后来卡夫（Caves）等（1982）在马尔奎斯特方法的基础上结合了数量指数与距离函数方法，建立了理论界使用比较广泛的用来测算全要素生产率变化的方法，即 Malmquist 生产率指数分析方法。

在实际使用过程中，较有影响并且引用率较高的方法是 Färe 等（1994）的 Malmquist 指数模型，该模型运用距离函数的非参数规划方法计算 Malmquist 指数，并分析技术效率变化。其将生产率的增长分解成效率变化（efficiency change，EC）——强化部分（catching up），以及技术变动（technical change，TC）——创新（innovation）两个部分，强化部分是与技术前沿的接近度，创新部分则是各个单元的技术前沿变化度。另外，如果规模报酬可变，那么效率变化可以进一步分解成纯技术效率变化（pure technical efficiency change，PTEC）和规模效率变化（scale efficiency change，SEC）的乘积（见表7.3）。

表7.3 Malmquist 的生产率增长的构成

类别	分解	构成（规模报酬可变时）
全要素生产率变化率	效率变化（强化）	纯效率变化
		规模效率变化
	技术变动（创新）	

Malmquist 指数分析方法主要有两个优点：首先是其为非参数的研究方法，也就是不需要建立投入产出关系的具体函数公式和相关模型，也不需要各个变量的相关的价格信息等。在现实经济体系当中，影响价格的因素比较复杂，且不易获得，相对于价格来讲，投入和产出的数据比较容易获得，使得此种方法应用比较广泛。其次，此方法将全要素生产率的变化进一步划分为技术效率变化以及技术进步率变化两个部分，使得在分解过程中，能够更加明晰经济增长的源泉以及下一步需要改进的方向。

Malmquist 指数方法使用的数据中，产出数据为规模以上制造企业销售产值，投入数据为规模以上制造业企业资产总额和企业平均用工人数。另外，由于销售产值和资产总额都是当年价格计算的数值，计算时都通过以 1978 年为基期的当年的消费价格指数进行了平减，以减少这两类数据的波动性。为了保持数量级的匹配，进行平减之后，销售产值和资产总额的单位用亿元表示，企业平均用工人数的单位为 10 万人。

另外，运用此方法进行效率分析时，需要满足两方面要求：一是决策单元的个数应该是投入产出指标个数的两倍以上。本章使用的决策单元的个数为中国制造业内 29 个具体的不同行业部门，因此可以满足此要求。另一要求是需要满足同向性假设，运用 Spearman 相关性检验，投入和产出指标应该具有显著的正相关关系，以避免由于存在投入指标数量增加，而对应的产出指标减少的问题。

基于以上要求，使用 Spearman 检验方法对需要处理的数据进行检验，结果显示，各投入变量与产出变量的相关系数为正向的，且均能在 1% 的显著性水平上通过检验，这说明使用的投入和产出指标的选取符合同向性要求。运用 DEAP2.1 软件对 2001—2016 年中国制造业包括 29 个细目行业[①]的面板数据进行实证分析，得到 2002—2016 年中国制造业各具体行业的年均全要素生产率的变化率及其构成。

从年份上来看，中国制造业各细分行业的效率变化呈现波浪发展状态。各行业的年份均值中，效率值较高的年份出现在 2003 年、2008 年和 2009 年，而 2015 年及 2016 年效率均值较低。从行业层面来看，各行业 2003—2016 年效率均值都在 1 左右，行业间年份均值差距不显著，见表 7.4。

---

① 如前文所述，将汽车制造业归于运输设备制造行业中，不单独列出。由于金属制品、机械和设备修理业的统计数据只有 2012—2015 年的数据，计算分析时不予考虑。

表 7.4 2003—2016 年中国制造业各行业效率变化

行业类别	2003年	2004年	2005年	2006年	2007年	2008年	2009年	2010年	2011年	2012年	2013年	2014年	2015年	2016年
农副食品	0.86	0.99	1.27	1.02	0.52	1.77	0.79	1.21	0.74	1.62	0.92	0.93	0.89	
食品制造业	0.86	0.98	1.31	0.95	0.54	2.13	0.64	1.24	0.84	1.43	0.89	0.97	0.94	1.21
饮料制造业	0.83	1.02	1.13	1.07	0.51	2.33	0.60	1.26	1.04	1.13	0.95	0.98	0.90	1.10
烟草制品业	0.86	0.97	1.09	1.07	0.52	2.25	0.63	1.23	1.00	1.24	0.91	0.96	0.93	1.28
纺织业	0.92	0.95	1.07	1.06	0.54	2.25	0.63	1.24	0.91	1.30	0.94	0.97	0.89	1.11
纺织服装	0.94	0.93	1.06	1.04	0.58	1.94	0.73	1.20	0.91	1.28	0.92	1.00	0.88	1.27
皮革毛皮等	0.86	0.94	1.04	1.12	0.58	1.84	0.79	1.13	0.98	1.19	0.90	0.83	1.08	
木材加工	0.97	0.89	1.02	1.15	0.61	1.46	0.93	1.15	0.82	1.29	0.98	0.93	0.79	1.14
家具制造业	1.00	0.94	0.98	1.14	0.66	1.49	0.85	1.16	0.86	1.23	0.94	0.95	0.85	1.34
造纸及制品	1.00	0.95	0.93	1.14	0.76	1.31	0.87	1.16	0.92	1.09	0.97	0.97	0.82	1.15
印刷媒介	0.98	0.95	0.93	1.12	0.80	1.30	0.86	1.14	0.89	1.14	0.94	1.00	0.76	1.28
文教用品	0.96	1.00	0.82	1.24	0.90	1.15	0.88	1.13	0.83	1.21	0.92	1.07	0.77	1.26
石油加工等	0.99	1.00	0.81	1.23	0.95	1.05	0.91	1.16	0.81	1.17	0.95	1.11	0.74	1.29
化学原料等	0.97	1.04	0.88	1.15	0.96	0.88	0.99	1.21	0.74	1.34	0.90	1.12	0.73	1.36
医药制造业	0.95	1.05	0.88	1.13	1.00	0.87	0.92	1.26	0.76	1.31	0.89	1.13	0.72	1.39
化学纤维	1.65	1.12	0.55	0.98	1.46	0.60	1.55	0.75	1.14	1.03	1.45	1.05	1.32	0.36
橡胶塑料	1.59	1.14	0.58	1.02	1.43	0.64	1.68	0.65	1.19	0.99	1.46	1.07	0.97	0.47
非金属矿物	1.68	1.04	0.61	1.04	1.34	0.75	1.45	0.70	1.39	0.87	1.34	1.10	0.80	0.61
黑色金属	1.50	1.11	0.66	1.00	1.27	0.74	1.57	0.66	1.37	0.90	1.23	1.11	0.91	0.55
有色金属	1.41	1.07	0.73	1.01	1.17	0.74	1.70	0.67	1.54	0.79	1.17	1.13	0.87	0.58
金属制品业	1.46	1.04	0.78	1.00	1.05	0.78	1.58	0.75	1.43	0.80	1.15	1.09	0.90	0.59
通用设备	1.37	1.04	0.80	1.02	1.04	0.79	1.53	0.79	1.26	0.88	1.12	1.09	0.93	0.58
专用设备	1.33	1.10	0.84	0.94	1.04	0.72	1.57	0.85	1.06	0.99	1.17	1.00	0.97	0.57
交通运输	1.36	1.02	0.91	0.97	1.00	0.72	1.53	0.87	1.12	0.91	1.19	0.94	1.04	0.56
电气机械等	1.34	1.01	0.99	0.92	0.97	0.76	1.50	0.90	1.12	0.90	1.10	0.97	1.03	0.57
通信设备等	1.41	0.99	1.01	0.93	1.08	0.63	1.52	0.93	1.08	0.85	1.20	1.01	0.70	0.80
仪器仪表等	1.42	0.99	0.99	0.92	1.10	0.63	1.52	0.99	1.05	0.92	1.22	1.00	0.70	0.81
工艺品其他	1.41	1.02	0.98	0.97	1.05	0.62	1.54	1.03	0.94	1.08	1.00	0.74	0.78	
废弃回收	1.44	0.99	0.96	1.00	1.04	0.59	1.67	0.99	1.01	0.97	1.04	1.02	0.74	0.77

中国制造业各细分行业的纯效率变化和规模效率构成中，各行业纯效率值变化较为稳定，年份之间变化差异不显著，纯效率值均为1左右。各行业纯效率值变化年均值较高的为2009年，较低值的年份出现在2015年。相对来讲，年均值较高的行业主要是化学纤维和橡胶塑料制造业，见表7.5。

表7.5　2003—2016年中国制造业各行业纯效率变化

行业类别	2003年	2004年	2005年	2006年	2007年	2008年	2009年	2010年	2011年	2012年	2013年	2014年	2015年	2016年
农副食品	0.79	0.75	1.88	1.00	1.00	1.00	0.49	2.03	0.44	2.29	1.00	1.00	0.62	0.00
食品制造业	0.83	0.79	1.74	0.90	0.97	1.18	0.51	1.84	0.57	1.85	0.89	1.07	0.70	1.11
饮料制造业	0.88	0.82	1.36	1.00	0.86	1.35	0.54	1.58	0.85	1.29	1.01	1.00	0.75	1.04
烟草制品业	0.89	0.81	1.23	1.04	0.82	1.32	0.63	1.45	0.86	1.34	0.97	0.96	0.80	1.23
纺织业	0.96	0.84	1.14	1.03	0.83	1.36	0.66	1.37	0.86	1.28	1.01	0.95	0.81	1.09
纺织服装	0.97	0.86	1.10	1.02	0.85	1.27	0.77	1.25	0.92	1.17	0.99	0.97	0.83	1.26
皮革毛皮等	0.90	0.91	1.05	1.11	0.78	1.32	0.84	1.13	1.05	1.04	0.96	0.96	0.83	1.06
木材加工	1.00	0.87	1.01	1.15	0.79	1.13	1.00	1.09	0.88	1.16	1.04	0.88	0.89	1.02
家具制造业	1.01	0.95	0.95	1.14	0.82	1.20	0.94	1.06	0.96	1.00	0.98	0.92	0.98	1.14
造纸及制品	1.00	0.97	0.91	1.13	1.00	1.00	0.97	1.03	1.00	1.00	1.00	0.95	1.00	0.93
印刷媒介	0.99	0.94	0.91	1.12	0.95	1.09	0.98	1.02	1.01	1.00	0.97	0.97	0.90	1.11
文教用品	0.99	0.97	0.90	1.12	0.98	1.05	1.00	1.00	1.00	1.00	1.00	1.02	0.96	1.03
石油加工等	1.01	0.97	0.98	1.04	0.99	1.02	1.01	1.00	0.97	0.99	1.01	1.04	0.97	1.00
化学原料等	1.01	1.01	0.99	1.01	0.99	0.87	1.18	1.00	0.86	1.15	1.00	1.04	0.99	1.02
医药制造业	1.00	1.00	1.00	1.00	1.00	0.95	1.06	1.00	1.00	1.00	1.13	1.00	1.00	1.00
化学纤维	1.00	1.00	1.00	0.42	2.37	0.37	2.69	0.50	2.02	0.53	1.47	1.27	1.00	0.63
橡胶塑料	0.98	1.03	0.93	0.52	2.13	0.43	2.31	0.52	1.78	0.61	1.53	1.17	1.00	0.69
非金属矿物	1.28	0.92	0.78	0.70	1.75	0.58	1.69	0.62	1.72	0.67	1.41	1.11	0.83	0.97
黑色金属	1.16	1.03	0.82	0.73	1.56	0.59	1.72	0.61	1.55	0.77	1.28	1.09	0.98	0.89
有色金属	1.10	1.02	0.86	0.83	1.35	0.67	1.65	0.62	1.61	0.76	1.20	1.10	0.93	0.96
金属制品业	1.20	0.97	0.86	0.91	1.16	0.79	1.38	0.74	1.40	1.22	1.07	1.07	0.94	0.99
通用设备	1.16	0.98	0.83	1.05	1.07	0.88	1.28	0.79	1.22	0.88	1.13	1.07	0.96	0.99
专用设备	1.14	1.07	0.86	0.98	1.07	0.87	1.25	0.85	0.98	1.01	1.15	1.00	0.98	0.98

续表

行业类别	2003年	2004年	2005年	2006年	2007年	2008年	2009年	2010年	2011年	2012年	2013年	2014年	2015年	2016年
交通运输	1.20	0.99	0.91	1.06	1.01	0.93	1.10	0.94	1.01	1.01	1.08	0.95	1.03	0.98
电气机械等	1.15	1.00	1.00	0.98	1.03	0.99	1.01	0.99	1.01	1.00	1.00	0.99	1.01	1.00
通信设备等	1.21	0.99	1.01	1.00	1.03	0.98	0.98	1.00	1.00	0.95	1.07	1.02	0.78	1.29
仪器仪表等	1.22	1.00	0.99	0.96	1.05	1.00	0.96	1.04	1.00	0.98	1.02	1.01	0.71	1.40
工艺品其他	1.22	1.00	0.97	1.00	1.03	1.00	0.97	1.03	1.00	1.00	1.00	1.00	0.75	1.34
废弃回收	1.18	0.99	0.96	1.03	1.02	0.99	1.00	1.00	1.00	1.02	0.98	1.02	0.75	1.33

相比于纯效率值，规模效率变化相对明显。从制造业整体来看，规模效率变化中，2003年、2006年和2008年的年均值较高，而2007年和2016年的年均值较低。与纯效率变化情况相似，在制造业各个细分行业，年份的均值差异同样不显著，这也是导致制造业各行业效率变化较为稳定的主要原因（见表7.6）。

表7.6 2003—2016年中国制造业各行业规模效率变化

行业类别	2003年	2004年	2005年	2006年	2007年	2008年	2009年	2010年	2011年	2012年	2013年	2014年	2015年	2016年
农副食品	1.09	1.31	0.67	1.02	0.52	1.77	1.59	0.60	1.68	0.71	0.92	0.93	1.44	0.00
食品制造业	1.04	1.24	0.75	1.06	0.56	1.80	1.26	0.67	1.47	0.77	1.00	0.91	1.33	1.09
饮料制造业	0.95	1.25	0.84	1.06	0.59	1.72	1.11	0.80	1.23	0.88	0.95	0.97	1.21	1.06
烟草制品业	0.96	1.20	0.89	1.03	0.63	1.70	1.00	0.85	1.17	0.93	0.94	1.01	1.15	1.04
纺织业	0.96	1.13	0.93	1.03	0.65	1.66	0.95	0.91	1.06	1.02	0.93	1.01	1.10	1.02
纺织服装	0.96	1.08	0.97	1.02	0.68	1.53	0.94	0.96	0.99	1.10	0.92	1.03	1.06	1.01
皮革毛皮等	0.96	1.04	0.99	1.01	0.74	1.40	0.93	1.00	0.93	1.14	0.93	1.05	1.00	1.02
木材加工	0.97	1.02	1.01	1.00	0.78	1.30	0.93	1.05	0.94	1.11	0.95	1.06	0.89	1.12
家具制造业	0.99	0.99	1.03	1.00	0.81	1.24	0.90	1.10	0.90	1.07	0.96	1.03	0.87	1.17
造纸及制品	1.00	0.98	1.02	1.01	0.76	1.31	0.90	1.12	0.92	1.09	0.97	1.02	0.82	1.23
印刷媒介	0.98	1.00	1.02	1.02	0.84	1.19	0.87	1.00	0.88	1.19	0.96	1.00	0.85	1.15
文教用品	0.97	1.03	0.91	1.11	0.92	1.09	0.88	1.13	0.83	1.21	0.95	1.05	0.80	1.23
石油加工等	0.98	1.03	0.91	1.11	0.96	1.03	0.87	1.16	0.84	1.19	0.94	1.07	0.77	1.30
化学原料等	0.96	1.03	0.89	1.14	1.00	1.01	0.86	1.21	0.85	1.17	0.95	1.08	0.74	1.33

续表

行业类别	2003年	2004年	2005年	2006年	2007年	2008年	2009年	2010年	2011年	2012年	2013年	2014年	2015年	2016年
医药制造业	0.95	1.05	0.88	1.13	1.00	0.92	0.87	1.26	0.86	1.16	0.89	1.13	0.72	1.39
化学纤维	1.65	1.12	0.55	2.33	0.61	1.61	0.58	1.51	0.57	1.92	0.98	0.82	1.32	0.57
橡胶塑料	1.62	1.11	0.62	1.97	0.67	1.47	0.73	1.25	0.67	1.63	0.96	0.92	0.97	0.68
非金属矿物	1.31	1.13	0.78	1.48	0.77	1.31	0.86	1.13	0.81	1.30	0.95	0.99	0.96	0.63
黑色金属	1.29	1.08	0.80	1.37	0.81	1.25	0.91	1.09	0.88	1.17	0.96	1.02	0.93	0.63
有色金属	1.28	1.06	0.85	1.21	0.86	1.10	1.03	1.08	0.96	1.04	0.97	1.03	0.93	0.61
金属制品业	1.22	1.06	0.91	1.10	0.90	0.99	1.14	1.02	1.02	0.99	0.99	1.02	0.96	0.59
通用设备	1.18	1.06	0.96	0.97	0.97	0.90	1.20	1.01	1.04	1.00	1.00	1.02	0.97	0.59
专用设备	1.16	1.03	0.98	0.95	0.97	0.84	1.26	0.99	1.08	0.98	1.02	1.00	0.98	0.58
交通运输	1.14	1.03	0.99	0.91	0.99	0.78	1.39	0.93	1.10	0.91	1.10	0.99	1.00	0.57
电气机械等	1.17	1.01	1.00	0.95	0.94	0.76	1.48	0.93	1.08	0.91	1.11	1.00	0.98	0.57
通信设备等	1.17	1.00	1.00	0.96	1.05	0.64	1.55	0.92	1.08	0.90	1.12	0.99	0.91	0.62
仪器仪表等	1.16	0.99	1.00	0.96	1.04	0.63	1.59	0.96	1.05	0.92	1.09	1.01	0.98	0.58
工艺品其他	1.16	1.02	1.01	0.97	1.02	0.62	1.64	0.96	1.03	0.94	1.08	1.00	0.99	0.58
废弃回收	1.22	1.00	1.00	0.98	1.02	0.60	1.66	1.00	1.01	0.95	1.06	1.00	0.99	0.58

2002—2015年中国制造业各行业技术变化也就是技术进步情况中，年份变化差异较为明显，各制造业行业在2011年、2014年和2016年的值都较高。各个行业2009年的技术进步值普遍较低。

从细分行业方面看，纺织制造业、木材品制造业和造纸及制品制造业技术进步变化值较高，医药制造业、金属制品业和通信设备制造业行业的技术进步值变化普遍较低，而这几类行业均属于资本密集和技术密集型制造业的范畴（见表7.7）。

表7.7 2003—2016年中国制造业各行业技术进步率变动

行业类别	2003年	2004年	2005年	2006年	2007年	2008年	2009年	2010年	2011年	2012年	2013年	2014年	2015年	2016年
农副食品	0.56	1.40	1.32	0.73	1.17	1.55	0.63	1.24	1.02	0.97	0.75	1.38	1.08	1.44
食品制造业	0.56	1.40	1.32	0.73	1.18	1.51	0.63	1.23	1.04	0.97	0.75	1.38	1.07	1.44
饮料制造业	0.56	1.40	1.32	0.73	1.18	1.59	0.63	1.23	1.08	0.94	0.75	1.38	1.08	1.45

续表

行业类别	2003年	2004年	2005年	2006年	2007年	2008年	2009年	2010年	2011年	2012年	2013年	2014年	2015年	2016年
烟草制品业	0.56	1.39	1.32	0.73	1.17	1.70	0.63	1.22	1.13	0.87	0.76	1.38	1.07	1.48
纺织业	0.56	1.35	1.33	0.73	1.17	1.81	0.62	1.22	1.21	0.82	0.76	1.38	1.06	1.49
纺织服装	0.56	1.32	1.33	0.73	1.16	1.94	0.60	1.21	1.29	0.76	0.76	1.38	1.05	1.49
皮革毛皮等	0.56	1.30	1.33	0.73	1.17	2.02	0.57	1.22	1.36	0.73	0.76	1.38	1.05	1.56
木材加工	0.56	1.26	1.33	0.73	1.14	2.20	0.54	1.19	1.40	0.70	0.76	1.34	1.02	1.58
家具制造业	0.56	1.22	1.34	0.73	1.12	2.33	0.52	1.17	1.41	0.70	0.77	1.28	1.03	1.52
造纸及制品	0.57	1.17	1.35	0.73	1.11	2.53	0.50	1.14	1.44	0.68	0.80	1.19	1.04	1.53
印刷媒介	0.58	1.13	1.35	0.72	1.11	2.61	0.49	1.11	1.44	0.68	0.83	1.15	1.06	1.52
文教用品	0.60	1.09	1.34	0.71	1.09	2.67	0.48	1.06	1.45	0.68	0.87	1.11	1.10	1.49
石油加工等	0.62	1.07	1.31	0.71	1.08	2.71	0.48	1.02	1.46	0.68	0.90	1.07	1.12	1.50
化学原料等	0.64	1.04	1.28	0.71	1.05	2.75	0.48	0.97	1.51	0.66	0.92	1.04	1.16	1.46
医药制造业	0.67	1.01	1.25	0.70	1.03	2.79	0.48	0.92	1.55	0.65	0.95	0.99	1.20	0.00
化学纤维	0.79	0.85	1.32	0.72	1.17	1.09	0.63	1.22	1.01	0.98	0.76	1.34	—	1.44
橡胶塑料	0.85	0.79	1.32	0.71	1.14	1.12	0.63	1.21	1.02	0.98	0.76	1.33	1.06	1.45
非金属矿物	0.90	0.75	1.32	0.71	1.12	1.15	0.63	1.17	1.02	0.97	0.76	1.34	1.05	1.46
黑色金属	0.93	0.72	1.32	0.71	1.11	1.20	0.63	1.16	1.04	0.97	0.76	1.33	1.05	1.47
有色金属	0.97	0.69	1.32	0.72	1.10	1.28	0.63	1.13	1.11	0.90	0.77	1.30	1.05	1.48
金属制品业	0.99	0.68	1.32	0.73	1.09	1.34	0.63	1.06	1.15	0.85	0.80	1.26	1.05	1.49
通用设备	1.01	0.66	1.32	0.74	1.09	1.36	0.63	1.11	1.14	0.86	0.80	1.26	1.05	1.50
专用设备	1.07	0.63	1.33	0.75	1.07	1.45	0.63	1.05	1.26	0.78	0.87	1.21	1.05	1.51
交通运输	1.08	0.62	1.33	0.78	1.04	1.51	0.63	0.98	1.32	0.75	0.90	1.18	1.05	1.52
电气机械等	1.14	0.59	1.34	0.80	1.00	1.62	0.63	0.91	1.40	0.71	0.93	1.16	1.05	1.53
通信设备等	1.21	0.55	1.35	0.82	0.98	1.71	0.62	0.89	1.47	0.69	0.94	1.13	1.05	1.57
仪器仪表等	1.25	0.53	1.36	0.83	0.95	1.77	0.61	0.86	1.54	0.65	1.02	1.08	1.02	1.55
工艺品其他	1.23	0.54	1.37	0.83	0.94	1.85	0.58	0.84	1.59	0.62	1.04	1.06	1.04	1.54
废弃回收	1.27	0.53	1.37	0.84	0.93	1.92	0.57	0.82	1.64	0.59	1.13	1.00	1.06	1.51

以上对中国制造业纯效率变化、规模效率构成的效率变化及技术进步变

化做了简要分析,接下来重点观察由以上各部分构成的制造业全要素生产率(简称生产率)的变化率趋势情况。

表7.8系统展示了中国制造业分行业的全要素生产率变化率年份变化情况,以及制造业总体全要素生产率变化率情况。相比于制造业的效率变化情况,2003—2016年中国制造业各行业生产率总体增长波动显著,尤其是在2006年、2009年和2012年的时间点,得到的数据都较低,中国制造业全要素生产率的发展状况较差。

表7.8　2003—2016年中国制造业各行业全要素生产率变化率

行业类别	2003年	2004年	2005年	2006年	2007年	2008年	2009年	2010年	2011年	2012年	2013年	2014年	2015年	2016年
农副食品	0.48	1.38	1.67	0.74	0.61	2.75	0.49	1.50	0.75	1.57	0.69	1.29	0.96	—
食品制造业	0.48	1.37	1.72	0.69	0.64	3.21	0.40	1.53	0.88	1.38	0.67	1.34	1.01	1.74
饮料制造业	0.46	1.42	1.50	0.77	0.59	3.69	0.38	1.55	1.13	1.06	0.72	1.36	0.98	1.59
烟草制品业	0.48	1.35	1.44	0.78	0.61	3.82	0.39	1.51	1.13	1.08	0.69	1.33	0.99	1.86
纺织业	0.51	1.29	1.42	0.77	0.63	4.08	0.39	1.52	1.10	1.06	0.71	1.34	0.95	1.65
纺织服装	0.52	1.22	1.41	0.75	0.68	3.76	0.43	1.46	1.18	0.98	0.70	1.38	0.93	1.90
皮革毛皮等	0.48	1.23	1.38	0.81	0.67	3.71	0.45	1.38	1.32	0.87	0.68	1.38	0.87	1.61
木材加工	0.54	1.12	1.36	0.83	0.70	3.22	0.50	1.37	1.15	0.90	0.75	1.25	0.80	1.79
家具制造业	0.56	1.15	1.31	0.83	0.74	3.46	0.44	1.36	1.21	0.86	0.72	1.21	0.87	2.11
造纸及制品	0.57	1.11	1.25	0.82	0.84	3.32	0.43	1.31	1.32	0.74	0.77	1.16	0.85	1.75
印刷媒介	0.57	1.07	1.25	0.81	0.88	3.39	0.42	1.26	1.28	0.78	0.78	1.15	0.81	1.96
文教用品	0.58	1.09	1.10	0.88	0.98	3.05	0.42	1.20	1.21	0.83	0.80	1.18	0.84	1.91
石油加工等	0.61	1.07	1.17	0.82	1.02	2.86	0.43	1.19	0.79	0.86	1.19	0.84	1.93
化学原料等	0.62	1.09	1.13	0.81	1.01	2.41	0.48	1.17	1.11	0.89	0.83	1.16	0.85	2.04
医药制造业	0.64	1.05	1.11	0.80	1.03	2.42	0.44	1.15	1.18	0.85	0.84	1.12	0.86	2.03
化学纤维	1.30	0.95	0.73	0.70	1.71	0.65	0.97	0.92	1.15	1.00	1.10	1.41	—	0.00
橡胶塑料	1.36	0.89	0.76	0.73	1.64	0.71	1.05	0.79	1.21	0.96	1.11	1.43	1.03	0.68
非金属矿物	1.50	0.78	0.80	0.73	1.51	0.87	0.91	0.82	1.42	0.84	1.02	1.47	0.84	0.88
黑色金属	1.39	0.80	0.87	0.71	1.40	0.89	0.99	0.77	1.42	0.87	0.94	1.48	0.95	0.81
有色金属	1.37	0.74	0.96	0.73	1.29	0.95	1.06	0.76	1.70	0.72	0.90	1.47	0.90	0.85
金属制品业	1.45	0.70	1.04	0.73	1.15	1.05	0.99	0.80	1.64	0.68	0.92	1.38	0.94	0.87

续表

行业类别	2003年	2004年	2005年	2006年	2007年	2008年	2009年	2010年	2011年	2012年	2013年	2014年	2015年	2016年
通用设备	1.39	0.69	1.05	0.75	1.13	1.07	0.96	0.88	1.44	0.76	0.90	1.38	0.98	0.86
专用设备	1.41	0.69	1.11	0.70	1.12	1.05	0.99	0.89	1.33	0.77	1.02	1.21	1.02	0.85
交通运输	1.46	0.64	1.21	0.75	1.04	1.09	0.96	0.85	1.48	0.68	1.07	1.11	1.09	0.85
电气机械等	1.53	0.60	1.33	0.74	0.96	1.22	0.94	0.81	1.57	0.64	1.02	1.13	1.08	0.87
通信设备等	1.71	0.55	1.36	0.75	1.00	1.13	0.94	0.81	1.59	0.59	1.13	1.14	0.74	1.22
仪器仪表等	1.77	0.53	1.35	0.76	1.04	1.10	0.92	0.85	1.61	0.61	1.11	1.11	0.71	1.27
工艺品其他	1.73	0.55	1.34	0.81	0.99	1.15	0.92	0.83	1.63	0.58	1.13	1.06	0.77	1.21
废弃回收	1.83	0.52	1.31	0.84	0.96	1.14	0.94	0.82	1.66	0.57	1.17	1.02	0.79	1.18

从行业看，2008年之前，食品制造业、纺织制造业、木材加工业和造纸及制品业等，劳动力密集型行业的全要素生产率变化率基本低于资本密集和技术密集型制造业的全要素生产率变化率，但2009年之后，劳动力密集型制造业的生产率变化率出现了明显赶超资本密集和技术密集型制造业生产率的情况，这种趋势使得生产率的总体年均值中，劳动力密集型制造业的生产率变化率处于较高水平，技术密集型的制造业生产率变化率年均水平次之，而资本密集型制造业的生产率变化率值相对落后。

2003—2016年制造业整体的全要素生产率变化率及其分解的项目变化。在这些年，中国制造业全要素生产率变化率值总体来看都大于零，且呈上下波动变化的趋势。其中2003年生产率变化率较高，2004年和2012年生产率变化率值较低，分别为0.60和0.53，如图7.5所示。

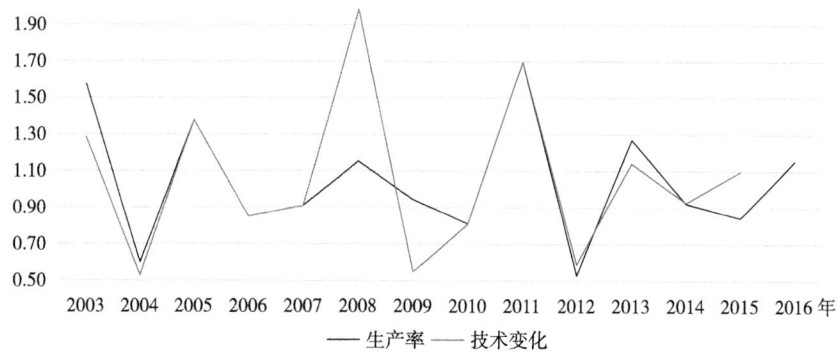

图7.5 2003—2016年中国制造业规模以上企业生产率及技术变化

由图7.5及图7.6得知，中国制造业技术的变化趋势和生产率的变化率趋势基本相同，在2008年和2011年出现峰值，分别为1.98和1.70。另外，制造业企业纯效率值始终保持在1.0左右，没有发生较大变化，规模效率的波动性较大。

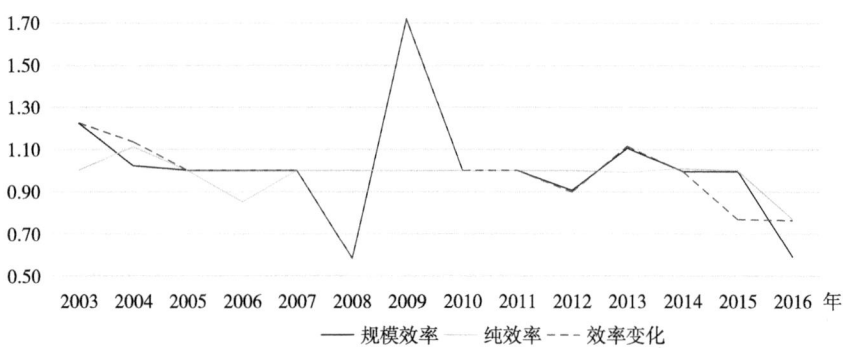

图7.6　2003—2016年中国制造业规模以上企业效率及其构成

三、中国制造业企业发展及产品情况

企业是产业的微观主体，探讨产业的情况离不开对企业的探讨和分析。同时产业的发展也是以企业发展为基础的，以产品的生产和交易活动带来的经济绩效为基本增长途径。下面继续探讨制造业企业和产品的发展与演变的趋势。

（一）中国制造业企业数目变化

从图7.7看出，2001—2017年，中国制造业规模以上企业单位数目呈现出明显的"几"字形发展趋势。企业单位数目从2001年的14.87万家上升到2015年的35.87万家，15年间上升2.41倍，其中，2008—2010年处于企业数目增长的高峰阶段，2011年之后开始回落，但很快在2012年之后稳步上扬。

通过计算得到制造业总体企业数目平均增速值为年增长7%左右，经过了2004年的顶峰（最高增长率41.84%）和2011年的低谷（最低增长率-28.65%）企业数目变化剧烈波动后，中国制造业企业增长率基本回归到2003年之前的水平（见图7.7）。其中，从行业构成看，设备制造业企业数目始终居于首位，其次为金属相关制造业和石化医药制造业，如图7.8所示。

第七章 "工业4.0"对中国制造业发展质量影响的实证分析

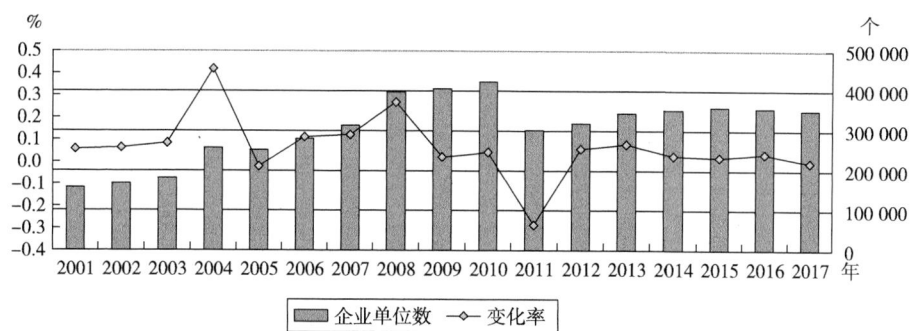

图 7.7　2001—2017 年中国制造业规模以上企业单位数总量及变化率

数据来源：国家统计局网站。http://data.stats.gov.cn/easyquery.htm? cn=C01，访问日期 2019 年 4 月 6 日。

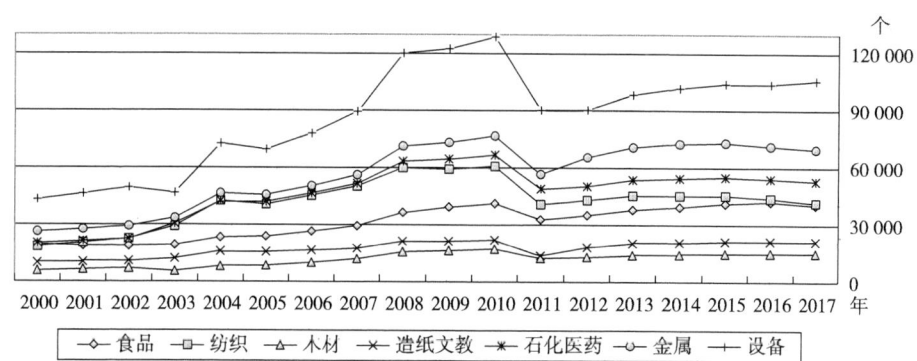

图 7.8　2000—2017 年中国制造业分行业规模以上企业单位数

数据来源：国家统计局网站。http://data.stats.gov.cn/easyquery.htm? cn=C01，访问日期 2019 年 4 月 6 日。

（二）中国制造业产成品变化

伴随着企业数目的变化，企业生产的产品数目也随之增减。中国制造业企业及各个行业产成品总量及增长情况如图 7.9、图 7.10 所示。

从图 7.9 及图 7.10 看出，中国制造业规模以上企业产成品数总体呈逐年增长趋势，总产成品量从 2001 年的 5 864.3 亿元上升到 2017 年的 40 843.45 亿元，十几年间上涨了 7 倍。通过计算得到制造业企业产品数额的年增长速度为 12.33%，从图 7.9 中看到增长速度曲线呈略有衰减的"M"形，在 2004 年出现最高增长点（24%），而 2015 年出现负增长（增长率为-2.6%）。这可能主要因为 2015 年制造业中设备相关制造业、食品相关制造业及纺织相关制造业的企业产成品量大幅度回落，但比较可观的是设备相关制造业、金属相关制造业和石化医药制造业的产成品总量始终居于各行业的领先水平（见图 7.10）。

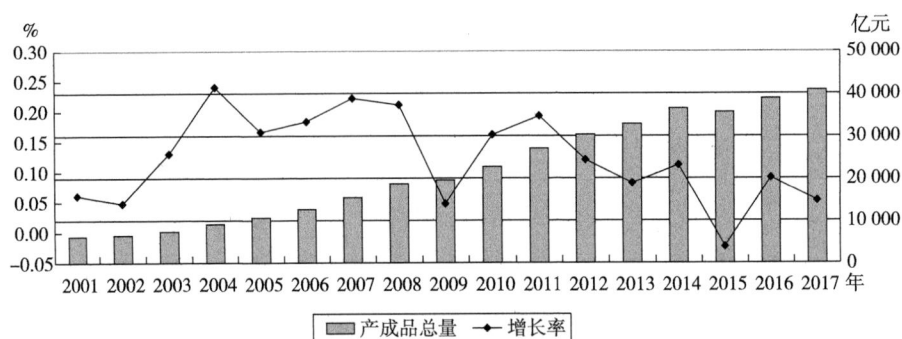

图 7.9　2001—2017 年中国制造业规模以上企业产成品总量及变化率

数据来源：国家统计局网。站 http：//data.stats.gov.cn/easyquery.htm? cn=C01，访问日期 2019 年 4 月 6 日。

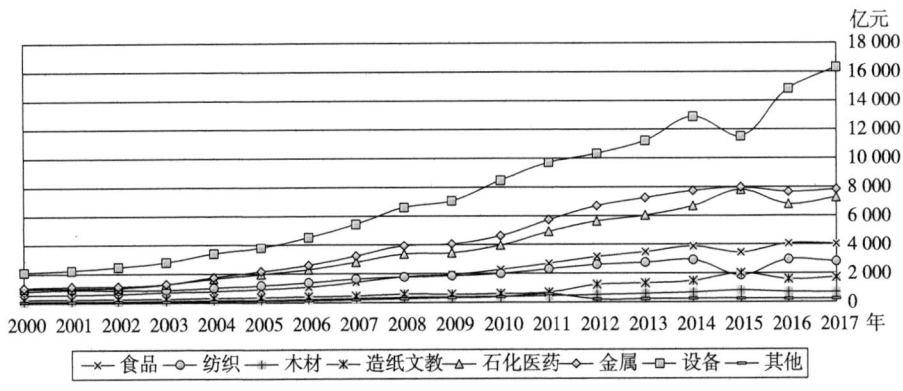

图 7.10　2000—2017 年中国制造业规模以上企业产成品

数据来源：国家统计局网站。http：//data.stats.gov.cn/easyquery.htm? cn=C01，访问日期 2019 年 4 月 6 日。

四、中国制造业出口交货值

随着中国加入世界贸易组织及经济全球化时代的到来，中国制造业出口情况出现明显的变化趋势，如图 7.11 所示。

从图 7.11 看出，2001—2016 年，中国制造业规模以上企业出口交货值从 2001 年的 14 177.09 亿元上升到 2016 年的 117 135.5 亿元，年均增长率为 15.01%。但在企业出口交货值逐年增长的过程中，2009 年和 2015 年增长率出现负值。

如图 7.12、图 7.13 所示，在出口交货值构成中，设备相关制造业出口交货值始终居于领先水平，除 2009 年外，其出口交货值基本稳步增长，在出口交货总值的占比中也基本保持稳定。2009 年之后，设备相关制造业出口交货

第七章 "工业4.0"对中国制造业发展质量影响的实证分析

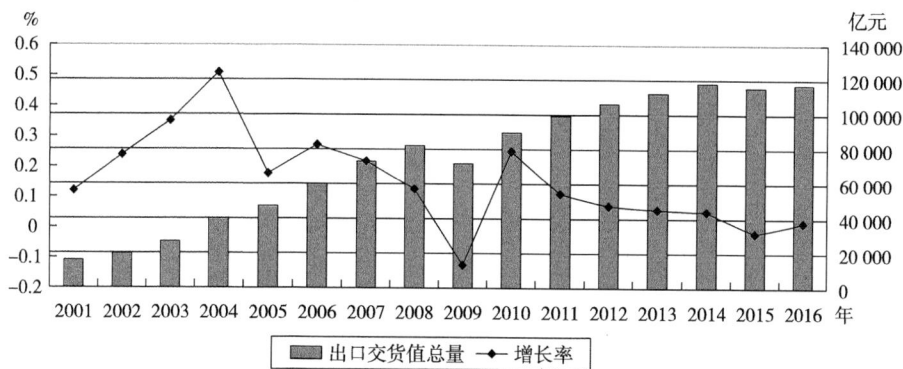

图 7.11　2001—2016 年中国制造业规模以上企业出口交货值及变化率

数据来源：国家统计局网站。http：//data.stats.gov.cn/easyquery.htm? cn = C01，访问日期 2019 年 4 月 6 日。

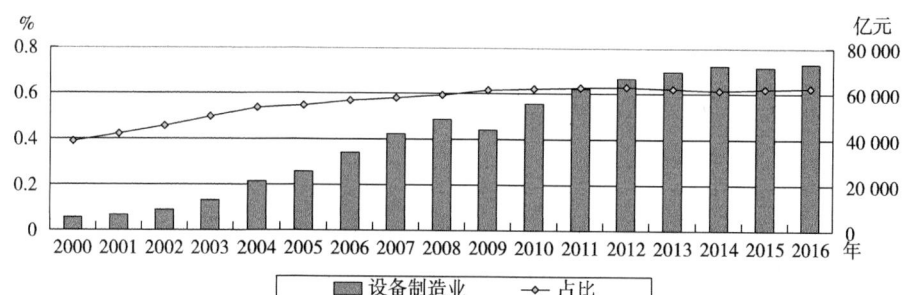

图 7.12　2000—2016 年企业设备相关行业出口交货值及占总出口交货值的百分比

数据来源：国家统计局网站。http：//data.stats.gov.cn/easyquery.htm? cn = C01，访问日期 2019 年 4 月 6 日。

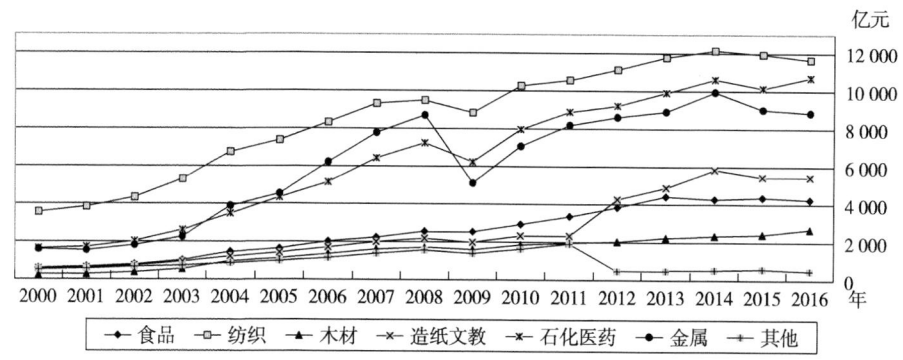

图 7.13　2000—2016 年中国制造业规模以上企业分行业出口交货值

数据来源：根据国家统计局网站数据整理。http：//data.stats.gov.cn/easyquery.htm? cn = C01，访问日期 2019 年 4 月 6 日。

值占中国制造业规模以上企业出口交货值百分比超过了60%。除设备相关行业出口交货值占比之外，纺织品相关制造业、石化医药和食品相关制造业的出口交货值均居于各个具体行业的相对领先水平。

五、中国制造业应交所得税

图7.14为2000—2014年中国制造业规模以上企业应交所得税总和及在国家企业所得税中的占比，其应交所得税从2000年的569.41亿元增长到2014年的8 166.69亿元，增长了14倍。中国制造业规模以上企业应交所得税在国家企业所得税中的比重自2003年之后波动不大，基本处于30%~40%的状态。其中，对中国企业所得税的交纳起主要贡献的行业包括设备相关制造业、金属相关制造业及石化医药制造业（见图7.15）。

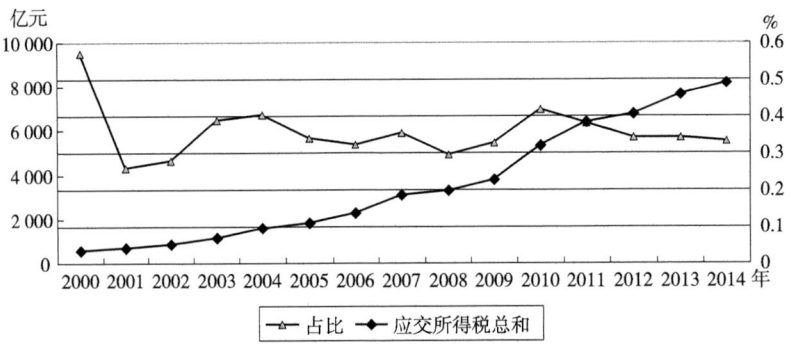

图7.14　2000—2014年中国制造业企业应交所得税总和及在国家企业所得税中的占比

数据来源：国家统计局网站。http：//data.stats.gov.cn/easyquery.htm？cn＝C01，访问日期2019年4月6日。

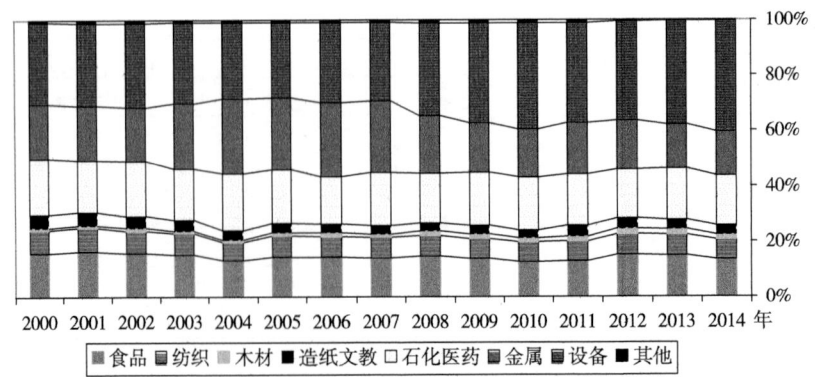

图7.15　2000—2014年中国制造业规模以上企业应交所得税（亿元）

数据来源：国家统计局网站。http：//data.stats.gov.cn/easyquery.htm？cn＝C01，访问日期2019年4月6日。

六、中国制造业产业创新

通过观察和研究分析，看到近20年间中国制造业发展快速，制造业的发展离不开制造业的技术进步。上面数据分析显示了分行业的制造业效率及技术进步情况，接下来通过企业发明专利的变化进一步探讨制造业产业创新情况（见图7.16、图7.17）。

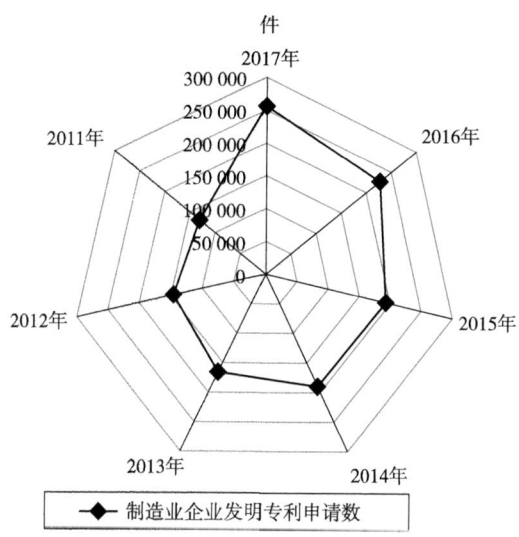

图 7.16　2011—2017 年中国制造业规模以上企业发明专利申请数

数据来源：国家统计局网站。http：//data.stats.gov.cn/easyquery.htm？cn＝C01，访问日期 2019 年 4 月 6 日。

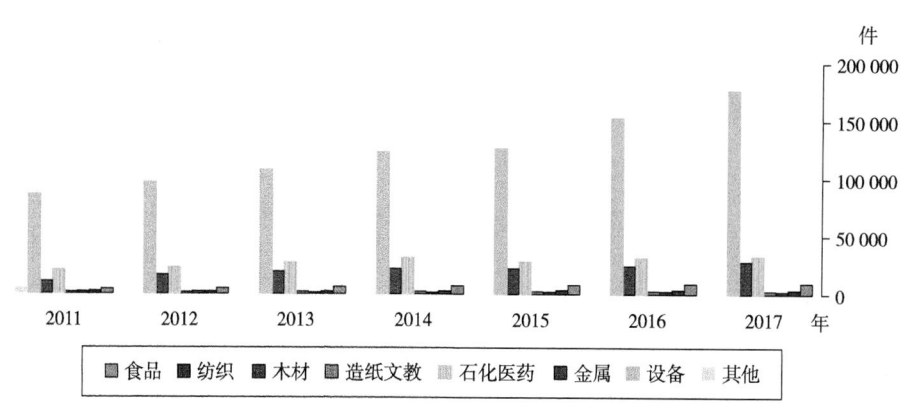

图 7.17　2011—2017 年中国制造业规模以上企业分行业发明专利申请数

数据来源：国家统计局网站。http：//data.stats.gov.cn/easyquery.htm？cn＝C01，访问日期 2019 年 4 月 6 日。

从图 7.16 和图 7.17 中显示的结果看到，制造业企业发明专利申请数逐年上升，2011—2017 年，申请总数从 130 286 件增长到 256 118 件，其中，设备相关制造业的专利申请数所占比重最高，是制造业发明专利的主力军，设备相关制造业的专利申请数占制造业总体的年均比例超过 65%，其次为石化医药制造业的专利申请数，占制造业申请专利总数的比例在 12% 以上。从以上图示也可以得到中国制造业产业创新近几年来进步速度较快，产业创新发展较好。

总之，通过以上中国制造业发展质量的增长速度及增长的稳定性、生产率、企业及产品情况、出口交货值、应交所得税等主要维度变化可以看到，2013 年后中国制造业在几方面的变化并没有出现明显的拐点，相比之下，产业创新指标却积极发展，受到整体工业水平提升以及工业革命变化的强烈冲击。然而制造业的技术进步及技术创新并不能抛开其他环境因素的影响，而完全归功于外部的技术变革。接下来继续通过实证方法进一步深入分析。

第二节 "工业4.0"影响中国制造业发展质量的因素

制造业是一国国民经济的主体，是推动经济高质量发展的关键和重点。这使得制造业的发展始终是专家学者的关注对象，本书前面内容探讨了"工业4.0"对中国制造业及发展质量的影响机制，包括"工业4.0"的智能化核心产生的代际效应和提振效应，在此从实证角度加以探讨。

因为制造业的发展，会受多种因素的共同影响，因此在对其实证分析的过程中，应该加入其他的影响变量。制造业的发展质量是在多种因素的影响下不断发展和变迁的，其主要的影响因素包括产业内部因素和诸多产业外部因素。

一、"工业4.0"影响中国制造业发展质量的因素

"工业4.0"影响中国制造业发展质量的因素主要包括产业内部因素和产业外部环境。

内部因素主要是指制造业产业自身的条件以及特点等相关内容，制造业的规模和增长速度是其发展质量的根基条件。产业内的劳动力、资本及生产率是发展质量的基础要素，由于制造业大部分行业属于资本密集型行业，使用资本深度变量更能准确地判断制造业发展质量的问题，常用人均资本存量

数据替代劳动力和资本变量进行分析。发展质量也受到制造业内部行业结构的影响,包括行业升级程度和市场结构。另外,制造业对外开放程度也是其发展质量的决定要素之一。在国家经济发展的过程中,开放程度也影响了制造业的发展质量,一方面涉及对产品质量的高标准和严要求;另一方面,在经济开放过程中会产生强烈的技术溢出效应。因此产业内部因素主要包括产业规模、增长速度、劳动力、物质资本、技术水平、产业升级、开放程度等方面。

影响制造业的外部环境因素主要包括制度环境、经济环境、自然环境和技术环境。由于制造业目前在中国处于基础产业的位置,其具有高产值、高关联性和高带动性等特征,所以政府、金融机构和科研机构都会对制造业给予大量的支持,这其中尤其以政府的政策导向及资金扶持为重点支持内容。随着中国经济的飞速发展,居民的消费水平日益提升,物质需要随着经济的发展而日新月异,市场中消费者的需求导向对制造业发展质量也产生了很大的拉动作用。国家的基础设施情况,包括道路交通、销售渠道等同样也会影响制造业的一系列活动。制造业的发展也受外部技术变革的冲击,比如"工业4.0"战略的影响。因此产业外部因素主要有制度、经济水平、基础设施和技术变革,见表7.9。

表7.9 制造业发展质量的影响因素

因素	维度	指标	维度	指标
制造业内部	发展基础	规模	要素禀赋	资本深化
		增长速度		生产率
	产业结构	升级度	开放度	外商投资
		市场结构		出口
外部环境	制度	政策导向	经济	人均GDP
	自然	交通运输	以"工业4.0"为代表的技术	信息技术
		商业基础设施		通信设备

二、"工业4.0"影响制造业发展质量因素的实证分析模型

首先,将各变量取对数①,以消除各个变量的波动变化程度的影响,并且

---

① 制造业的发展质量、增长率、生产率、市场结构四个指标经过计算得到变化率不是水平值,故回归模型中不取对数。

将各变量之间可能存在的非线性关系转化为线性关系，之后构建回归模型。为了进一步考虑"工业4.0"战略是否会对中国制造业的发展质量产生影响，需要引入时间变量。

$$Quality_{it} = \lambda_0 + \lambda_1 \ln(X_{1t}) + \lambda_2 \ln(X_{2t}) + \varepsilon_{it}, \quad i = 1, 2, \cdots, 30, \quad t = 1, 2, \cdots, 14 \tag{7-1}$$

上式中，i 表示制造业各行业（$i = 30$ 时为制造业总体），t 表示年份，$Quality_{it}$ 表示制造业的发展质量，其由八个维度构成。X_1 表示行业内部影响因素。X_2 表示行业外部影响因素。对 X_1 和 X_2 进行分解，得到：

$$\begin{aligned} \ln(X_1) = & \alpha_0 + \alpha_1 \ln(Scale_{it}) + \alpha_2 Growth_{it} + \alpha_3 \ln(CapitalD_{it}) + \alpha_4 Productivity_{it} + \\ & \alpha_5 Market_{it} + \alpha_6 \ln(Upgrade_t) + \alpha_7 \ln(Openness_{it}) + \alpha_8 \ln(FDI_{it}) + u_{it}, \\ & i = 1, 2, \cdots, 30, \quad t = 1, 2, \cdots, 14 \end{aligned} \tag{7-2}$$

式（7-2）中，$Scale$、$Growth$、$CapitalD$、$Productivity$、$Market$、$Upgrade$、$Openness$、FDI 分别表示制造业的规模、增长率、资本深化、生产率、市场结构、产业升级度、出口交货比、外商直接投资。其中，升级度反映的是制造业总体情况，所以时间序列下标仅为年份 t。

$$\begin{aligned} \ln(X_2) = & \beta_0 + \beta_1 \ln(Policy_{it}) + \beta_2 \ln(Economic_t) + \beta_3 \ln(Transportation_t) + \\ & \beta_4 \ln(Infrastructure_t) + \beta_5 \ln(Communication_t) + \beta_6 \ln(ICT_t) + T + \omega_t, \\ & i = 1, 2, \cdots, 30, \quad t = 1, 2, \cdots, 14 \end{aligned} \tag{7-3}$$

式（7-3）中 $Policy$、$Economic$、$Transportation$、$Infrastructure$、$Communication$、ICT 分别表示制度变量、经济增长、交通运输、商业基础设施、通信设备和信息通信技术变量。T 为时间变量，一定程度上也可以检验"工业4.0"战略提出前后的影响变化情况。

三、指标说明与数据来源

（一）影响中国制造业发展质量的内部行业因素指标及说明

1. 产业发展基础条件

以各行业发展规模和发展速度为指标。发展规模用规模以上制造业企业工业销售产值（亿元）数据，并以1978年为基期使用居民消费价格指数（1978=100）对其进行平减，以消除价格带来的波动性。

2. 产业要素禀赋

人力资本、物质资本和生产率，体现为资本深化即人均资本存量（资本存量与劳动力比值）和全要素生产率（用上一章中Malmquist方法计算得到的数据）。

3. 产业结构

产业结构包括产业的升级度和市场结构。由于数据的可得性，产业升级度用制造业中高技术产业主营业务收入占制造业销售产值的百分比表示。市场结构用企业的进入率表示，企业的进入率一方面可以反映出市场的进入壁垒大小；另一方面，也可以反映出市场的垄断竞争程度。一般来讲，企业的进入率越大，进入壁垒越小，市场的竞争程度越大，反之亦然。

4. 产业开放度

产业开放度包括产业进出口和外商直接投资。其中进出口维度使用的是出口交货值占产业销售产值的比重，外商直接投资指标为制造业外商及中国港澳台商投资企业固定资产占制造业规模以上企业的资产比。

5. 产业政策

产业政策会对产业发展质量产生一定的影响，但是影响的大小和影响的方向还没有定论。也就是制造业是否需要"看得见的手"的干预和约束问题。此处以制造业行业的国有化程度来衡量（国有及国有控股工业企业销售产值①占制造业各行业销售产值的百分比）。

（二）影响中国制造业发展质量的外部因素

1. 经济环境

经济环境主要包括国内生产总值（GDP），使用人均国内生产总值表示。

2. 自然环境

从交通运输和商业基础设施两个角度加以衡量，其指标分别为公路里程（万公里）和亿元以上商品交易市场数量（个）。

3. 技术环境

以通信设备［光缆线路长度（公里）］、信息通信技术（information communications technology，ICT）和工业技术变革表示。另外技术环境必然包括全社会的工业技术变革，此处需要重点观察"工业4.0"战略对制造业的影响，用年份变量来观测。

行业层面的数据，除了产业升级中高技术产业主营业务收入数据来源于《中国科技统计年鉴》外，其余数据均来源于《中国统计年鉴》和《中国工业经济统计年鉴》。外部环境的数据除国有控股工业企业销售产值数据来源于《中国工业经济统计年鉴》外，其余数据均来源于《中国统计年鉴》。

---

① 2004年数据来自《中国经济普查年鉴》（2004），其余均来自《中国工业经济统计年鉴》。

第三节 "工业4.0"影响中国制造业发展质量实证结果与分析

一、数据检验与实证过程

应用Stata13.0计量软件,对回归方程式(7-1)进行系数估计。经过验证,文中使用的数据为平衡面板数据,截面数据30个($N=30$)和时间跨度为14年($T=14$)。由于要考察时间变量对中国制造业发展质量的影响,故引入各年份的虚拟变量。制造业内部各行业的生产情况不同,在回归方程中可能会存在不随时间变化的个体遗漏变量,这需要对使用固定效应模型(FE)还是随机效应模型(RE)进行检验。根据豪斯曼模型检验结果如下,由于得到的P值为0.995 3,故应该使用随机效应模型,而不是固定效应模型(见表7.10)。

表7.10 豪斯曼模型检验结果

Test: Ho: difference in coefficients not systematic
chi2 (28) = (b-B)′ [(V_ b-V_ B) ^ (-1)] (b-B)
= 11.71
Prob>chi2 = 0.995 3
(V_ b-V_ B is not positive definite)

使用格林(Greene,2000)提供的检验组间异方差的沃尔德方法,对该回归的广义最小二乘法模型进行检验后发现,回归过程存在强烈的组间异方差问题,检验结果见表7.11。

表7.11 组间异方差检验结果

Modified Wald test for groupwise heteroskedasticit in fixed effect regression model
H0: sigma (i) ^2 = sigma^2 for all i
chi2 (30) = 2075.15
Prob>chi2 = 0.0000

使用沃尔德检验(Wooldridge,2002)方法检验回归数据的组内自相关问题,结果如表7.12所示。结果显示,强烈拒绝"不存在一阶组内自相关的原假设",因此该数据存在组内自相关问题。

表 7.12　沃尔德检验结果

Wooldridge test for autocorrelation in panel data
H0：no first order autocorrelation
F (1, 29) = 0.017
Prob > F = 0.8972

继续使用佩萨兰（Pesaran, 2004）提出的截面相关（csd, cross-sectional dependence）检验方法对实证数据进行组间同期相关检验，检验结果为 Pesaran's test of cross sectional independence = −0.702, Pr = 1.517 1，故认为该面板数据不存在组间同期相关问题。

通过上面的各种检验发现，使用的面板数据存在组间异方差，不存在组间同期相关问题和组内自相关问题。因此，用面板校正标准误（PCSE）并且解决组内自相关的 FGLS 方法进行回归，包括要求各组的自回归系数相同（AR1）及允许各组自回归系数不同的组内自相关情形（PSAR1），结果见表 7.13 中 AR1 和 PSAR1 两列的估计值。

表 7.13　中国制造业发展质量影响因素的估计结果

	Quality	LSDV	RE	FGLS (AR1)	FGLS (PSAR1)
产业层面	$\ln Scale$	0.067*** (3.68)	0.089*** (8.52)	0.070*** (12.26)	0.080*** (13.67)
	$Growth$	0.192*** (4.11)	0.236*** (15.07)	0.240*** (17.10)	0.247*** (19.13)
	$\ln CapitalD$	0.020 (0.48)	0.024* (1.85)	0.027*** (3.24)	0.027*** (4.11)
	$Productivity$	0.041*** (3.11)	0.033** (2.30)	0.034*** (3.27)	0.020*** (2.64)
	$Market$	−0.245*** (−4.08)	−0.191*** (−4.00)	−0.231*** (−7.98)	−0.184*** (−7.27)
	$\ln Upgrade$	0.309*** (4.87)	0.308*** (16.40)	0.282 (18.86)	0.294*** (23.30)
	$\ln Openness$	−0.011 (−1.24)	−0.024*** (−3.97)	−0.012** (−2.54)	−0.024*** (−5.49)
	$\ln FDI$	0.038*** (3.27)	0.027*** (2.70)	0.035*** (5.05)	0.021*** (3.51)

续表

	Quality	LSDV	RE	FGLS (AR1)	FGLS (PSAR1)
外部因素	ln*Policy*	−0.003 (−0.17)	−0.012 (−0.99)	−0.001 (−0.10)	−0.039*** (−3.60)
	ln*Economic*	0.245* (1.95)	0.349*** (8.29)	0.329*** (8.95)	0.370*** (11.04)
	ln*Transportation*	0.159*** (7.97)	0.176*** (23.55)	0.167*** (28.07)	0.177*** (30.53)
	ln*Infrastructure*	0.165* (1.98)	0.224*** (7.90)	0.221*** (8.64)	0.223*** (10.19)
	ln*Communication*	0.288*** (5.18)	0.276*** (18.22)	0.266*** (22.51)	0.266*** (25.87)
	ln*ICT*	−0.003 (−0.11)	0.031*** (2.59)	0.016** (2.13)	0.018*** (3.26)
年份	2004	−0.061* (−1.89)	−0.092*** (−2.74)	−0.091*** (−5.16)	−0.084*** (−5.90)
	2005	−0.149** (−2.57)	−0.246*** (−6.11)	−0.204*** (−8.06)	−0.265*** (−11.00)
	2006	−0.365*** (−5.93)	−0.451*** (−10.96)	−0.416*** (−14.97)	−0.475*** (−18.41)
	2007	−0.486*** (−6.02)	−0.608*** (−12.56)	−0.579*** (−17.46)	−0.619*** (−18.68)
	2008	−0.594*** (−7.13)	−0.746*** (−13.03)	−0.685*** (−18.04)	−0.717*** (−17.48)
	2009	−0.674*** (−6.95)	−0.879*** (−13.82)	−0.791*** (−18.30)	−0.912*** (−19.42)
	2010	−0.799*** (−6.52)	−0.983*** (−14.71)	−0.916*** (−19.20)	−0.975*** (19.76)
	2011	−1.014*** (−8.19)	−1.223*** (−16.67)	−1.143*** (−21.66)	−1.220*** (−21.62)
	2012	−0.995*** (−6.44)	−1.229*** (−16.20)	−1.136*** (−20.35)	−1.227*** (−21.60)

续表

	Quality	LSDV	RE	FGLS（AR1）	FGLS（PSAR1）
年份	2013	-1.086*** (-7.13)	-1.325*** (-16.68)	-1.236*** (-21.62)	-1.312*** (-22.34)
	2014	-1.173*** (-7.67)	-1.415*** (-16.92)	-1.308*** (-21.82)	-1.407*** (-22.54)
	2015	-1.269*** (-8.18)	-1.535*** (-18.04)	-1.415*** (-23.96)	-1.517*** (-23.66)
	2016	-1.374*** (-7.56)	-1.645*** (-18.97)	-1.496*** (-24.83)	-1.618*** (-23.58)
常数项		-8.496*** (-4.80)	-10.151*** (-16.54)	-9.704*** (-17.91)	-10.156*** (-19.88)
样本数		420	420	420	420

注：***为在0.01的水平上显著，**为0.05的水平上显著，*为在0.1的水平上显著，括号内的值为t/z值。

二、制造业总体实证结果分析

分析表7.13中的估计结果，虽然各列的估计系数不尽相同，t值也有较大差异，但是各回归方程中得到的显著性都较好，且各回归方程中变量显著性及影响方向基本上是相同的。且时间变量均通过了1%以上的显著性检验。

（1）在制造业内部，混合回归估计方法中，制造业资本深化和产业开放度中的进出口维度两个影响因素都没有通过显著性检验；全面FGLS的AR1回归方法中，产业升级度因素没有通过显著性检验。除此之外，其余回归结果均比较显著。

第一，各行业发展规模和发展速度在各个估计结果中均通过了显著性水平检验，且相关系数均为正。得到行业规模扩大1%，发展质量平均提升0.07左右；行业发展速度变化1个单位，发展质量平均变化0.23左右。可见制造业的发展质量是要以规模和发展速度为基础的，行业的基础经济状况是其重要的影响因素之一。

第二，人均资本存量也就是资本深化和全要素生产率在AR1和PSAR1检验中的显著性均通过了1%水平上的检验，影响系数和行业的基础经济状况相比较弱，影响系数平均在0.02~0.03左右。

第三,市场结构(Market)变量呈显著的负相关,证明企业的进入率越高,市场中进入壁垒越小(行业的垄断性越弱),则制造业发展质量越差,所以完全竞争性的行业是不利于发展质量改进的。升级度会较显著地影响制造业发展质量,也就是制造业中高技术产业的比重会较为显著地影响其发展质量。

第四,对外开放度中,估计结果出现两种相反的现象,制造业出口外销比例对发展质量的影响是负向的,而外商直接投资变量为正向的影响。故制造业产品的外销比例并没有显著改善其发展质量,相反会产生消极影响,这可能由于受当下制造业出口产品的结构特征、目前的较低质量水平、国内市场对制造业产品的广泛需要、贸易体制对制造业企业出口商品的限制,以及制造业的国际化水平较低等多种因素的制约。外商直接投资对制造业发展的影响是深远的,随着外资的大量进入,有效地缓解了制造业转型时期资本积累不足的缺陷,特别是外商以技术、设备合资的方式进入,溢出效应显著,企业可以对其技术加以消化、吸收和创新,使得制造业经营管理水平和技术开发、创新等能力得到提高。虽然针对外商投资问题一直存在着"光环效应"和"污染避难所"假说的争论,但在此处的实证结果,得到其对发展质量的"光环效应"还是较为显著的。

(2)观察外部影响因素的相关性及显著性情况。

第一,虽然政策制度变量的系数只在 PSAR1 方法中通过了 1% 水平上的显著性检验,但是其得到的相关系数都是负值。较高的国有化程度必然会带来发展质量的反方向变化,这也证实了中国从改革开放以来始终坚定不渝地深化国有企业改革,以及国有企业混合所有制的改造,降低国有化,鼓励民营化改革等措施的现实性。

第二,经济环境与制造业发展质量息息相关。人均 GDP 变量对制造业的发展质量的影响系数是 0.3 左右,这个影响程度在外部环境中排在首位,体现出外部环境中经济环境的重要性。伴随着经济的发展,人们可支配收入逐渐增加,这必然会使得国内市场的需求量剧增,国内市场引力也是制造业发展质量的重要拉动力。

第三,自然环境因素中交通运输和商业基础设施因素通过了显著性检验,且相关系数为正向。

第四,除了信息通信技术在 LSDV 检验中没有通过显著性检验外,其在其他检验方法中均呈现较好的结果,技术环境会直接关系制造业发展质量。通信设备增长 1%,会带来制造业发展质量系数为 0.27 左右的变化,信息通信技术提升1%，制造业发展质量的改善系数为0.02左右。

三、中国制造业发展质量八个维度影响因素估计结果

制造业发展质量的诸多影响因素基本证实了前述理论的预期。如果把制造业发展质量的内部结构剖开，了解影响因素对发展质量各个维度的影响，能够更明确其影响机制和路径。

将变异系数法中得到的制造业发展质量八个维度值作为因变量，继续与影响因素进行回归。通过Stata13.0软件检验发现各维度回归数据的组间异方差、组内自相关和组间同期相关问题各不相同，因而采用不同的纠正方法对维度影响进行回归估计。增长度、效率度、对外开放度和创新度使用全面FGLS中的AR1或PSAR1方法进行统计。企业质量数据由于是非平衡面板数据，且仅存在组内自相关，故使用仅解决组内自相关的FGLS（PCSE）的AR1或PSAR1方法来统计。因产品质量不存在自相关和异方差，应使用随机效应模型统计。社会贡献数据仅存在异方差，所以使用面板矫正标准误方法（PCSE）。环境度数据得到的数值较小且有较多缺失，不能使用FGLS和PCSE，仅用稳健标准误的随机效应模型估计。

表7.14和表7.15中得到内部和外部环境对制造业发展质量各维度影响不尽相同，其中内部因素的情况见表7.14。

表7.14　中国制造业发展质量八个维度影响因素估计结果1

质量维度	增长度	效率度	对外开放	创新度
回归方法	FGLS（AR1）	FGLS（AR1）	FGLS（AR1）	FGLS（PSAR1）
ln$Scale$	0.049*** (8.56)	0.002*** (2.86)	0.006*** (7.21)	0.001 (0.77)
$Growth$	0.001 (0.54)	−0.007*** (−6.02)	0.006 (0.89)	−0.000 (−0.06)
ln$CapitalD$	0.014*** (10.12)	0.002* (1.73)	−0.004*** (−3.55)	−0.002 (−1.18)
$Productivity$	0.000 (0.24)	0.014*** (8.02)	0.004*** (3.89)	0.006*** (3.0)
$Market$	0.022*** (5.69)	0.005 (1.58)	−0.001 (−0.32)	−0.012** (−2.41)

续表

质量维度	增长度	效率度	对外开放	创新度
ln*Upgrade*	-0.001 (-0.35)	0.006*** (4.59)	-0.000 (-0.23)	-0.002 (-0.88)
ln*Openness*	-0.000 (-0.63)	-0.001* (-1.90)	0.003*** (6.23)	-0.001 (-1.07)
ln*FDI*	0.016*** (15.06)	-0.008*** (-9.85)	-0.000 (-0.48)	0.006*** (2.91)
ln*Policy*	-0.000 (-0.05)	0.009*** (8.14)	-0.001 (-1.18)	0.004*** (2.31)
ln*Economic*	-0.003 (-0.66)	-0.012*** (-4.21)	0.012*** (2.95)	-0.007 (-1.36)
ln*Transportation*	0.012*** (12.49)	-0.006*** (-11.38)	0.003*** (4.13)	0.003 (1.61)
ln*Infrastructure*	0.000 (0.13)	-0.006*** (-3.01)	0.005* (1.77)	0.001 (0.32)
ln*Communication*	-0.001 (-0.46)	0.002** (2.13)	0.001 (0.75)	0.000 (0.25)
ln*ICT*	0.002 (2.16)	0.005*** (7.05)	0.005*** (5.31)	0.001 (0.80)
2004年	-0.019*** (-9.05)	-0.003** (-2.00)	-0.001 (0.39)	0.011*** (3.93)
2005年	-0.017*** (-5.86)	0.006*** (2.91)	-0.003 (-0.87)	0.015*** (4.64)
2006年	-0.020*** (-6.27)	0.003 (1.32)	-0.012*** (-3.34)	-0.001 (-0.27)
2007年	-0.022*** (-5.93)	0.004 (1.39)	-0.013*** (-3.22)	0.004 (1.09)
2008年	-0.016*** (-3.52)	-0.016*** (-3.65)	-0.021*** (-4.47)	0.002 (0.38)
2009年	-0.004 (-0.89)	0.006 (1.57)	-0.011** (-2.31)	0.024*** (4.35)

续表

质量维度	增长度	效率度	对外开放	创新度
2010年	-0.014** (-2.57)	0.004 (0.98)	-0.022*** (-4.37)	0.004 (0.78)
2011年	-0.005 (-0.87)	0.005 (1.03)	-0.022*** (-4.05)	0.002 (0.25)
2012年	-0.012* (-1.83)	0.005 (1.08)	-0.025*** (-4.20)	0.014*** (2.29)
2013年	-0.019*** (-2.81)	0.003 (0.60)	-0.034*** (-5.55)	-0.003 (-0.40)
2014年	-0.009 (-1.30)	0.000 (0.04)	-0.021*** (-3.38)	0.002 (0.28)
2015年	-0.004 (-0.59)	0.005 (0.89)	-0.026*** (-3.85)	0.006 (0.85)
2016年	-0.002 (-0.37)	0.006 (1.12)	-0.020*** (-3.00)	0.012 (1.60)
常数项	-0.051 (-0.78)	0.196 (4.84)	-0.169*** (-2.98)	0.050 (0.80)
样本数	420	420	420	420

注：***为在0.01的水平上显著，**为0.05的水平上显著，*为在0.1的水平上显著，括号内的值为t/z值。

表7.15 中国制造业发展质量八个维度影响因素估计结果2

质量维度	企业质量	产品质量	社会贡献	环境度
回归方法	PCSE（PSAR1）	RE	PCSE	RE（R）
ln$Scale$	0.003*** (2.58)	0.005*** (5.14)	0.013*** (8.47)	0.005 (0.69)
$Growth$	0.008** (1.97)	0.010** (2.52)	0.005 (0.60)	-0.009 (-1.31)
ln$CapitalD$	-0.001 (-0.43)	0.001 (1.01)	0.003 (0.68)	0.015 (0.39)
$Productivity$	-0.000 (-0.27)	0.000 (0.06)	0.002 (0.74)	-0.004** (-2.23)

续表

质量维度	企业质量	产品质量	社会贡献	环境度
Market	-0.008	-0.016***	0.000	0.018
	(-1.37)	(-2.85)	(0.02)	(1.33)
ln Upgrade	0.006***	0.002	0.012	0.066
	(3.6)	(0.40)	(0.90)	(0.65)
ln Openness	0.002***	-0.001	-0.001	0.001
	(2.88)	(-1.04)	(-0.46)	(0.66)
ln FDI	0.000	0.002	-0.003	0.002
	(0.44)	(1.53)	(-1.43)	(0.19)
ln Policy	0.010***	0.003**	-0.004*	-0.018
	(10.43)	(2.09)	(-1.71)	(-1.27)
ln Economic	-0.009**	0.008	0.018	-0.326*
	(-2.40)	(1.31)	(-0.98)	(-1.67)
ln Transportation	-0.001*	0.002	-0.006	0.058
	(-1.84)	(0.59)	(-0.57)	(1.08)
ln Infrastructure	-0.002	0.004	0.003	0.117
	(-0.68)	(1.02)	(0.25)	(0.49)
ln Communication	0.007***	-0.000	-0.001	-0.016
	(5.11)	(-0.03)	(-0.09)	(-0.17)
ln ICT	0.005***	0.009***	-0.001	0.077
	(3.66)	(7.29)	(-0.31)	(1.34)
2004年	-0.014***	-0.001	-0.003	0.015
	(-6.85)	(-0.37)	(-0.79)	(0.87)
2005年	0.001	-0.005	0.010	0.004
	(0.17)	(-1.01)	(1.01)	(0.10)
2006年	-0.004	-0.008	-0.001	0.007
	(-1.25)	(-1.46)	(-0.08)	(0.12)
2007年	-0.010**	-0.010*	0.003	0.009
	(-2.26)	(-1.68)	(0.19)	(0.12)
2008年	-0.020***	-0.018**	0.004	0.017
	(-3.63)	(-2.39)	(0.27)	(0.20)

续表

质量维度	企业质量	产品质量	社会贡献	环境度
2009 年	0.002 (0.37)	-0.006 (-0.78)	0.009 (0.55)	0.019 (0.19)
2010 年	-0.003 (-0.51)	-0.022** (-2.53)	0.002 (0.09)	0.029 (0.26)
2011 年	-0.013* (-1.69)	-0.020** (-2.30)	0.008 (0.38)	0.035 (0.28)
2012 年	-0.008 (-0.95)	-0.022** (-2.23)	-0.002 (-0.10)	0.040 (0.29)
2013 年	-0.015* (-1.82)	-0.025** (-2.51)	-0.003 (-0.15)	0.055 (0.38)
2014 年	-0.007 (-0.84)	-0.025** (-2.40)	-0.000 (-0.00)	0.071 (0.46)
2015 年	-0.015 (-1.59)	-0.027** (-2.49)	0.006 (0.23)	0.080 (0.50)
2016 年	-0.013 (-1.40)	-0.034*** (-3.12)	-0.023 (-0.88)	0.056 (0.34)
常数项	0.071 (1.16)	-0.134 (-1.42)	0.115 (0.48)	0.317 (0.08)
样本数	420	413	376	251

注：***为在 0.01 的水平上显著，**为 0.05 的水平上显著，*为在 0.1 的水平上显著，括号内的值为 t/z 值。

（一）内部因素的回归结果

1. 制造业基础条件

除了创新度和环境度外，产业规模对其他质量指标的影响系数都呈强烈显著（1%）的正相关。制造业企业一般需要大量的资本、设备和劳动力的投入进行生产经营，规模经济性是行业高质量发展的保障，企业规模始终是发展质量的坚实基础。制造业的增长率仅有助于企业和产品质量的提升。但增长率对效率度却起显著负相关作用，可见对于制造业来讲，产业的增长和发展的效率不可兼得。

2. 要素禀赋

资本深化变量仅正向影响制造业发展质量的增长度和效率度，且其强烈地负向影响开放度。全要素生产率变量正向影响制造业发展质量中的效率度、开放度和创新度,但却负向影响制造业发展质量中的环境度。

结合上面的实证结果,制造业的发展质量越来越多地需要技术来推动,而非仅靠单纯的资本和劳动力投入的增加来保证产业的增长,粗放型的发展方式已完全不能保证制造业的发展质量,集约型的发展方式能够强烈且积极地提升发展质量。

3. 产业结构

产业结构中的市场结构变量显著正向影响制造业发展质量中的增长度,负向影响制造业发展质量中的创新度和产品质量。企业的进入率越高,行业的竞争性就会越强,制造业越会以更快的速度增长,但此时却不利于行业的创新和产品质量的提升,其会导致制造业的纵向创新程度减弱。

此结果证明了"熊彼特假说"中垄断性的市场结构或规模较大的企业会更利于创新的理论。此外制造业升级程度的增加,也就是高技术企业所占的比重越多,越会促进效率度的提升、企业质量和环境度的改善。

高技术产业是21世纪知识经济时代的支柱产业,也是中国当下的战略性新兴产业的范畴。高技术企业能够依托科技进步与技术创新,以较快的速度增长、引入新的生产函数使企业产生新市场需求,有较高的收入需求弹性等特征,形成持续的和高速的增长率。这些方面都会提升制造业的效率,改进企业发展质量,同时在一定程度上有助于外部生态环境的改善。高技术产业作为主导性产业,也具有较强的关联效应,可以通过前向、后向和旁侧效应,带动其他产业发展乃至整个经济的增长,高技术产业在当下起着决定性的影响作用。

4. 开放度

企业的外销比重变量对制造业发展质量中对外开放和企业质量的变量呈正向影响作用,但会牺牲制造业发展质量的效率度。这说明外商直接投资仅有利于制造业的增长,却不利于行业效率的提升。另外开放度并没有影响环境度,没有涉及"污染避难所"假说的内容。

(二)外部环境因素的回归结果

1. 政策制度

政策制度较为显著地正向影响制造业发展质量中的效率度、创新度、企业质量和产品质量,其仅与社会贡献呈显著的负相关关系。国有企业的比例越高,说明行业内部的国家政策管制和垄断性越强,较强的制度约束环境对制造业的总体质量发展呈负面的影响(前述分析中得到),但却有利于"公平与效率"矛盾中的效率度因素;"熊彼特假说"中也论述了垄断性的市场结构有利于产业创新;供给侧结构性改革的政策措施也力图改善企业发展质量,进而提升产品品质,更好地实现人们对美好生活的向往。

2. 经济发展

前面的检验结果显示经济发展在外部环境中对发展质量的积极影响排在首位。经济环境的影响可以体现在多个方面:在生产方面,伴随着经济的发展,教育水平会提高,劳动力的素质和知识储备也会迅速提升;在较高的经济发展环境中,制造业技术引进、技术开发和技术创新的投入可以得到较好的保证;在市场方面,消费者的可支配收入增加,会使得消费能力和市场引力增加,同时储蓄量上升,又会进一步促进企业投资规模的扩大。经济发展变量对制造业发展质量八个维度的影响作用中,仅与开放度呈显著的正相关关系,与效率度、企业质量和环境度呈比较显著的负相关关系。

在经济全球化的进程中,中国经济飞速发展,确实增进了制造业国际化进程的速度,"中国制造"早已名扬海外,但在这个过程中却忽略了制造业效率的提升方面,企业在逐利的驱使下缺少对自身质量改进的深层认识,制造业带来的严重的环境污染也成为全社会关注的问题。

3. 交通运输和商业基础设施

制造业的发展要依赖于其生存的自然环境,同时交通运输和商业基础设施所处的行业也是制造业的前向和后向关联产业,制造业的高质量发展也会带动自然环境的升级和完善。交通运输状况的改善有助于制造业增长度的提升及对外开放程度的增加,但有损制造业的效率度,使得企业质量也受到负面的影响。商业基础设施仅仅促进了制造业的对外开放维度,与交通运输情况相同,其对制造业效率度的影响也是负面的。

此外以通信设备和信息通信技术的使用为代表的"工业4.0"技术因素,都非常显著地改善了制造业发展质量的效率度,并提升了企业发展质量。另外,信息通信技术因素与制造业发展质量维度的对外开放和产品质量也有非常显著的正相关关系。

第四节 小 结

本章在分析中国制造业发展质量的基础上,选择2004—2016年中国制造业30个具体行业的面板数据,分别对数据进行了统计分析、计量实证检验,分析了在中国制造业发展的近15年的时间里,尤其是"工业4.0"时期,中

国制造业发展质量各个维度的情况,得到如下结果:

(1) 统计分析得到,中国制造业销售产值增长的稳定性相对较差,呈现出"双M"形发展趋势,行业构成中烟草制品业、食品制造业、家具制造业、橡胶和塑料制品业、金属制品业、废弃资源和废旧材料回收加工业及电气机械及器材制造业增长的稳定性较好;制造业各个行业构成中,资本产出率始终远高于劳动生产率,这主要源于制造业仍然属于资本密集型产业,产出的增加主要靠资本投入的拉动来促进;中国制造业各行业的效率变化呈现波浪式发展态势,石油加工、炼焦和核燃料加工业的效率变化最为稳定。制造业各行业生产率总体增长情况较好。中国制造业全要素生产率的变化,主要由技术进步这个构成要素来影响;中国制造业规模以上企业单位数目的变化呈现出明显的"几"字形发展趋势,其中设备制造业企业数目始终居于首位。最后,中国制造业规模以上企业产成品数总体为逐年增长态势,设备相关制造业、食品相关制造业及纺织相关制造业的企业产成品大幅度回落。中国制造业企业出口交货值的增长速度较快。制造业企业发明专利申请数逐年上升,其中设备相关制造业的专利申请数在制造业中所占的比重最高。在"工业4.0"提出之后的几年里,中国制造业发展质量的主要构成维度指标基本呈现较好的发展状态。其中,产业创新变化在2013年前后较为显著。

(2) 通过面板数据模型,实证检验了包括"工业4.0"在内的中国制造业发展质量的产业内部和外部环境因素的影响情况。得到产业发展基础是促进发展质量提升的先决条件;技术水平是产业发展质量的核心推动要素;产业结构并不一定是提升产业发展质量的有利因素;制造业开放度没有显著影响产业的发展质量;政策制度是推动产业发展质量提升的强有力的"手"。外部环境因素中,经济环境的变化对制造业发展质量的影响并不一定是积极的;自然环境在一定程度上影响制造业发展质量;以"工业4.0"为代表的技术环境是中国制造业发展质量的重要"装备"保证。

(3) 实证检验中看到,通信设备的应用是制造业发展质量的硬件条件,信息通信技术会积极促进制造业增长度、效率度的提升和环境度的改善。虽然"工业4.0"战略提出的年份较近,其"代际效应"和"提振效应"尚未完全呈现出来,但是针对"工业4.0"的智能化时代,中国制造业应该选择性地消化并吸收外来的先进技术,逐步提高制造业自主创新能力,以内生的技术进步全面推动制造业的发展。

第八章 "工业4.0"影响中国制造业技术进步的路径分析

在经济全球化及中国经济新常态的发展阶段，中国制造业向"工业4.0"方向迈进的过程中，技术创新在促进发展质量提升方面发挥着重要的作用。借助"工业4.0"的代际效应和提振效应，探寻推动制造业增长及促进制造业发展质量提升的技术路径，是当下中国制造业面临的重要问题。

从前面第四章、第六章和第七章的分析中看到，中国制造业发展质量的关键因素，以及"工业4.0"变革的核心都是由于技术的变革推动的，因此，借助于"工业4.0"带来的代际效应和提振效应，探寻中国制造业技术进步的路径，成为中国制造业发展质量提升的关键所在。中国制造业要全面提高发展质量，需要以技术为依托，通过技术创新来促进行业内外各方面的全面发展。而选择适宜的技术进步路径成为中国制造业应对"工业4.0"带来的代际效应和提振效应的主要对策。本章从制造业内部和外部两个层面，探讨在"工业4.0"时代，不同技术进步路径对制造业增长及发展质量的影响。

第一节 "工业4.0"影响中国制造业技术进步路径的类型

一、技术进步类型之争

从长期的可持续发展角度来讲，技术进步不仅是推动中国制造业快速增长的根本动力，更是提升中国制造业发展质量的基本路径。在理论上，如何实现发展中国家工业化水平一直是经济学家感兴趣的话题，对于技术进步的路径和选择方式始终存在两种不同的观点：基于比较优势理论的"要素禀赋学说"以及与此相对立的竞争优势理论的"技术赶超说"。

（一）要素禀赋学说

以林毅夫为代表的基于比较优势理论的要素禀赋说认为，技术进步的路径，应该采取要素禀赋升级带动技术升级的"渐进式"方式的技术进步路径。林毅夫和张鹏飞（2005）认为，国家的要素禀赋结构内生决定了一个国家最适宜（优）的技术结构。如果一个发展中国家选择与国家内部要素禀赋结构相一致的技术结构，那么这个发展中国家与发达国家在全要素生产率以及每个劳动力的人均产出上的差异就会变得最小。

布雷兹尼茨等（Breznitz & Murphree，2011）指出，虽然中国在国际分工环境中实现了快速的增长，但是中国的创新资源较少以及创新能力仍然较弱。同时中国研发资源禀赋要远远低于经济发达国家，研发资源禀赋也并不具有比较优势，相反，它还具有比较劣势。

（二）技术赶超说

以郭克莎为代表的部分学者，坚持遵循竞争优势下的"技术赶超论"的技术进步路径，认为在竞争优势战略下，发展中国家在技术进步上必须走"技术赶超"路线。该观点认为，如果长期坚持比较优势，那么中国将错失发展技术密集型产业的机遇，会与国外经济发达国家的技术差距越来越大，不利于中国由经济大国向经济强国转变。

在各国的实践领域中，技术进步路径主要有国外技术引进与模仿、外商直接投资与模仿、自主研发等主要的技术选择模式。

凯勒（Keller，2004）认为，技术引进以及在此技术引进基础上，中国大多数产业的技术主要来源于发达国家的技术扩散，接受发达国家对中国的扩散，成为现阶段技术进步的主要内容。斯蒂格里茨（Stiglitz，2000）的研究结果也提出，发展中国家需要"全球搜寻和本地再开发"，因此他呼吁要特别重视本土的研发工作。

虽然利用技术引进为主的技术进步路径，在短期内能够使发展中国家缩小同发达国家之间的技术差距（Mansfiled，1981；Aitken & Harrison，1999；金碚，2004；林毅夫和张鹏飞，2005；吴延兵，2008；Molinari et al.，2013），但长期来看，会造成技术的依赖性（范承泽等，2008），更严重的情况是会扩大发展中国家与发达国家之间的技术差距（Kim & Inkpen，2005）。

二、"工业4.0"影响中国制造业技术进步的路径

无论在理论中还是实践中，关于技术进步路径的探讨都比较系统，观点也比较成熟。尽管如此，具体涉及中国制造业增长与发展质量的技术进步路径问题的研究尚不多见。中国制造业规模庞大，不同的细分行业发展阶段、技术水平等要素禀赋也有着显著的差异性，不同技术路径的选择也具有较大

差异性。本书接下来对中国制造业及不同类型制造业行业的技术进步路径选择问题进行研究，以期为中国制造业在产业层面实施技术进步战略提供决策依据。

接下来主要从两个方面进行探讨：内生的技术进步路径和外生的技术进步路径。内生的技术进步路径是指自主创新，在"工业4.0"的代际作用下，中国制造业正在逐步地将技术引进改为技术创新，试图通过弯道超车追赶发达国家的技术水平；外生的技术进步路径包括外商直接投资的技术溢出、科技创新的提振与代际效应、政府的科技支持及教育水平的拉动。

由于中国制造业的行业范畴较大，在"工业4.0"的作用下不同技术路径对制造业的影响可能会有所差异。学术研究中按照要素密集程度对制造业进行分类较多，本章也采用此种方法，将制造业分为劳动密集型、资本密集型和技术密集型三种不同的行业类别，具体划分的行业可以参见第一章绪论部分的表1.1和表1.2的内容。

第二节 内生技术进步路径

内生的技术进步以自主创新为主要路径。内生增长理论认为，经济的增长不依赖于外力的推动，而是依靠生产率的提高，企业的行为来决定，这时的技术进步是内生的。如图8.1所示，内生的技术进步也成为保证经济持续增长的决定性因素。完全竞争条件下的内生经济增长模型包括罗默（Romer，1986）的知识溢出模型（认为知识能够提高全社会的生产力），以及卢卡斯（Lucas，1988）的人力资本模型（认为专业化人力资本积累能够促进经济的持续发展）。而垄断竞争条件下的内生增长模型如产品种类增加模型，这种创新是指水平型的技术进步，该理论以品牌多样化问题为基础，伴随着经济中可获得的产品数量的不断增加，企业的全要素生产率会不断提高，这会极大地促进经济的增长（Dixit & Stiglitz，1977）。其次是产品质量提高型模型，又被称为垂直型技术创新，是以罗默（Romer，1990）、格罗斯曼等（Grossman & Helpman，1991；Aghion & Howitt，1992）的研究为代表，认为研发会使得产品质量逐渐提升，而更高质量的产品将会完全替代原有低质量水平的产品，如果这个替代的过程不断持续下去，最终产品质量的不断改进能够积极地促进经济的持续增长。最后是专业化加深型内生增长模型，认为劳动分工以及专业化的加深是导致经济长期增长的原因（Backer & Muphy，1992）。另外，自主创新对制造业结构的作用还要受创新结构、创新类型、创新成果转化等因素的影响（傅元海等，2014）。

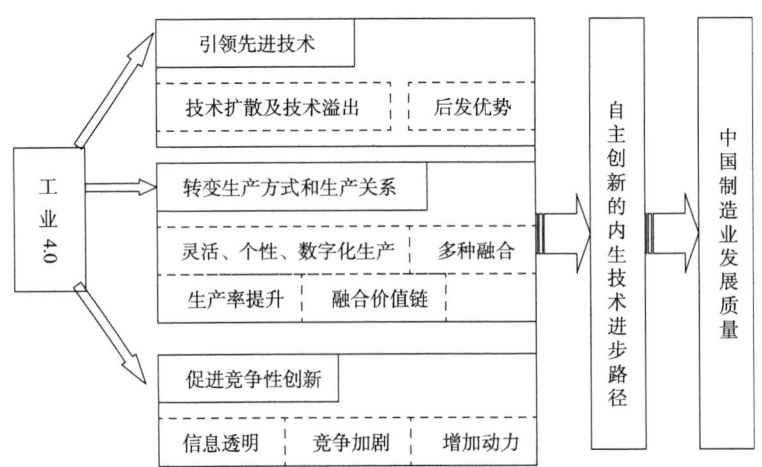

图 8.1　"工业 4.0"促进中国制造业发展质量的内生技术进步路径

本书前面第六章中，分析了"工业 4.0"的代际效应对中国制造业发展质量的影响，其中"工业 4.0"对制造业企业创新度产生了影响，下一步"工业 4.0"还会升级中国制造业技术。

首先，"工业 4.0"作为战略方针，能够引领中国制造业的快速技术创新，有利于制造业高端技术的扩散和应用。中国制造业不必花费巨额成本而通过技术渗透和技术溢出作用快速获取先进技术。企业可以通过后发优势，根据已有的发展模式，引进先进国家的技术、设备和资金，节省自身研究与开发的时间和费用支出，较快地消化并吸收先进技术，培养技术型人才，逐渐实现自身的自主创新，并通过自主创新，提升制造业发展质量。

其次，"工业 4.0"通过改变传统制造业企业的生产方式和生产关系，激发制造业自主创新能力。"智能生产"为企业提供了高度灵活的个性化生产、专业化生产和数字化生产方式。新一代互联网技术、高科技信息技术与传统企业生产流程的互动融合，将极大提升制造业的劳动生产率及资本生产率，首先是人与机器的融合，其次是全价值链的融合。传统制造业的制造系统中硬件和软件并没有太多的联系，只要做到兼容即可，生产模式较为分散。而在"工业 4.0"时期，在生产的全价值链中，产品开发、加工制造、售后服务都由 CPS 技术支撑，消费者的个性需求信息贯穿整个流程。工作人员可以实时准确地对流程进行监控，这种新的核心技术实现了智能化的全价值链的高效融合。同时在消费者的市场中，智能终端的普及和使用成为市场"智能化"需求增长效应凸显的主要助推力。这也实现了虚拟世界和现实世界的结合。

最后,"工业4.0"带来的信息化及大数据范式的应用,增强了产业内企业信息的对称性,企业之间竞争性的加剧成为制造业企业的创新动力,企业由于竞争性创新而实现内生性技术进步。

由此,提出研究假说1:"工业4.0"对中国制造业的代际影响会促进中国制造业的自主创新,自主创新作为内生性的技术进步能够全面促进制造业的增长,并提升中国制造业的发展质量。

第三节 外商技术溢出的路径

外商直接投资技术溢出的研究在国内外相对比较成熟,包括水平技术溢出方式,如:哈斯克尔等(Haskel et al.,2007)认为,跨国公司为了实现资源最优配置,会选择利用自身技术优势与东道国企业开展合作,从而对东道国同行业企业产生技术外溢效应。垂直技术溢出,如:雅沃西克(Javorcik,2004)从行业层面分析了外国子公司与其上游部门的当地供应商之间,在接触中通过外国直接投资的技术溢出对生产率产生积极效应。技术溢出可以通过学习示范、"干中学"及劳动力在企业之间的流动等多种途径实现,通过其增加市场范围和诱导生产者服务更加专业化的能力,提高国有工业的生产力和提高国家福利(Rivera-Batiz & Rivera-Batiz,1990)。

外资技术溢出的作用受到多种条件的限制,如果没有本地产业技术能力的作用,外资不会发生技术溢出作用,进而优化制造业结构(傅元海等,2014),当地公司从国外供应商那里得到更好的产品并投入技术支持,更有可能提高效率,而当接受者具有较高的吸收能力并且位于知识源附近时,这种知识转移更有效(Liang,2017);亦有研究认为,外国直接投资对发展中国家全要素生产率没有显著影响(Ashraf et al.,2016)。

外商直接投资对中国制造业的影响程度具有不确定性,一方面,国外资本和技术的引进会提高制造业中资本密集型和技术密集型企业的生产效率和技术水平,增加产品品种并提高产品质量,提高资源的利用效率;但另一方面,当前中国制造业在世界价值链中处于低端环节,外商投资领域的企业主要从事加工组装及劳动力密集型产品的生产,而这会增加工业污染物的排放,加重环境负担。因此,外商直接投资的技术溢出,对中国制造业发展质量的影响具有不确定性,需要通过进一步实证检验。

第六章中，我们分析了"工业4.0"的提振效应对中国制造业发展质量的影响，认为会增加中国制造业对外交流的机会，中国目前对外出口的产品仍然集中于劳动密集型行业中，但是随着"工业4.0"带来的新技术和新模式下的新产品，以及对于资本设备依赖性的减弱，外商直接投资对不同要素类型行业的影响程度可能不同。

进而提出研究假说2：在"工业4.0"的助推下，国外技术引进的技术溢出效应对中国制造业增长和发展质量会产生影响，但是影响的方向和影响的程度可能具有不确定性，不同要素类型的制造业所受的影响可能会有差异。

第四节 科技创新的技术溢出路径

工业革命是人类社会经济发展的重要里程碑，对制造业的发展尤其重要，它是制造业生产方式的革命式转变、生产力的巨大释放及生产关系变革的分水岭。以人工智能、大数据的应用及物联网等为典型代表的第四次工业革命正蓄积能量，预意全面改变人类的生产和生活方式。中国制造业如何在当下的重要契机中，提升行业发展质量，是全社会关注的重要问题。

第五章指出，技术创新是经济发展的重要动力和源泉，"工业4.0"将通过"消费智能化"和"生产智能化"对经济发展产生巨大冲击。"工业4.0"时代的新技术带来了全社会的系统性的发展变革，引发了中国制造业发展质量的变异，展现了较好的发展前景。要发挥新技术对中国制造业更好的提振效应和代际效应，需要共同探索新技术时代提升中国制造业发展质量的路径。

（1）新技术带来的"智能制造"颠覆了传统的生产方式和销售方式，重构了价值链，保证了制造业的快速增长和生产效率的提升。"工业4.0"的基础之一是"智能制造"，也就是充分利用信息通信技术和网络虚拟系统，使得制造业不断地向智能化转型。"智能工厂"和"智能生产"成为"工业4.0"时代工业企业的生产方式。

《中国制造2025》中明确将"智能制造"确定为当下中国制造业的主攻方向，"智能制造"也是中国制造业未来的整体规划和路线图目标，该规划同时指出用三个十年左右的时间，完成中国从制造业大国向制造业强国的重大转变，同时还要实现互联网与传统工业行业的深度融合，这些都成为中国制造业由大变强的基本路径。

首先是对生产率的影响。如前面章节的论述，在之前的三次工业革命中，蒸汽机的引入、泰勒制和自动化及计算机化，这些革命的效果主要是显著地提高了生产率（Schuh et al.，2013a），"工业4.0"通过合作推进决策制定、仿真和绩效，更加显著地提升企业的生产率（Schuh et al.，2014a）。其次是对生产方式的影响。格鲁伯（Gruber，2013）的研究结果得到，"工业4.0"是工业生产方式的新一轮革新，"工业4.0"是继第一个自动纺织机、第一条流水线以及第一个可编程逻辑控制器（programmable logic controller，PLC）诞生之后，通过互联网、大数据、云计算以及物联网等诸多新技术，给传统工业生产带来的革命性改变。

新一轮的产业革命和信息技术得到了迅速的发展，新技术也得到了广泛的应用，在这种条件下，德国积极地将先进、适用的信息技术应用于机械和装备制造业中，而且在嵌入式系统以及自动化工程领域都取得了显著的成绩（Voudouris et al.，2012）。裴长洪和于燕（2014）认为，作为一种全新的工业生产方式，"工业4.0"战略通过技术能够实现实体物理世界与虚拟网络世界的相互深度融合，此项技术深刻反映了人机关系的变革，也反映了网络化与社会化组织模式的具体应用。

技术创新是经济发展的重要动力和主要源泉。"工业4.0"将通过"消费智能化"和"生产智能化"对经济发展产生巨大冲击。

（2）新技术提振了制造业内部的产业创新。杜传忠和杨志坤（2015）认为，德国"工业4.0"战略的智能化、数字化以及服务化成为制造业发展的基本方向，中国制造业企业可以大力借鉴，包括系统、关联、集成、协同和融合的制造业产业体系，可以充分发挥中小制造业企业的有效机制，大规模、个性化和定制化的生产方式，完善技术创新平台、统一工业制造业标准，充分发挥人力资源潜力等。充分利用已经具有的信息技术基础设施，采取从上而下的方式一步步地推进（张曙，2014）。

（3）新技术将提升产品质量，实现绿色生产，有助于提升制造业的环境友好度。"智能制造"是实现企业绿色生产的有效路径之一。中国工业和信息化部从2015年以来，为加快推动智能制造新模式的复制推广，启动了一系列智能制造试点示范专项行动，比如2017年智能制造试点示范项目——河北银隆新能源有限公司的钛酸锂电池数字化车间试点示范、北方奥钛纳米技术有限公司的钛酸锂材料智能制造试点，以打造实践产品全生命周期理念，建立绿色制造体系相关评价体系，开展产品绿色设计，建设企业绿色工厂，打造绿色供应链，以带动区域工业绿色转型发展。

由此提出研究假说3：科技创新带来的技术变革会显著提升中国制造业的发展质量。

第五节 政府的科技支持和发展教育的技术路径

关于政府研发补贴对企业研发活动的作用是积极的还是消极的，国内外学者进行了大量的探讨：一部分学者认为，获得研发补贴的项目，更有可能具有诸如参与新的研究，以及与大学和其他公司建立联系等属性（Feldman & Kelley，2006），与没有得到政府资助的同行和同样的公司相比，得到政府资助的公司会有更高的技术和商业化创新产出（Di et al.，2016）；但另一种观点认为，政府主导的技术创新活动是一条发展中国家可以借鉴的技术进步路径，但政府的直接以及间接支持不利于技术创新效率的提升（肖文和林高榜，2014），政府研发补贴减少了企业对研发投资的压力（Wallsten，2000）。

政府对技术发展支持的推动效应对中国制造业发展质量的影响具有不确定性，这其中会受政府资助结构，企业对资金的使用效率，企业可能的寻租行为以及不同行业企业的异质性等多方面的影响，需要进一步的实证检验。

技术作为知识产品，具有很强的自我积累性，而这种积累是要通过人力资本来最终发挥作用的。内生经济增长理论认为，人力资本的不断积累会提高社会生产的技术水平。博伦斯泰因（Borensztein，1998）开创性的研究，得出东道国人力资本投资对于技术吸收非常重要，当东道国人力资本存量足够丰裕时，才能充分吸收外商直接投资的技术外溢。人力资本的积累和延续是需要教育来拉动的，因此一个国家或地区的教育水平也是促进技术进步的重要影响因素。

在"工业4.0"新技术变革的重要历史阶段，制造业的生产和营销的"智能化""数字化""互联化"都需要具有较高技能的劳动力来实现，因此教育在这个过程中无疑成了制造业发展和发展质量的重要影响因素之一，尤其会影响劳动密集型以及资本密集型的行业。

研究假说4a：政府的研发支持的补贴效应对中国制造业的影响具有不确定性。

研究假说4b：国家和地区教育的改善能够提升中国制造业发展的质量，对劳动密集型和资本密集型的行业会更显著。

第六节 "工业4.0"影响中国制造业技术进步路径的实证

一、计量模型的构建与变量指标选取

首先构建基本回归模型。不同的技术进步类型、中国制造业增长和发展质量，三者会存在密切的关系，因此需要通过联立方程模型的回归方法对变量进行回归分析，构建的计量模型如下：

$$\ln Growth_{it} = \alpha_0 + \alpha_1 \ln Quality_{it} + \alpha_2 \ln TFP_{it} + \alpha_3 \ln FDI_{it} + \alpha_4 \ln Tech_{it} + \alpha_5 \ln Gov_{it} + \alpha_6 \ln Edu_{it} + \varepsilon_{it} \quad (8-1)$$

$$\ln Quality_{it} = \beta_0 + \beta_1 \ln Growth_{it} + \beta_2 \ln TFP_{it} + \beta_3 \ln FDI_{it} + \beta_4 \ln Tech_t + \beta_5 \ln Gov_{it} + \beta_6 \ln Edu_t + \varepsilon_{it} \quad (8-2)$$

$$\ln TFP_{it} = \gamma_0 + \gamma_1 \ln Growth_{it} + \gamma_2 \ln Quality_{it} + \gamma_3 \ln FDI_{it} + \gamma_4 \ln Tech_t + \gamma_5 \ln Gov_{it} + \gamma_6 \ln Edu_t + \varepsilon_{it} \quad (8-3)$$

$$i = 1, 2, \cdots, 30, \quad t = 1, 2, \cdots, 14$$

其中，i 为制造业各行业（$i = 30$ 时为制造业总体），t 为年份，表示2003—2016年。$Growth$ 为制造业增长变量，$Quality$ 为制造业发展质量，TFP，FDI，$Tech$，Gov，Edu 分别为制造业内生技术进步（自主创新）、外资直接投资、科技创新、政府的科技支持及教育水平。

在数据的获取过程中，制造业发展质量、全要素生产率和市场结构的数值是经过计算得到的，在回归模型中不需要取对数，在方程中加入它们的平方项。

除了技术进步路径外，制造业的实际发展还受其他诸多因素的影响，因此需要增加控制变量，以解决遗漏变量问题。故上述联立方程转化成如下形式。

$$\ln Growth_{it} = \alpha_0 + \alpha_1 Quality_{it} + \alpha_2 Quality_{it}^2 + \alpha_3 TFP_{it} + \alpha_4 TFP_{it}^2 + \alpha_5 \ln FDI_{it} + \alpha_6 \ln ICT_t + \alpha_7 \ln Comm_t + \alpha_8 \ln Gov_{it} + \alpha_9 \ln Edu_t + \alpha_{10} \ln L_{it} + \alpha_{11} \ln K_{it} + \varepsilon_{it} \quad (8-4)$$

$$Quality_{it} = \beta_0 + \beta_1 \ln Growth_{it} + \beta_2 TFP_{it} + \beta_3 TFP_{it}^2 + \beta_4 \ln FDI_{it} + \beta_5 \ln ICT_t + \beta_6 \ln Comm_t + \beta_7 \ln Gov_{it} + \beta_8 \ln Edu_t + \beta_9 \ln Capital_{it} + \beta_9 \ln Upgrade_{it} + \varepsilon_{it} \quad (8-5)$$

$$TFP_{it} = \gamma_0 + \gamma_1 \ln Growth_{it} + \gamma_2 Quality_{it} + \gamma_3 Quality_{it}^2 + \gamma_5 \ln FDI_{it} + \gamma_6 ICT_t + \gamma_7 \ln Comm_t + \gamma_8 \ln Gov_{it} + \gamma_9 \ln Edu_t + \gamma_{10} \ln L_{it} + \gamma_{11} \ln K_{it} + \gamma_{12} MarketS_{it} + \gamma_{13} MarketS_{it}^2 + \varepsilon_{it}$$

$$i = 1, 2, \cdots, 30, \quad t = 1, 2, \cdots, 14 \quad (8-6)$$

ICT 和 *Comm* 表示信息通信技术和通信设备，*L* 和 *K* 表示制造业劳动力和资本的投入量，*Upgrade* 和 *MarketS* 表示产业升级度和市场结构，*Capital* 表示资本劳动比。科技创新和教育水平没有行业的差异，下标只有 t。

（1）被解释变量。①制造业增长为在当下中国经济发展阶段和发展模式下能够突出体现制造业发展情况的重要指标之一，使用规模以上制造业企业工业销售产值（亿元）数据，以 1978 年为基期使用居民消费价格指数（1978 为 100）对此数据进行平减，以消除价格变化带来的波动性问题。②制造业发展质量。相比于制造业增长，制造业发展质量是一个综合的指标，此指标既要考虑短期的发展目标，也要考虑长期的可持续发展问题，这需要兼顾经济效益、社会贡献及环境效应等多个方面。采用本书前面章节得到的八个维度构建的制造业发展质量评价体系，并基于评价体系使用变异系数法得到的 2003—2016 年中国制造业各行业发展质量的截面数据值。③制造业的内生技术进步，采用全要素生产率指标表示，数值通过目前较有影响且引用率较高的 Malmquist 指数方法运用 DEAP2.1 软件计算得到，如前面章节所述，其中投入数据包括资本和劳动力，分别采用规模以上制造业企业资产总额和企业平均用工人数表示，产出数据采取规模以上制造业企业的销售产值指标，同时资产总额以 1978 年为基期的当年的消费价格指数进行了平减得到。

（2）主要解释变量。外生的技术进步中，外商直接投资是技术溢出的主要载体，采用制造业外商和中国港澳台商投资企业的固定资产数据占制造业规模以上企业资产比这个变量表示；科技创新以信息通信技术（用互联网普及率）和通信设备［光缆线路长度（公里）］衡量；政府的科技支持由企业科技活动经费筹集政府资金占研发经费内部支出比表示；教育水平用高技能劳动力的比例即研究生毕业生人数占就业人员总数百分比衡量。

（3）其他控制变量。按照科布—道格拉斯生产函数，经济增长的主要影响变量为劳动力和资本的投入量。

公式（8-4）中，劳动力使用规模以上制造业企业平均用工人数，资本使用规模以上制造业企业资产总额表示。

公式（8-5）中参照第八章中影响发展质量的因素，选取主要变量：资本劳动比（规模以上制造业企业资产总额/平均用工人数）和产业升级（制造业中高技术产业主营业务收入占制造业销售产值的百分比）。

公式（8-6）中，需加入劳动力和资本投入变量，另外按照"熊彼特假说"市场结构会影响技术创新的理论，应加入市场结构变量（企业的进入率，体现垄断竞争程度）。

制造业发展质量指标的数据分别来源于各个年份的《中国统计年鉴》《中国科技统计年鉴》《中国能源统计年鉴》《中国工业经济统计年鉴》《中国环境统计年鉴》,高技术产业主营业务收入数据来源于各年份的《中国科技统计年鉴》,其他的数据来源于各年份的《中国统计年鉴》以及《中国工业经济统计年鉴》。

二、影响结果及分析

使用Stata13.0计量软件,对以上收集和整理的数据进行实证检验,数据分析结果显示此数据类型为平衡面板数据。在由两个及以上方程构成的计量模型中,由于内生变量的存在,系统估计方法一般比逐个估计每个方程的方法(如最小二乘法)更有效率。

联立方程模型的研究文献中普遍采用泽尔纳等(Zellner & Theil, 1962)的"三阶段最小二乘法"(3SLS)进行估计,3SLS估计量是最优的广义矩估计(GMM),因为其可以较好地克服不同方程随机误差项同期相关问题,以提高整体的估计效率。

但3SLS不能直接对面板数据回归,需要对所使用数据进行组内去"心",虽然这样会使得样本的总容量减小,但此操作去除了个体效应和时间效应,变成混合横截面数据,会更具有可执行性。

(一)制造业总体样本的回归结果

通过联立方程模型估计回归结果之前,需要考察该方程组的识别问题。如经过检验,该联立方程为过度识别模型,则证明使用3SLS估计量是较为有效的。

为了减少估计标准误差以得到更加有效的估计量,在3SLS中同时使用迭代式3SLS、自助抽样法(Bootstrap稳健型标准误)及解决扰动项相关的似不相关回归(SUR)。得到的估计结果见表8.1。

表8.1 制造业联立方程估计结果

lnGrowth	3SLS		3SLS 迭代		Bootstrap		SUR	
	系数	Z值	系数	Z值	系数	Z值	系数	Z值
$Quality$	-9.607***	-2.67	-18.67**	-2.18	-9.607**	-1.24	-1.000**	-2.16
$Quality^2$	15.010***	2.68	28.00**	2.08	15.010**	1.24	2.328**	3.07
TFP	0.729***	3.1	1.453***	2.69	0.729**	1.56	0.088***	2.84

续表

$\ln Growth$	3SLS		3SLS 迭代		Bootstrap		SUR	
	系数	Z值	系数	Z值	系数	Z值	系数	Z值
TFP^2	-0.176***	-3.17	-0.343***	-2.67	-0.176**	-1.61	-0.029***	-3.76
$\ln FDI$	0.016	0.16	0.197	0.80	0.016	0.08	-0.155***	-3.19
$\ln ICT$	0.220**	2.55	0.454**	2.20	0.220	1.25	0.031	0.75
$\ln Comm$	-0.391***	-3.16	-0.727**	-2.46	-0.391**	-1.83	-0.096**	-2.31
$\ln Gov$	-0.00595	-0.30	0.00308	0.06	-0.006	-0.17	-0.012	-0.92
$\ln Edu$	0.610***	4.21	0.719*	1.89	0.610***	2.86	0.494***	5.79
$\ln L$	0.470***	4.65	0.405	1.55	0.470***	3.92	0.543***	8.56
$\ln K$	0.774***	6.69	0.860***	2.88	0.774***	5.96	0.678***	9.29
常数项	9.475***	3.3	16.23**	2.31	9.475**	2.01	3.243***	2.88
$Quality$								
$\ln Growth$	0.009	0.16	0.009	0.16	0.009	0.18	0.019	1.07
TFP	0.835***	3.92	0.810***	3.89	0.835***	3.27	0.086***	4.34
TFP^2	-0.199***	-3.82	-0.193***	-3.79	-0.199***	-3.14	-0.014***	-2.77
$\ln FDI$	0.046	0.48	0.044	0.47	0.046	0.73	0.072***	2.20
$\ln ICT$	0.919***	2.75	0.859***	2.68	0.919***	2.74	0.080	0.94
$\ln Comm$	-0.960***	-3.06	-0.903***	-2.99	-0.960***	-2.87	-0.078	-1.10
$\ln Gov$	0.026	1.00	0.025	0.97	0.026	1.04	0.018***	2.01
$\ln Edu$	0.149	0.78	0.144	0.76	0.149	0.71	-0.165***	-2.82
$\ln Capital$	0.191	1.43	0.178	1.35	0.191**	1.17	0.078*	1.73
$\ln Upgrade$	1.789**	2.26	1.641**	2.17	1.789***	2.35	-0.101	-0.48
常数项	16.210***	2.78	15.230**	2.71	16.210***	2.65	-0.446	-0.35
TFP								
$\ln Growth$	-26.230***	-3.66	-25.060***	-3.28	-26.230***	-2.71	-3.215***	-4.82
$Quality$	2.542	0.05	8.918	0.17	2.542	0.05	12.730***	3.08
$Quality^2$	21.490	0.25	9.883	0.11	21.490	0.24	-5.385	-0.76
$\ln FDI$	-4.635***	-3.02	-4.658***	-3.00	-4.635**	-2.24	-1.148***	-2.39
$\ln ICT$	0.827	0.70	1.085	0.89	0.827	0.60	0.021	0.05

续表

ln$Growth$	3SLS		3SLS 迭代		Bootstrap		SUR	
	系数	Z 值	系数	Z 值	系数	Z 值	系数	Z 值
ln$Comm$	0.051	0.05	0.259	0.24	0.051	0.04	1.461***	3.73
lnGov	−0.435	−1.19	−0.430	−1.16	−0.435	−0.82	−0.262**	−2.11
lnEdu	7.985***	2.37	6.715**	1.85	7.985	1.60	−0.013	0.01
ln$L$	13.920***	3.30	13.340***	3.01	13.920***	2.36	2.685***	3.86
ln$K$	18.120***	3.38	17.230***	3.01	18.120*	2.59	0.846	0.99
$MarketS$	8.931*	1.91	11.980**	2.20	8.931	1.60	5.028***	2.59
$MarketS^2$	−10.740	−0.84	−19.350	−1.29	−10.740	−0.70	−4.524	−0.84
常数项	2.429	0.07	−10.320	−0.29	2.429	0.05	−35.33***	−2.79
N	173	—	173	—	—173	—	173	—
R^2	0.938		0.771		0.938		0.986	

注：＊＊＊为在0.01的水平上显著，＊＊为在0.05的水平上显著，＊为在0.1的水平上显著。

从表8.1中的各个估计结果看到，制造业增长对制造业发展质量的影响并没有通过相关性检验，但是制造业发展质量对制造业增长却呈现出5%显著水平上的"U"形相关关系，通过计算得到SUR模型中拐点处的发展质量的值为0.21，其他方法中值为0.32~0.33，说明在制造业发展的早期阶段，要保证较好的发展质量需要以牺牲制造业的增长为代价，但是当发展质量值超过0.33时，随着发展质量的提升，制造业会以较快的速度增长，按照前面章节的分析，中国制造业各细分行业的发展质量均已超过0.35。

相比于诸多因素的估计结果，内生的技术进步与制造业增长和发展质量关系的显著程度排在首位，其与制造业增长和发展质量的关系均为显著的倒"U"形，随着内生的技术水平的提升，制造业会快速增长，并伴随发展质量的提升，经过较长时间技术水平的积累后，制造业会进入较为成熟的发展阶段，增长速度和发展质量会逐渐下降。

计算公式（8-4）在SUR模型估计拐点处的技术水平值经过计算为1.52，其他方法中计算得到的值为2.07~2.11，公式（8-5）在SUR模型估计拐点处的技术水平值为3.07，其他方法为2.10。

在回归分析中得到中国制造业总体平均TFP为1.10，尚未达到1.52的最低值水平，因此目前中国制造业内生的技术进步会积极促进制造业增长和发展质量的提高。

外商直接投资变量估计值仅在 SUR 估计模型中较为显著,对制造业增长的影响为显著的负相关,对制造业发展质量的影响却是正相关。说明一定程度上外商直接投资可以改善中国制造业发展质量,但是并不利于制造业增长。

以信息通信技术为指标的科技创新变量在 3SLS 和 3SLS 迭代模型中与制造业增长和发展质量的关系为显著的正相关,外生的科技创新带来的技术进步能够通过对制造业的提振效应和代际差异促进其总体改善,但是以通信设备为指标的科技创新对二者的影响都为显著的负相关,说明当下通信设备等基础设施的建设和使用并没有很好地发挥其作用,与制造业发展的匹配性还需要完善。

实证发现,政府的研发支持对制造业各行业增长的影响都不显著,对制造业发展质量的影响仅在 SUR 估计模型中为 1%正相关显著水平。教育水平对制造业增长均有显著的正向促进作用,但与制造业发展质量的关系仅在 Bootstrap 估计方法中显著,为负相关关系。

其他控制变量的情况:制造业劳动力及人力资本的投入会显著促进产业增长。资本劳动比即资本深化对发展质量的影响在 Bootstrap 和 SUR 估计模型中为显著正相关。除了 SUR 估计方法外,产业升级变量与制造业发展质量都为显著的正相关关系。

以上的实证检验结果,充分肯定了研究假说 1,部分证实了研究假说 2、假说 3 和假说 4。下面探讨中国制造业内生技术进步即自主创新的情况。

从公式(8-6)的估计结果中看出,制造业增长对自主创新的影响为 5%及以下显著性负相关,快速的增长率并不利于内部的技术创新。在 SUR 估计模型中,发展质量的提升、通信设备的增长有利于自主创新,而政府的研发支持变量为显著的负相关因素。

外商直接投资的技术溢出显著地负向影响自主创新,劳动力和资本的不断投入和积累会显著积极促进自主创新。

另外,除 Bootstrap 估计方法外,市场结构变量显著正向影响中国制造业自主创新,也就是说企业的进入率越高,创新的积极性越好,说明竞争性的市场是有益于技术创新的。

(二)劳动力密集型制造业的回归结果

基于前面对制造业进行的分组,下面分析不同要素密集度的制造业技术进步路径与制造业增长和发展质量之间的关系,以及是否存在技术进步路径选择的差异。分别使用三个子样本进行联立方程的回归检验,同前面的分析方法和分析步骤一样,对去"心"处理后的数据进行 3SLS 估计、迭代式 3SLS(在资本及技术密集型行业回归中,由于样本变小,不使用此方法)、Bootstrap 稳健型估计及 SUR 估计,估计结果见表 8.2。

表 8.2 劳动密集型制造业估计结果

lnGrowth	3SLS		3SLS 迭代		Bootstrap		SUR 模型	
	系数	Z值	系数	Z值	系数	Z值	系数	Z值
Quality	-22.910	-0.65	-33.400	-0.91	-22.910	-2.38	-1.961*	-1.83
$Quality^2$	39.990	0.60	32.830	0.48	39.990	2.27	4.804**	2.25
TFP	1.628	1.15	7.869***	3.33	1.628*	2.67	-0.021	-0.59
TFP^2	-0.394	-1.14	-1.851***	-3.19	-0.394*	-2.71	-0.003	-0.30
lnFDI	-0.115	-0.44	0.372	0.26	-0.115	-1.08	-0.299***	-4.98
lnICT	0.393	1.64	2.489***	2.20	0.393***	2.27	0.046	0.89
lnComm	-1.226	-1.15	-6.068**	-3.29	-1.226*	-2.55	0.020	0.38
lnGov	0.003	0.07	0.194	0.67	0.003	0.08	-0.018	-1.50
lnEdu	1.707	1.12	6.204*	1.77	1.707	2.39	0.273***	2.63
lnL	0.760	1.22	-0.880	-0.35	0.760	2.63	0.561***	5.18
lnK	0.759***	2.94	1.967	0.97	0.759	4.57	0.603***	7.04
常数项	30.340	1.04	141.400***	2.77	30.340*	2.38	-0.193	-0.13
Quality								
lnGrowth	0.035	0.44	-0.014	-0.24	0.035	0.52	0.073**	2.10
TFP	0.454***	4.54	0.459***	4.61	0.454***	3.95	0.096***	4.69
TFP^2	-0.106***	-4.36	-0.108***	-4.41	-0.106***	-3.75	-0.017***	-3.44
lnFDI	0.052	0.58	0.033	0.37	0.052	0.86	0.089**	2.07
lnICT	0.152	0.86	0.177**	2.04	0.152	0.60	-0.137	-1.30
lnComm	-0.375**	-2.06	-0.387***	-3.07	-0.375*	-1.48	0.085	0.95
lnGov	0.014	0.84	0.013	0.76	0.014	0.87	0.011	1.35
lnEdu	0.316*	1.80	0.330*	1.83	0.316*	1.85	-0.065	-0.91
lnCapital	0.062	0.45	0.095	0.72	0.062*	0.52	-0.043	-0.66
lnUpgrade	0.070	0.18	0.076	0.73	0.070	0.14	-0.525**	-2.14
常数项	7.814**	2.21	8.042***	2.97	7.814**	1.64	-2.171	-1.39

续表

lnGrowth	3SLS		3SLS 迭代		Bootstrap		SUR 模型	
	系数	Z值	系数	Z值	系数	Z值	系数	Z值
TFP								
lnGrowth	-76.680	-1.42	-82.850	-1.38	-76.680	-0.12	-5.255***	-3.99
Quality	204.200	0.48	242.800	0.51	204.200	0.08	-8.008	-0.61
Quality^2	-367.100	-0.44	-442.700	-0.47	-367.100	-0.08	42.720	1.63
lnFDI	-25.270	-1.37	-27.370	-1.33	-25.270	-0.40	-3.141***	-3.54
lnICT	7.816	1.01	8.742	1.01	7.816	0.33	0.685	0.93
lnComm	2.799	0.66	2.938	0.62	2.799	0.27	1.604***	2.64
lnGov	-0.732	-0.70	-0.740	-0.63	-0.732	-0.05	-0.385**	-2.42
lnEdu	7.717	0.55	7.893	0.50	7.717	0.07	-0.492	-0.30
lnL	36.100	1.41	38.270	1.34	36.100*	0.11	3.385**	2.17
lnK	49.630	1.34	53.900	1.30	49.630*	0.11	1.500	1.06
MarketS	41.320	1.05	46.720	1.07	41.320**	0.39	3.205	0.87
MarketS^2	-128.000	-0.99	-146.700	-1.01	-128.0**	-0.12	7.670	0.66
常数项	-166.500	-0.83	-182.300	-0.81	-166.500	-0.36	-43.750**	-2.13
N	85		85		85		85	
R^2	0.809		-3.416		0.809		0.992	

注：＊＊＊为在0.01的水平上显著，＊＊为在0.05的水平上显著，＊为在0.1的水平上显著。

表8.2的估计结果显示出了较大的行业差异性。对于劳动力密集型行业，在SUR估计模型中，制造业发展质量对制造业增长呈显著的"U"形相关，通过计算得到SUR模型中拐点处的发展质量值为0.20，同时制造业增长对制造业发展质量的影响通过了5%显著性水平的正相关性检验。故与制造业总体情况不同，当下的中国劳动力密集型制造业，其增长和发展质量是相互促进共同进步的。

在3SLS迭代和Bootstrap估计方法中，劳动力密集型制造业的内生技术进步与制造业增长呈显著的倒"U"形相关（计算得到拐点值分别为2.13和2.07），其与制造业发展质量也呈显著的倒"U"形相关（计算得到拐点值分别为2.14，2.13，2.14和2.82）。

仅在SUR模型中，外商直接投资对劳动密集型制造业增长为显著的负相关影响，而与发展质量是显著的正相关关系。以信息通信技术为指标的科技创新在 3SLS 迭代和 Bootstrap 估计方法中对劳动密集型制造业增长为显著的正相关影响，而以通信设备为指标的科技创新与劳动密集型制造业增长为负相关关系。在 3SLS 迭代估计方法中，信息通信技术对发展质量的影响也是正向的，除 SUR 估计方法外，通信设备与劳动密集型制造业发展质量同样也为负相关关系。

研究发现，政府的研发投入变量没有通过显著性检验。在 3SLS 迭代和 Bootstrap 估计方法中，教育水平对劳动力密集型制造业各行业增长均有显著的正向促进作用，在除 SUR 估计方法外，其与劳动力密集型制造业发展质量也都是显著的正相关的关系。产业升级变量在 SUR 估计方法中对劳动力密集型制造业发展质量的影响是负值。

以上分析看到，劳动力密集型制造业增长和发展质量的诸多影响变量中，相比于其他技术进步路径，内生的技术进步发挥的作用是最为显著的。

促进劳动力密集型制造业内生的技术进步的诸多影响中，Bootstrap 估计方法，仅得出劳动力、资本和市场结构三个变量的估计系数显著，其中劳动力和资本的系数是正相关关系，市场结构变量表现为倒"U"形相关，计算得到拐点值为 0.16。

在 SUR 估计方法中，显著正相关的变量是以通信设备为指标的科技创新与劳动力变量，而显著负相关的变量有劳动力密集型制造业增长、外商直接投资和政府的研发投入变量。除了市场结构变量的影响关系不完全一样外，促进劳动力密集型制造业内生的技术进步的诸多影响与制造业总体状况的估计结果相同。

(三) 资本密集型制造业的回归结果

表 8.3 的估计结果中，资本密集型的制造业的发展质量对行业增长的影响不显著，而行业增长对行业发展质量的影响在 Bootstrap 估计方法中表现为显著的负相关关系，但是在 SUR 估计方法中却为显著的正相关关系。

表 8.3 资本密集型制造业估计结果

ln$Growth$	3SLS		Bootstrap		SUR	
	系数	Z 值	系数	Z 值	系数	Z 值
$Quality$	-1.489	-0.52	-1.489	-0.28	-1.026	-0.94
$Quality^2$	2.161	0.47	2.161	0.26	2.442	1.33

续表

ln$Growth$	3SLS		Bootstrap		SUR	
	系数	Z值	系数	Z值	系数	Z值
TFP	-19.350	-1.52	-19.350***	-3.74	0.708	1.37
TFP^2	8.802	1.54	8.802***	3.78	-0.24	-1.03
lnFDI	-0.466	-1.05	-0.466	-1.59	0.007	0.08
lnICT	-0.389	-0.83	-0.389	-1.65	0.153**	2.56
ln$Comm$	-0.406	-0.86	-0.406	-0.53	-0.091	-0.79
lnGov	-0.438	-1.24	-0.438***	-3.02	0.084**	2.68
lnEdu	3.225*	1.65	3.225***	3.7	0.294**	2.14
ln$L$	1.630	1.84	1.63	1.6	0.430**	2.17
ln$K$	-0.644*	-0.64	-0.644	-0.52	0.728***	3.02
常数项	36.960	1.44	36.96*	1.72	1.759	0.67
$Quality$						
ln$Growth$	-0.402	-1.51	-0.402***	-3.27	0.104***	2.79
TFP	-47.480*	-1.76	-47.48***	-13.68	-0.373	-0.74
TFP^2	21.340*	1.76	21.34***	13.66	0.251	1.11
lnFDI	-1.250	-1.41	-1.250***	-4.76	0.033	0.39
lnICT	-3.027*	-1.71	-3.027***	-5.12	0.821***	3.54
ln$Comm$	1.043	0.98	1.043*	1.7	-0.963***	-4.49
lnGov	-1.211*	-1.65	-1.211***	-10.98	-0.009	-0.30
lnEdu	7.925*	1.74	7.925***	9.86	-0.447***	-3.00
ln$Capital$	-3.530*	-1.75	-3.530***	-5.16	0.602***	3.26
ln$Upgrade$	-4.460*	-1.70	-4.460***	-3.20	1.982***	3.43
常数项	79.270	1.55	79.27***	7.83	11.130***	3.56
TFP						
ln$Growth$	4.425**	2.33	4.425	0.85	1.887***	3.77
$Quality$	23.100*	1.85	23.100	0.67	5.119	1.46
$Quality^2$	-39.680*	-1.79	-39.680	-0.69	-6.414	-1.05
lnFDI	-0.334	-0.47	-0.334	-0.26	0.513*	1.68

续表

lnGrowth	3SLS		Bootstrap		SUR	
	系数	Z值	系数	Z值	系数	Z值
lnICT	-0.647*	-1.66	-0.647	-1.03	-0.739***	-3.57
lnComm	1.253*	1.84	1.253	0.55	0.830**	2.30
lnGov	-0.217	-1.40	-0.217	-0.63	-0.274***	-3.29
lnEdu	-1.131	-1.39	-1.131	-0.47	-0.177	-0.42
lnL	-0.624	-0.46	-0.624	-0.16	-0.679	-1.00
lnK	-4.821**	-1.97	-4.821	-0.74	-1.566*	-1.77
MarketS	-1.022	-0.75	-1.022	-0.34	-0.521	-0.72
$MarketS^2$	2.392	0.73	2.392	0.38	2.703	1.45
常数项	-26.240	-1.58	26.240	-0.60	-9.920	-1.20
N	37	—	37	—	37	—
R^2	0.711	—	0.711	—	0.991	—

注：***为在0.01的水平上显著，**为在0.05的水平上显著，*为在0.1的水平上显著。

Bootstrap估计方法中，内生的技术进步会在1%的显著性水平上影响资本密集型制造业的增长和发展质量，呈现为"U"形的非线性关系，计算后得到拐点值分别为1.10和1.11。

外商直接投资的技术溢出对资本密集型制造业增长的影响不显著，其却在Bootstrap估计方法中显著地负向影响发展质量。

在SUR估计方法中，信息通信技术与行业增长和发展质量都是显著的正相关关系，但在Bootstrap估计方法中，其与发展质量的关系却为显著负相关。

通信设备变量在Bootstrap估计方法中对发展质量的影响为正向的，在SUR估计方法中对发展质量的影响却为显著负相关。

Bootstrap估计方法中，政府的研发支持对制造业增长和发展质量的影响表现为显著的负相关，而在SUR估计方法中，却显著地正向促进发展质量变量。在三种估计方法中，仅教育水平对资本密集型的制造业增长的影响都是显著正相关的。

在诸多影响资本密集型制造业内生技术进步的因素中，行业增长变量呈显著的正相关关系（3SLS估计及SUR估计方法中），发展质量的影响关系是显著的倒"U"形（3SLS估计），计算拐点值为0.29。

仅在SUR估计方法中，外商直接投资正向促进内生技术进步。3SLS估计及SUR估计方法中，信息通信技术与内生技术进步是显著的负相关关系，通信设备对资本密集型制造业内生技术进步的影响是显著的正相关关系。

在SUR估计方法中，政府的科研投入是显著的负相关变量（SUR估计方法中），教育水平没有通过显著性水平检验。

(四) 技术密集型制造业的回归结果

技术密集型制造业的回归结果见表8.4。

表8.4 技术密集型制造业估计结果

技术密集型						
lnGrowth	3SLS		Bootstrap		SUR	
	系数	Z	系数	Z	系数	Z值
Quality	5.551*	1.87	5.551	0.91	-1.008	-1.14
Quality²	-8.130*	-1.83	-8.130	-0.87	1.251	0.94
TFP	0.017	0.08	0.017	0.04	0.242***	2.77
TFP²	-0.003	-0.04	-0.003	-0.02	-0.070**	-2.32
lnFDI	0.534***	3.32	0.534*	1.70	0.615***	4.87
lnICT	-0.043	-0.39	-0.043	-0.19	0.072	0.86
lnComm	-0.095	-0.75	-0.095	-0.56	0.024	0.26
lnGov	0.020	0.2	0.020	0.11	-0.073	-1.09
lnEdu	0.639***	3.02	0.639*	1.87	0.354**	2.28
lnL	-0.321	-0.98	-0.321	-0.46	0.015	0.07
lnK	1.116***	4.13	1.116**	2.11	0.822***	5.15
常数项	7.803**	2.14	7.803	1.21	3.224	1.37
Quality						
lnGrowth	-0.342	-1.11	-0.342	-1.15	-0.255***	-3.02
TFP	-1.474	-1.43	-1.474**	-2.33	-0.007	-0.09
TFP²	0.492	1.45	0.492**	2.29	0.013	0.5
lnFDI	1.194*	1.85	1.194**	2.18	0.485***	3.98
lnICT	-1.696	-1.28	-1.696**	-2.13	0.040	0.21
lnComm	1.163	1.22	1.163*	1.87	0.042	0.25

续表

技术密集型						
lnGov	0.249	1.16	0.249*	1.93	0.017	0.32
lnEdu	-0.347	-0.91	-0.347	-1.10	-0.198	-1.61
ln$Capital$	1.192*	1.78	1.192***	2.6	0.377***	2.99
ln$Upgrade$	-3.662	-1.37	-3.662**	-2.31	-0.319	-0.73
常数项	-23.370	-1.33	-23.370**	-1.96	-2.646	-0.85
TFP						
ln$Growth$	-115.100**	-1.97	-115.100***	-3.62	0.262	0.23
$Quality$	623.700*	1.93	623.700***	3.01	2.764	0.47
$Quality^2$	-931.500*	-1.91	-931.500***	-2.99	3.146	0.34
lnFDI	66.420*	1.83	66.420***	3.3	-1.682	-1.45
lnICT	8.537	0.81	8.537	1.15	-0.437	-0.55
ln$Comm$	-6.636	-0.98	-6.636	-0.91	1.061	1.65
lnGov	0.887	0.21	0.887	0.21	-0.259	-0.54
lnEdu	42.190***	2.64	42.190**	2.59	-0.635	-0.44
ln$L$	-50.900	-1.53	-50.900**	-2.44	2.038	1.46
ln$K$	136.300*	1.87	136.300***	3.29	-1.401	-0.90
$MarketS$	109.000	1.23	109.000**	2.82	5.687	1.58
$MarketS^2$	-243.400	-1.21	-243.400**	-2.38	-7.447	-0.75
常数项	600.100**	2.16	600.100**	2.38	-31.370*	-1.71
N	46	—	46	—	46	—
r^2	0.976		0.976		0.989	

注：＊＊＊为在0.01的水平上显著，＊＊为在0.05的水平上显著，＊为在0.1的水平上显著。

在技术密集型的制造业中，发展质量对行业增长的影响是倒"U"形关系（3SLS估计中），拐点值为0.34。行业增长对发展质量的影响为显著负相关关系（SUR估计方法中）。内生的技术进步会以1%的显著性水平影响技术密集型制造业的增长和发展质量水平，但分别为倒"U"形影响关系（SUR估计方法中）和"U"形（Bootstrap估计方法）的非线性关系，计算拐点值为1.73和1.50。

在所有估计方法中，外商直接投资的技术溢出与技术密集型制造业增长和发展质量的关系都为显著正相关。仅在 Bootstrap 估计方法中，信息通信技术对行业发展质量的影响是显著的负相关关系，但通信设备对行业发展质量的影响却为显著正相关。政府的科研投入变量对行业发展质量的影响在 10% 的显著性水平上正相关。在所有的估计方法中，教育水平对技术密集型制造业增长的影响都为显著正相关。其他的影响变量中，资本劳动比对技术密集型制造业发展质量的影响都为显著正相关，而产业升级在 Bootstrap 估计方法中对发展质量的影响为显著负相关。

在 SUR 估计方法中各估计系数，影响技术密集型制造业内生技术进步的因素都不显著，而 3SLS 和 Bootstrap 估计方法结果基本相同。行业增长对自主创新的影响是显著的负相关关系，显著正相关的影响变量是外商直接投资和教育水平，发展质量对技术密集型制造业内生技术进步的影响是显著的倒"U"形趋势，计算得到拐点值为 0.33。市场结构仅在 Bootstrap 估计方法中为显著的"U"形影响关系（拐点为 0.22）。

第七节 "工业 4.0"影响中国制造业技术进步路径的实证回归结果

通过制造业总体样本及分行业样本的回归估计结果，可以看到：

中国制造业增长与制造业发展质量之间存在一定的相关关系。在长期的发展过程中，较好的发展质量是产业稳步增长的前提和保证，这对劳动密集型的制造业尤其重要。制造业总体产业增长对发展质量的提升具有不确定性，虽然对于劳动密集型制造业来讲是积极的作用，但对资本密集型和技术密集型的产业情况并不乐观。

"工业 4.0"时期，以自主创新为主的内生技术进步路径，是中国制造业快速增长和发展质量提升的根本和重要动力。内生的技术进步不仅会促进制造业总体的增长，极大提高产业的劳动生产率，而且会影响制造业产业结构的高级化和合理化程度，以及不断提高产品的质量并增加产品品种，这些方面会大大改善企业的发展质量，不断降低企业的生产成本，增加企业的收入，也有利于企业社会贡献度的提升和环境度的改善。尽管如此，在中国现阶段的发展过程中，由于资本密集型制造业大部分的生产设备还需要引进国外先进设备和技术，完全追逐自主创新，抛弃外来技术引进并不会积极促进产业发展。

为了提升制造业的自主创新能力，需要借助于外部的各种力量，但是纵横交错的多个外生技术进步路径对于中国制造业来讲"崎岖不平"。具体情况包括：

以外商直接投资为代表的技术溢出对中国制造业的作用较为显著，目前，外商直接投资在中国制造业的领域主要集中于低端生产环节，较少投资在技术密集型制造业中，虽然其对劳动力密集型及资本密集型产业的增长具有抑制作用，但对制造业各产业及总体发展质量有一定的提升作用。外商直接投资虽然总体上并不是制造业的重要技术进步路径，但是对于资本密集型及技术密集型的产业来讲，通过对国外技术的引进、模仿及消化吸收，能够提升自身的技术开发能力，进而可以更好地进行自主创新。

"工业4.0"带来的外生的科技创新路径能够对制造业产生提振作用。以信息通信技术为代表的技术变革，有助于劳动力密集型、资本密集型及制造业总体产业的增长和产业发展质量的提升；以通信设备的使用为代表的科技创新仅能够提升技术密集型制造业的发展质量，加之如"工业4.0"战略及"中国制造2050"提出年份较短，还都是理论层面的政策，而其产生的代际效应在实践中还没有发挥积极作用，但它们产生的提振效应已经初见成效，通信设备的使用对于提升制造业全要素生产率起到了极大的促进作用。

政府的科技支持路径能够提升制造业总体及技术密集型产业的发展质量，但是却不能够显著影响制造业的产业增长，尤其不利于制造业内生的技术进步。可能由于当下政府的科研投资的结构及与制造业发展方向存在一定程度的不符，对企业科研投资方向及科研绩效的监管和约束不足，导致科研支持的实际效果并没有积极显现出来。

教育水平拉动的技术进步路径能够积极促进制造业的增长，尤其是对于技术密集型产业内生技术进步的作用最为显著，通过人力资本的知识积累，逐步实现自主创新。这说明教育水平的提高确实能够促进制造业的较快发展，但是当下的高等教育可能存在较大的实践缺失，或与企业实际工作情况不符，对制造业企业质量、产品质量、环境度等多个方面影响不显著，因此对制造业发展质量的影响并不乐观。

第八节 小 结

本章在"工业4.0"代际和提振的作用下，探讨了制造业增长、制造业的发展质量及制造业技术进步路径，并使用2003—2016年中国制造业的面板数据，通过联立方程模型实证检验了理论假说，得到以下结论：

制造业的增长和发展质量关系紧密，较好的发展质量是产业稳步增长的前提和保证，劳动密集型的制造业尤其突出；自主创新是中国制造业快速增长和提升发展质量的根本和重要动力；外商直接投资的技术溢出对中国的劳动力密集及资本密集产业的增长具有抑制作用，但能积极影响制造业及各行业的发展质量；以信息通信技术为代表的科技创新路径能够提振制造业发展；政府的科技支持虽然不利于制造业自主创新，但可提升制造业总体及技术密集型产业的发展质量；教育水平对技术密集型制造业发展非常重要，能够积极促进制造业的增长。

第九章 "工业4.0"代际效应和提振效应的国际借鉴

技术创新是经济发展的重要动力和源泉,"工业4.0"将通过"消费智能化"和"生产智能化"对产业发展产生巨大冲击。由于此战略率先由德国提出,虽然到现在已有6年左右时间,但世界范围内其他国家才处于消化引进及积极效仿阶段。本章主要基于经典的技术进步对产业发展的积极作用的理论,以德国为研究对象,系统探讨"工业4.0"对德国产业发展的影响。具体来讲分别以德国经济数据为研究对象,通过统计分析和计量实证定量分析探讨此次技术变革对德国经济发展的代际和提振影响,尤其是对工业发展的影响和带动作用,再次检验技术进步和经济发展的经典理论。

第一节 "工业4.0"对德国经济发展的代际和提振概况

一、德国工业的发展变化及产业升级情况

工业是德国经济发展的重要支柱产业,首先我们分析德国工业在"工业4.0"战略提出前后的变化,并探讨德国国内产业升级的演变趋势。

图9.1为按照当年价格计算的1991—2015年德国工业增加值及其在整个社会产出中所占百分比的变化趋势。可以看出,德国工业产值平稳发展,总量从1991年的5 302.41亿欧元上升到2015年的8 292.66亿欧元。同时,工业产值在整个社会产出中占比较稳定,平均占比为31.13%。但受全球金融危机的影响,2009年德国工业产值总量,相比于2008年有所下降,工业产值总量占比为1991—2015年的最低值(27.81%),之后的几年基本恢复为金融危机前的水平。而从图9.2可知,1991—2015年,德国制造业在其整体工业发展中平均占比为73.56%,在2009年有所波动,但其所占比例仍然为71.66%,这也就意味着,德国工业的发展主要靠制造业的发展来带动,制造

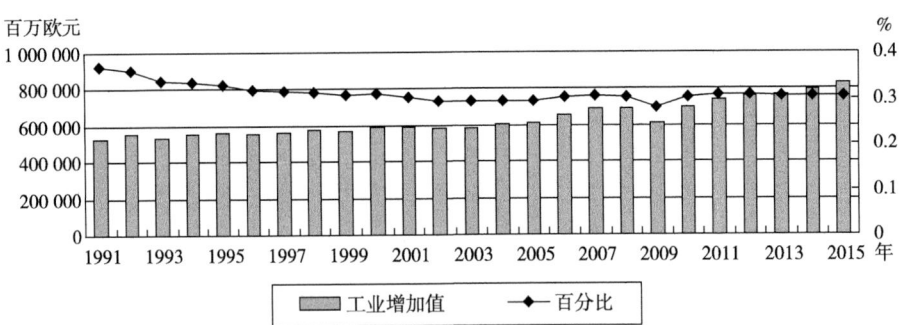

图 9.1　1991—2015 年德国工业增加值及其在社会总增加值中所占百分比

数据来源：根据德国联邦统计局数据及计算得到。https://www-genesis.destatis.de/genesis/online; jsessionid = DFAD62A23172DDE1166CAE263B7A4BEE.tomcat_GO_2_1?operation = previous&levelindex = 3&levelid = 1477462632106&step = 3，访问日期 2016 年 10 月 26 日。

业是德国工业的重要支柱产业，在工业发展过程中始终占据主要的位置。

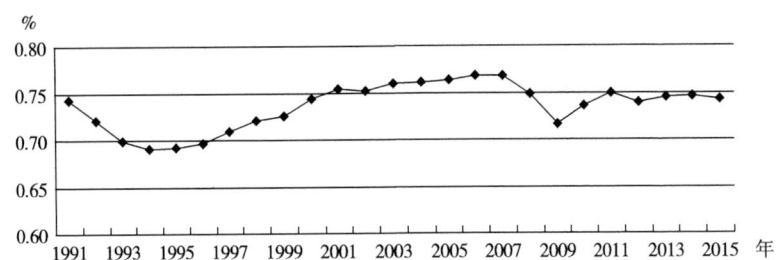

图 9.2　1991—2015 年德国制造业占工业增加值百分比

数据来源：根据德国联邦统计局数据及计算得到。https://www-genesis.destatis.de/genesis/online; jsessionid = DFAD62A23172DDE1166CAE263B7A4BEE.tomcat_GO_2_1?operation = previous&levelindex = 3&levelid = 1477462632106&step = 3，访问日期 2016 年 10 月 26 日。

美国次贷危机引起的世界范围内的金融危机，以及希腊爆发的主权债务危机，均一定程度上影响了德国的经济总量和整体经济发展水平。德国的工业也相应地受到了较大的波动，但是波动的幅度远小于整体经济发展的波动。图 9.2 中也可以看到德国在 2013 年前后的变化趋势。

在"工业 4.0"代际和提振过程中，德国在世界范围的国际影响及国际竞争力是否发生了变化呢？接下来详细探讨德国创新能力及在国际范围内的竞争力的变化情况。

二、德国创新能力的变化趋势

接下来,探讨德国自身创新能力的变化,以及相比于世界其他主要的经济体,其在创新与技术方面的发展情况。

图9.3为2000—2014年德国与世界主要经济体(包括日本、美国、欧盟28国及中国)国内研发(R&D)支出占国内生产总值比重的比较图。世界主要经济体国内研发支出占国内生产总值的比重均呈现上升趋势,同时看到,除中国外,各国上升速度基本保持稳定。

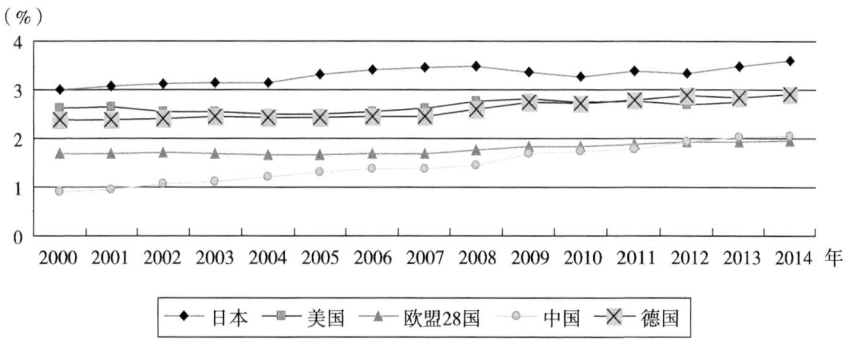

图9.3 2000—2014年世界主要经济体国内研发支出占国内生产总值的比重

数据来源:经济合作与发展组织(OECD)数据统计网站。https://data.oecd.org/rd/gross-domestic-spending-on-r-d.htm,访问日期2016年11月8日。

日本国内生产总值中用于研发支出的比重始终处于领先水平,中国研发支出占国内生产总值的比例一直最低。德国国内研发支出占国内生产总值的比重变化趋势紧跟美国的情况,在2011年时其数值超过美国,2014年达到2.90%,位于世界第二位。

图9.4和图9.5分别是德国1997—2013年专利申请数目变化和1991—2013年与世界主要经济体相比三方专利族(Triadic patent families)[①]注册数变化。德国专利申请数目在2000年前后达到最高值,之后总量逐年下降。1991—2013年,中国三方专利族的申请数目远远小于其他经济体。

---

① OECD对三方专利族的说明:三方专利族是指在不同国家(即专利局)注册的一组专利,以保护同一项发明。三方专利族在以下三个主要专利局进行申请:欧洲专利局(EPO)、日本专利局(JPO)和美国专利商标局(USPTO)。三方专利族总数的归属取决于发明者所在的居住国和专利首次注册的日期。

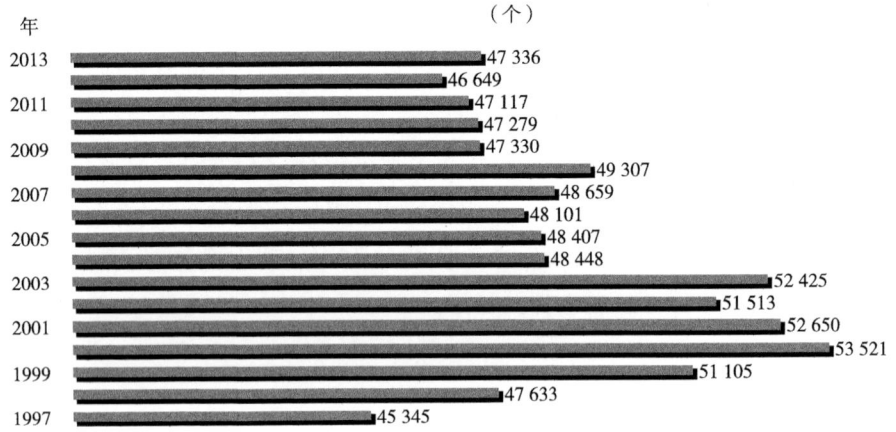

图 9.4　1997—2013 年德国专利申请数目

数据来源：德国联邦统计局。https：//www-genesis.destatis.de/genesis/online/data；jsessionid = 296F8170FC21FF3E5FE5B26616023F5B.tomcat_GO_2_1？operation = previous&levelindex = 1&levelid = 1478653320125&levelid = 1478652937391&step = 0，访问日期 2016 年 11 月 9 日。

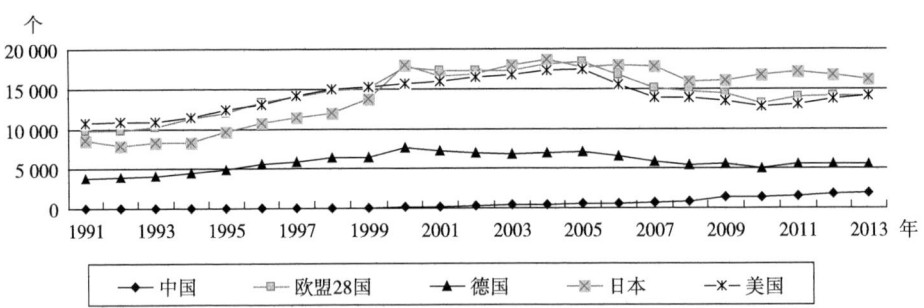

图 9.5　1991—2013 年世界主要经济体三方专利族注册数变化

数据来源：经济合作与发展组织（OECD）数据统计网站。https：//data.oecd.org/rd/triadic-patent-families.htm#indicator-chart，访问日期 2016 年 11 月 8 日。

图 9.5 中，除中国之外，其他四个主要经济体三方专利族申请数目均出现较大的波动，在 2000 年前，上升速度均较快，2000—2005 年处于巅峰状态，2005 年后有所回落。2000 年前，美国三方专利族的申请数居于首位，但 2000 年之后，被欧盟和日本超过，日本在 2006 年之后，一直处于领先水平。德国三方专利族的数目始终远小于欧盟、美国和日本，总体变化趋势较为平稳。与世界上主要经济体相比，德国在专利申请方面处于相对劣势地位。

三、德国在世界的竞争力变化

由世界经济论坛发布的《全球竞争力报告》(The Global Competitiveness Report, 2016—2017) 显示,2016年德国全球竞争力指数(global competitiveness index, GCI)综合排名位于第5名(5.57分,分值0~7),这主要得益于德国继续推进创新前沿(创新排名第5名),具有较好的企业成熟度(排名第3名),并能有效地利用国内的人才(第14名)三个主要方面的优势。2015年在全球竞争力指数综合排名中,德国排在第4名(5.53分),比较好的成绩主要是因为劳动力和金融市场效率的提升(分别排在28和18名)、宏观环境的改善(第20名)。如图9.6所示,2008—2016年德国在全球的竞争力指数与日本基本持平,略低于美国,在世界的排名相对稳定。相比之下,中国在全球的竞争力指数远远低于德国、美国及日本这三个国家。

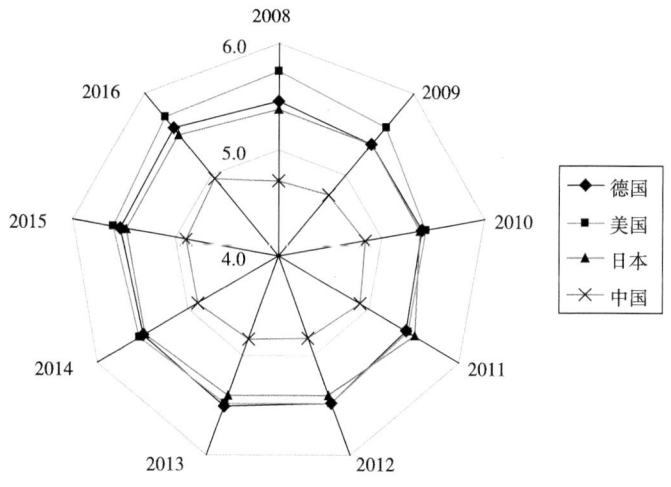

图9.6 2008—2016年世界主要国家全球竞争力指数变化

数据来源:根据2008—2016年《全球竞争力报告》数据整理。https://cn.weforum.org/。

在促进21世纪经济发展和提升国家竞争力的诸多关键因素中,除创新本身外,更需要人才的推动,尤其是关于高知识含量的人力资本的积累因素。世界经济论坛在2015年发布的《人力资本报告》(Human Capital Report 2015)显示,2015年德国全球人力资本指数等级排名为第22名(得分78.55),低于第1名的芬兰(85.78),但却远高于中国(排名第84名,得分67.47)。

德勤（Deloitte）全球制造业组与美国竞争力委员会（U.S. Council on Competitiveness）发布的 2010—2013 年《全球制造业竞争力指数》显示，中国制造业的竞争力在全球始终排名第一，但是在 2016 年，美国与中国竞争力指数排名十分接近，正在和中国争夺第一名。德国制造业的全球竞争力从 2010 年的第 8 名上升到 2013 年第 2 名，在 2016 年其排名数值略有下滑，成为世界范围内的第 3 名（见表 9.1）。

表 9.1 全球制造业竞争力排名及指数（部分年份）

	2010 年	2013 年	2016 年
中国	1（10）	1（10）	1（100）
美国	4（5.84）	3（7.84）	2（99.5）
日本	6（5.11）	10（6.6）	4（80.4）
德国	8（4.8）	2（7.98）	3（93.9）

注：括号中为当年的制造业竞争力指数值。

根据世界知识产权组织（World Intellectual Property Organization，WIPO）发布的《2016 年全球创新指数》（Global Innovation Index 2016）的全球创新指数排名结果显示，2016 年德国创新指数得分 57.94（0~100 分），排名全球的第 10 名，略低于美国的创新指数（得分 61.4，排名第 4 名），但高于日本的创新指数（得分 54.52，排名第 16 名）。2013—2016 年，德国创新指数始终略低于美国和日本，但远高于中国。在总体趋势上，世界主要国家的创新能力都在不断提升，如图 9.7 所示。

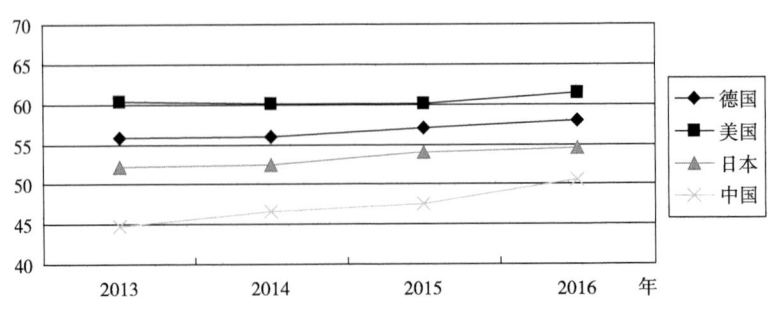

图 9.7 2013—2016 年世界主要国家创新能力指数

数据来源：根据世界知识产权组织数据整理。https：//www.globalinnovationindex.org/analysis-indicator，访问日期 2016 年 11 月 22 日。

世界经济论坛发布的《全球信息技术报告2016》(The Global Information Technology Report 2016)结果显示,数字革命改变了创新的本质,当下社会中,企业由于面临越来越大的压力而不断地创新,企业和政府都面临着社会数字化产品及服务需求的挑战,数字经济作为一个新的经济正在逐渐形成,由此需要社会在治理和监管方面做出创新。另外,世界经济论坛使用网络完善指数(Networked Readiness Index,NRI)反映世界范围内技术和创新的日益增长的重要性,分别以环境指数(政治和监管环境、商业与创新环境)、完善程度指数(基础设施、承受能力、技能)、使用性指数(个人使用、企业使用、政府使用)、影响指数(经济影响、社会影响)四个分指标作为衡量标准。

从世界主要国家网络完善指数和2016年世界主要国家在网络完善方面的分指标比较中得到,总体来看,美国的网络完善指数最高,同时德国和日本的网络完善指数最接近;而中国的网络完善程度最低,尤其是网络基础设施指数方面,如图9.8、图9.9所示。

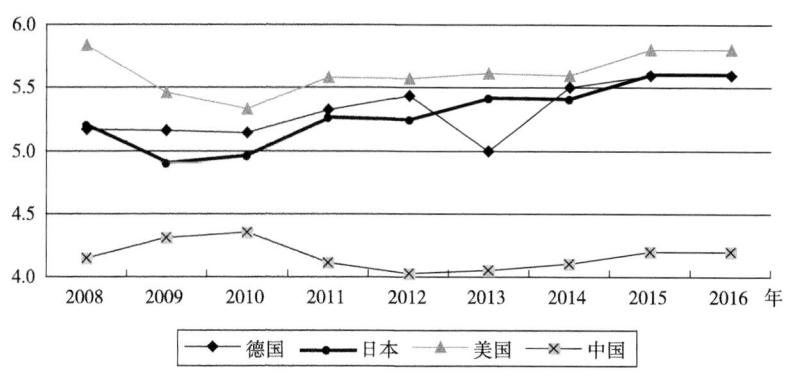

图 9.8　2008—2016年世界主要国家网络完善指数

数据来源:根据《全球信息技术报告2016》数据整理。https://cn.weforum.org/.

图9.8、图9.9展示出德国在两次危机中,凭借强大的工业支撑尤其是发达的制造业,保持了国内劳动力的就业水平和失业率水平,顺利度过两次危机并成为欧洲经济发展的领军者。由此德国开创性地提出了"工业4.0"战略。德国总体经济的发展和在世界范围内的竞争力,在2013年之后出现相对稳定的态势,似乎步入了"正轨",这是否说明"工业4.0"战略已经成为德国经济发展的重要拐点?如果德国经济的发展和在世界范围内竞争力的平稳快速发展是由此项战略带动的,那么其对德国经济发展在多大程度上起了促

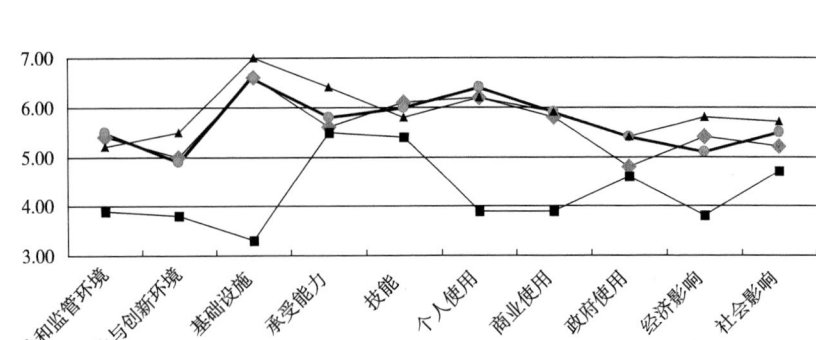

图 9.9　2016 年世界主要国家网络完善分指标比较

数据来源：根据《全球信息技术报告 2016》数据整理。https://cn.weforum.org/.

进作用呢？

第二节　"工业 4.0"对德国经济的代际和提振影响的实证分析

结合前面的内容，德国想通过"工业 4.0"战略，继续保持德国在全球范围内制造业所具有的传统竞争优势，并进一步促进德国国内新一轮革命性的工业企业，以及制造业企业在高科技方面的研究与开发能力，开辟德国在世界范围内创新领域的源泉和现实应用。因此对"工业 4.0"的关注已成为社会热点所在。已有文献大多从理论上探讨"工业 4.0"对经济发展的影响，实证分析"工业 4.0"对经济发展的影响还较少。这主要由于"工业 4.0"战略是由德国率先提出的，而世界范围内其他国家处于消化引进及积极效仿阶段，其时间效应还有待进一步观察。

接下来以德国经济数据为研究对象，通过定量分析，探讨此次技术变革对德国经济的发展，尤其是对工业发展的影响和带动问题，以再次检验技术进步和经济发展的经典经济学理论。

从"工业 4.0"正式提出到现在已有 6 年的时间，此项战略计划是否已经对德国经济的发展，尤其是对德国工业的再次繁荣起了重要的引领和导航的作用？换句话说，由德国提出的"工业 4.0"战略，是否已经对德国经济的发展起到了重要的推动作用，是否成为德国经济发展的门限和转折点？

一、模型的构建

倍受人们推崇的经济增长模型主要有哈罗德—多马经济增长理论、新古典经济增长理论和新剑桥经济增长理论等。不论哪一种模型都认为劳动力、资本及技术是构成经济增长的核心三要素。延续经典的理论内容,以产业增长作为产业发展的狭义衡量指标,分析劳动力、资本及"工业4.0"三个主要要素对德国产业的影响。

由于"工业4.0"最重要的支撑是CPS,CPS是"工业4.0"的一个重要指标,故分析CPS的使用对德国各个产业发展的影响,成为"工业4.0"战略对德国经济发展影响的关键。下面拟通过分析CPS的使用对德国各个产业发展的影响,来检验"工业4.0"战略是否是德国产业发展的门限。

将各影响因素变量取对数,一方面可以消除各个变量的波动变化程度的影响,另一方面将各变量之间可能存在的非线性关系转化为线性关系,同时模型可以表示各个解释变化1%而引起的产出变化的数量。进一步考查"工业4.0"战略是否成为德国产业发展的门限,需要通过引入时间效应进行分析,由此回归模型构建如下:

$$Industry_{it} = \beta_0 + \beta_1 \ln L_{it} + \beta_2 \ln K_{it} + \beta_3 \ln CPS_{it} + \beta_4 T + \varepsilon, \quad i, t = 1, \cdots, n \quad (9-1)$$

其中,$Industry_{it}$表示德国在t年i产业部门的经济增长,L_{it}为在t年i产业部门的劳动力就业量,K_{it}为在t年i产业部门的资本使用量,CPS_{it}表示德国在t年i产业部门使用CPS情况,T表示时间效应的变量。β_0是常数项,用来表示样本观测值内的不变特征,β_1、β_2、β_3、β_4分别为待估计参数,ε是随机误差扰动项。

二、指标的选取与数据的说明

为了获得统一统计口径,劳动力及固定资本数据采用德国具有代表性的11个2位数行业。由于数据的可获得性,使用的德国行业部门包括:制造业,供水、污水处理、废物管理、整治,建设,批发、零售贸易、汽车维修,运输、仓储、邮政、快递活动,住宿和餐饮服务活动,信息和通信,金融保险活动,房地产活动,专业、科学和技术活动,行政和支持服务活动等11个行业部门,见表9.2。

表 9.2　短面板使用的截面数据产业

序号	Industry	部门名称
1	Manufacturing	制造业
2	Water supply, sewerage, waste management, remediation	供水、污水处理、废物管理、整治
3	Construction	建设
4	Wholesale, retail trade, repair of motor vehicles	批发、零售贸易、汽车维修
5	Transportation and storage, Postal and courier activities	运输、仓储、邮政、快递活动
6	Accommodation and food service activities	住宿和餐饮服务活动
7	Information and communication	信息和通信
8	Financial and insurance activities	金融保险活动
9	Real estate activities	房地产活动
10	Professional, scientific and technical activities	专业、科学和技术活动
11	Administrative and support service activities	行政和支持服务活动

德国 CPS 使用情况的相关指标，可以获得的数据只能追溯到 2009 年，获得时间跨度为 2009—2016 年的 8 年序列数据，因此本文使用的数据为短面板数据。

为了重点探讨信息与通信技术对德国经济增长，尤其是产业发展的影响，ICT 变量采用三个层次量化衡量，包括物理（physical）、网络（network）及信息（information）三个维度，每个维度又分别包括不同的指标。物理维度的指标为使用固定宽带连接互联网的企业、使用移动宽带连接互联网的企业、计算机的使用，网络维度包括接入互联网的企业和有网站的企业，信息维度用通过网站、APP 或 EDI 购买和使用因特网访问的人。具体可参见表 9.3，包括指标的选取、数据的单位及数据的来源信息。

表9.3 "工业4.0"对德国产业影响的指标说明

类别	指标	使用的数据	单位	
产出	增加值（Y）	产业增加值（gross value added）	亿欧元	数据均来源于德国联邦统计局网站
投入	劳动力（L）	产业劳动力就业总量（persons in employment）	10万人	
	资本（K）	总固定资本形成 [gross fixed capital formation (GFCF)]	亿欧元	
信息和通信技术	物理层面 Physical level	使用固定宽带连接互联网的企业（enterprises with fixed broadband internet connec）	百分比	
		使用移动宽带连接互联网的企业（enterprises with mobile broadband internet connec）		
		计算机的使用（use of computers）		
	网络层面 Network level	接入互联网的企业（enterprises with internet access）		
	信息层面 Information level	有网站的企业（enterprises with a website）		
		通过网站、APP 或 EDI 购买的人（purchases via website, app or EDI）		
		使用因特网访问的人（persons employed with internet access）		

表9.3 中产业增加值和总固定资本形成数据为按照当年价格水平计算的结果，需要对各个产业部门的增加值和总固定资本形成数据进行价格指数平减，以减少价格变化引起的数据的波动。查阅德国联邦统计局网站，获得以2010年的消费价格指数为基期的消费价格指数数据，将两组数据分别除以对应年份的消费价格指数。

三、回归模型的改进

根据表9.3指标的选取与数据的说明，CPS量化衡量为物理、网络及信息三个维度，并且每个维度采用多个指标时，回归方程（9-1）进一步细化为回归方程（9-2）：

$$Industry_{it} = \beta_0 + \beta_1 \ln L_{it} + \beta_2 \ln K_{it} + \beta_3 \ln P1_{it} + \beta_4 \ln P2_{it} + \beta_5 \ln P3_{it} +$$
$$\beta_6 \ln N1_{it} + \beta_7 \ln N2_{it} + \beta_8 \ln I1_{it} + \beta_9 \ln I2_{it} + \beta_{10} T + \varepsilon ,$$
$$i=1,\cdots,11;\ t=1,\cdots,8 \qquad (9-2)$$

式中，$P1$、$P2$、$P3$分别代表"使用固定宽带连接互联网的企业""使用移动宽带连接互联网的企业""计算机的使用"三个物理层变量；$N1$ 和 $N2$

分别代表"接入互联网的企业"和"有网站的企业"两个网络层变量；$I1$ 和 $I2$ 分别代表"通过网站、APP 或 EDI 购买"和"使用因特网访问的人"两个信息层变量。

四、回归结果分析

应用计量软件 Stata13.0，对回归方程式（9-2）进行系数估计。文中使用的面板数据属于方块数据，即 N（$N=11$）和 T（$T=8$）接近的面板，经过验证为平衡面板。

观察回归方程式（9-2），发现由于引入 CPS 量化衡量物理、网络及信息三个维度，并且每个维度采用多个指标时，使得解释变量的数目较多，而可能存在多重共线性问题，故首先需要进行多重共线性的检验。经过方差膨胀因子（variance inflation factor，VIF）检验，得到 $VIF=15.36>10$，故回归存在多重共线性问题，检验发现 $P3$、$N1$ 变量存在多重共线性，故需要在回归中将二者去掉。回归方程变成如下形式：

$$Industry_{it} = \beta_0 + \beta_1 \ln L_{it} + \beta_2 \ln K_{it} + \beta_3 \ln P1_{it} + \beta_4 \ln P2_{it} + \beta_5 \ln N2_{it} +$$
$$\beta_6 \ln I1_{it} + \beta_7 \ln I2_{it} + \beta_8 T + \varepsilon, \quad i=1,\cdots,11; \quad t=1,\cdots 8 \quad (9-3)$$

由于考察时间变量对德国产业发展的影响，引入年份的虚拟变量。又考虑由于每个产业的生产情况不同，可能回归方程中存在不随时间而变化的个体遗漏变量，因此需要对使用固定效应模型（FE）还是随机效应模型（RE）进行检验。通过豪斯曼检验方法，得到的检验结果中 P 值为 1，故强烈认为应该使用随机效应模型，而不是固定效应模型，见表 9.4。

表 9.4　豪斯曼检验结果

```
Test: Ho: difference in coefficients not systematic
    chi2 (9) = (b-B)' [ (V_ b-V_ B) ^ (-1) ] (b-B)
             = 0.000
         Prob>chi2 = 1.0000
    (V_ b-V_ B is not positive definite)
```

使用格林（Greene，2000）提供的检验组间异方差的沃尔德方法对该回归的广义最小二乘法（GLS）模型进行检验后发现，回归过程存在强烈的组间异方差问题，检验结果见表 9.5。广义最小二乘法（GLS）模型得到的结果可见表 9.6 中 GLS 列中的各个估计数值。

表 9.5 组间异方差检验结果

Modified Wald test for groupwise heteroskedasticit in cross-sectional time-series FGLS regression model

H0: sigma (i) ^2 = sigma^2 for all i

chi2 (8) = 1.7e+19

Prob>chi2 = 0.0000

作为对比分析,仍然将使用固定效应模型和随机效应模型得到的估计结果列明,见表9.6。更进一步作为对比,使用混合回归中聚类稳健标准误方法[OLS(VCE)]来检验,结果如表9.6中OLS(VCE)列的估计结果。

表 9.6 "工业 4.0"对德国产业影响的回归估计结果

		OLS (VCE)	FE	RE	GLS	PCSE	AR1	PSAR1
劳动力	lnL	57.34	57.34**	57.34**	57.34***	57.34*	74.48*	61.70*
		(1.59)	(2.33)	(2.33)	(2.72)	(1.46)	(1.85)	(1.68)
资本	lnK	106.00	106.0***	106.0***	106.0***	106.0***	89.32**	96.58***
		(1.85)	(5.11)	(5.11)	(5.96)	(2.71)	(2.13)	(2.71)
物理层	$lnP1$	-495.60	-495.6*	-495.6*	-495.6**	-495.6**	-414.2**	-549.2***
		(-1.24)	(-1.76)	(-1.76)	(-2.06)	(-2.54)	(-2.00)	(-2.69)
	$lnP2$	-108.30	-108.3**	-108.3**	-108.3***	-108.3***	-81.52**	-103.0***
		(-1.67)	(-2.05)	(-2.05)	(-2.39)	(-3.01)	(-2.30)	(-3.07)
网络层	$lnN2$	180.50	180.5**	180.5**	180.5***	180.50	159.90	189.1*
		(1.67)	(2.45)	(2.45)	(2.86)	(1.52)	(1.31)	(1.72)
信息层	$lnI1$	-89.59	-89.59	-89.59	-89.59	-89.59	-71.03	-63.27
		(-0.94)	(-1.14)	(-1.14)	(-1.33)	(-1.20)	(-0.87)	(-0.81)
	$lnI2$	147.80	147.8*	147.8*	147.8**	147.80	145.10	158.8*
		(0.92)	(1.93)	(1.93)	(2.25)	(1.48)	(1.41)	(1.80)
年份	2010	48.41	—	48.41	48.41	48.41*	35.23	30.97
		(0.88)		(0.92)	(1.07)	(1.94)	(1.37)	(0.63)
	2011	56.24	—	56.24	56.24	56.24**	38.88	37.78
		(1.22)		(0.89)	(1.04)	(2.24)	(1.38)	(0.67)
	2012	58.79	—	58.79	58.79	58.79**	39.65	49.76
		(1.25)		(0.74)	(0.86)	(2.39)	(1.48)	(1.38)
	2013	103.00	—	103.00	103	103.0***	72.55*	96.92***
		(1.36)		(1.16)	(1.35)	(2.77)	(1.87)	(3.06)

续表

年份		OLS（VCE）	FE	RE	GLS	PCSE	AR1	PSAR1
年份	2014	187.80	—	187.8*	187.8**	187.8***	148.4***	188.2***
		(1.56)		(1.92)	(2.24)	(3.63)	(2.93)	(3.27)
	2015	186.60	—	186.6**	186.6**	186.6***	146.0**	179.4***
		(1.49)		(2.04)	(2.37)	(3.23)	(2.57)	(3.09)
	2016	193.1*	—	193.10	193.1*	193.1***	167.2***	209.9***
		(1.94)		(1.52)	(1.77)	(2.82)	(2.59)	(2.72)
常数项		906.50	988.20	906.50	906.5	906.50	412.00	944.80
		(0.75)	(0.88)	(0.81)	(0.95)	(0.91)	(0.39)	(0.93)
样本数	—	57.00	57.00	57.00	57.00	57.00	57.00	57.00
R^2	—	0.73	0.68		0.798	0.73	0.80	0.83

注：＊＊＊为在0.01的水平上显著，＊＊为在0.05的水平上显著，＊为在0.1的水平上显著，括号内的值为z值。

表9.6中OLS（VCE）的估计结果，也就是使用了稳健标准误的混合回归过程中，没有考虑存在的组间异方差与组间同期相关问题，因此使用面板校正标准误方法（PCSE）进行估计，估计结果如表9.6中PCSE列所示各值。可以看到，PCSE列所示各值估计系数与RE，OLS（VCE）和GLS各列的估计系数完全一样，只是标准误不同，另外部分影响变量的显著性增强。

为避免面板数据存在组间异方差、组内自相关及组间同期相关问题，使用面板校正标准误（PCSE）并且解决组内自相关的FGLS方法进行回归，包括要求各组的自回归系数相同（AR1）及允许各组自回归系数不同的组内自相关情形（PSAR1），结果见表9.6中AR1和PSAR1两列的估计值。

观察表9.6中的各列估计结果，在OLS（VCE）模型方法的回归结果中，除2016年外，其余各主要影响因素的系数均不显著（没有通过0.1的显著性水平）。FE，RE，GLS和PCSE回归方法的估计结果各列的估计系数完全一样，但是各个系数的标准差不同，且变量的显著性不尽相同。回归结果得到的劳动力和总固定资本形成都表现出0.01水平上的显著性，正向相关系数分别为56.34和106.00。AR1和PSAR1两列的估计值也表现出0.1水平上的显著性。

使用$\ln P1$，$\ln P2$作为物理层的衡量变量基本表现为0.05水平上的显著性，但相关系数为负值。网络层面$\ln N2$变量在FE，RE，GLS和PSAR1的回归结果中，均显示为 0.1 水平上的显著性正相关。信息层面中 $\ln l2$ 变量在 FE，RE，GLS 和 PSAR1 的回归结果中，均显示为 0.1 水平上的显著性正相关。时间效应的各个年份变量在 PCSE 回归结果估计系数中都显著正相关，2014—2015 年变量在 RE，GLS，PCSE，AR1 和 PSAR1 均表现出与产业增加值正向相关的关系，且显著性水平通过了 0.05 的检验，2016 年变量在 GLS，PCSE，AR1 和 PSAR1 均表现出与产业增加值正向相关的关系，且显著性水平通过了 0.1。通过检验证实"工业 4.0"战略提出以后确实对德国经济的发展起到了积极的促进作用。

与前面几种回归方法比较，使用 PCSE 并且解决组内自相关的回归中，各个变量的估计系数值及系数标准差变化较大。在 AR1 回归结果中，变量的显著性水平检验变化较小，影响因素基本保持前面的显著性相关结果。

从回归结果中信息物理系统的三个重要的层面指标的影响系数看，目前 CPS 对产业增加值产生了一定的影响效果，其中物理层面的影响是负相关，这可能是因为"工业 4.0"战略距今时间较短，物理层面的要素基本作为固定资产投资支出，其积极的促进作用还需要时间的规模经济性来发挥；网络层和信息层的影响是积极的，这无疑大大促进了经济的增长，发挥了非常强大的促进作用。

第三节 小 结

"工业 4.0"战略之后，德国经济及其在世界的经济地位和国际竞争力均平稳快速增长，基于此现实情况，采用德国 11 个主要行业的面板数据，将物理信息系统作为"工业 4.0"的支撑，得出其确实对德国经济发展有一定影响的结论。

对德国主要数据进行统计分析，得出德国的确具有强大的工业支撑力量，尤其是发达的制造业基础，德国的创新能力和信息技术完备程度始终受到美国和日本的追赶与超越，处于相对弱势地位，德国在世界范围内的竞争力并不十分显著，同时德国制造业也面临中国制造业在世界范围内遥遥领先所带来的威胁。

计量实证检验得到，2013 年德国提出的"工业 4.0"战略确实对德国国内主要产业的增加值产生了较为明显的推动作用，支撑"工业 4.0"的核心信息物理系统，在一定程度上起到了巨大的推动作用，信息物理系统中的网络层和信息层在这个推动过程中，发挥了不可替代的积极作用。信息物理系统中短期内物理层的投资会增加经济支出,但网络层和信息层在经济增长中会起明显的促进作用。

"工业4.0"战略提出之后的2014—2016年,时间效应显示德国产业发展出现了明显的正向拐点效应,但由于"工业4.0"战略提出的时间比较短,其对德国经济今后的发展乃至对世界经济的助推作用的长期的影响效果还有待进一步的观察和证实。

第十章　中国制造业高质量发展的对策建议

2019年，中央经济工作会议强调，当前中国发展仍处于并将长期处于重要的战略机遇期，因此需要紧扣重要战略机遇的新内涵，加快经济结构的优化与升级，提升科技创新能力，深化改革开放，同时加快全社会绿色发展，并积极参与全球经济治理体系变革，将当前所遇到的环境和社会压力问题变为加快推动经济高质量发展的动力，全面推动中国制造业高质量发展。

第一节　中国制造业总体发展方向

中国传统的制造业能够适应新一轮科技革命与产业变革的核心变化特点，通过生产过程中不断加强与新一代信息技术相融合的方式，逐步实现中国制造业由传统制造向"智能制造"和"中国创造"方向的迈进，这也可以充分满足消费者个性化和多样化的新时代消费需求。

因此，相关部门应该充分利用"工业4.0"时代的大数据、云计算和人工智能等，采用新一代信息技术，改造中国的传统制造业，快速实现制造业的智能生产与智慧制造的新生产模式，以提高传统制造业的智能化和数字化水平，积极向高质量发展的道路演进。世界先进制造业发展的模式，大多都是通过自主创新的方法与模式，直接把握世界上先进制造业的价值链高端，发展高附加值以及高收益的多个环节，由此不断形成自己的核心竞争力，通过这样的路径来控制全球产业价值链，引领本国其他相关产业实现转型和升级。

第二节　提高中国制造业发展质量的对策和建议

结合以上的分析内容和研究结果，为了促进中国制造业的快速蓬勃发展，不断提升制造业的发展质量，借助于"工业4.0"带来的代际效应和提振效应,需要重点关注以下几个方面的内容。

一、加强提升中国制造业质量的指导理念

中国机械工业联合会专家名誉委员会主任、工信部智能制造专家咨询委员会朱森第认为,目前,相当一部分中国工厂还处于"工业2.0"阶段,"中国制造业需要采取并行的发展战略,即2.0补课、3.0普及、4.0示范"。因此,中国制造业应该以"工业4.0"示范为引领,以加强中国制造业质量为指导理念,以质量促发展,积极推进中国制造业高质量发展。虽然中国制造业规模较大,并成为世界制造业大国,但总体处在价值链低端环节,仍然存在大而不强的特点,目前,亟须向集约型发展方式转型和迈进,坚持质量第一的发展理念,通过改善产业的增长效率、提高创新能力、提升企业及产品质量、资源利用效率及环境影响等多个方面,加快提升制造业的总体发展质量,实现由大到强的历史转变。

重视中国制造业的发展规模,充分发挥企业内部和产业内部的规模经济性,这也是"工业2.0"和"工业3.0"时期的主要特征。大部分制造业企业在生产经营过程中需要大量的资本、设备和劳动力的不断投入。但目前中国国内的企业大多缺乏规模性,这导致了企业的单位成本较高,进而企业的创新能力不足,更不能打造出国际上的强势品牌,这些因素也成为"中国制造"始终是低端产品代名词的原因。中国制造业的产业集群效应亟须形成,即便是目前江浙地区与珠三角地区现有的产业集聚,大部分也是以劳动密集型的生产方式为主,加上中国制造业的地区分布比较零散,规模经济效应不能充分发挥出来,这成为阻碍中国制造业发展质量提升的重要因素之一。

大力提升制造业服务化的投入规模,不断完成制造业的各个生产环节与研发设计、市场调研、物流、管理咨询等生产性服务业内容的深度融合与共同发展。要特别重视并完善制造业产品的无形附加物的售后服务、维修保养、金融租赁等内容,这些方面会影响制造业与现代服务业深度融合。

二、处理好政府和市场在制造业发展中的作用

在充分发挥市场自由竞争调节作用的同时,可以适时调整相关部门的规制政策,完善政府的宏观调控功能。从发达国家的工业化发展进程中可以看到,市场竞争机制是"看不见的手",本研究的实证结果也充分证明了这一点,因此应该坚持国有化企业的改革路程,让企业真正成为有活力的微观主体。尽管如此,因为中国制造业总的发展水平还处于较低的阶段,政府的适

当调控和规制在这个时期能够提升产业的效率和创新水平，其在企业质量的提升以及产品品质的改进方面仍是强有力的助推者。

技术推动和市场推动是产业发展的两大重要的动力机制，但是完善的政策制度体系是保证产业健康发展的必要条件。加大政府对科研支持的力度，并对科研投入进行有效监管，创造有利于制造业高质量发展的良好政策支持环境。虽然中国整体的科研资金力度不断加强，但是更应该完善对科研资金的投入结构、科研绩效等方面的管理，针对各个行业的具体特征和实际需要，最大限度地做好"守夜人"的职责。

2015年，中国开始大力推进的"供给侧结构性改革"会在一定程度上促进制造业产业发展质量的提升，供给侧结构性改革可以通过促进产业结构的升级、产业创新的升级以及制造业服务化升级等多方面提升产业发展质量。《中国制造2025》规划也确定了"企业主导，政府引导"的原则。实现这一重要的历史使命不仅要充分发挥企业在高质量进程中的主体作用，实现经济主体在自身质量提升中行动的积极性和创造性，更要加强政府在推动高质量发展中的重要作用：包括继续推进经济新常态发展态势，继续推进宏观调控方式等方面的创新，以及更好地发挥政府弥补市场不足的功能，实现政府与市场的优势互补，为科学推动高质量发展的战略规划，高质量发展的市场主体得到保护而不断努力。

三、完善基础设施建设

"工业4.0"依托于现代创新技术，想把这种代际的变革技术很好地应用到企业内部、企业之间以及产业之间，需要依托于完善的技术基础设施及相关配套设施。由于产业关联的作用，"工业4.0"带动的中国制造业的高质量发展需要前向、后向及旁侧的关联基础产业辅佐，而关联到的基础设施产业也进一步会助推中国制造业的进步。因此，在保证中国经济发展稳中有进的同时，应积极完善基础设施建设，为制造业的高质量发展提供良好的外部环境。

中国经济的平稳快速发展，商业模式的不断变革以及"新零售"模式的出现，都在一定程度上助推了制造业生产模式的转化，以及制造业企业质量的转变。因此，中国经济发展进入新常态的新的发展阶段，整体经济的结构性改革也在不断持续进行中，这些都是制造业高质量发展的良好土壤。对于制造业来讲，公共基础设施的完善、较先进的现代化商业设施是助力制造业发展的重要外部环境。

四、积极推进制造业的信息化进程

以现代信息技术与通信技术装备中国制造业,并借助"工业4.0"智能化的"代际效应"和"提振效应",积极推进制造业的信息化进程。自"工业4.0"战略提出以来,在世界范围内很快掀起了"智能化"发展浪潮,"人工智能""3D打印""虚拟现实"等信息通信技术都广泛并深度地渗透到中国传统制造业的生产与经营过程当中,要充分发挥科技变革的提振效应和代际效应,积极推进制造业与信息技术的融合发展。党的十九大报告指出并重点强调,中国目前需要加快发展先进制造业,要不断推动互联网、大数据、人工智能与实体经济的深度融合。以"互联网+"、5G技术、人工智能及虚拟现实等为代表的新一代变革已大幅度渗透到社会各个方面,制造业应以此"智能化"为契机,通过新一代的信息技术带来的代际变革和提振效应,加强信息技术的引进深度和融合程度,以智能工厂和智能生产为主要依托,改善制造业的增长度和效率度,促进中国制造业的高质量发展。《中国制造2025》中明确将"智能制造"确定为当下中国制造业的主攻方向,它也是中国制造业未来的整体规划和路线图,其指出用三个十年左右的时间,完成中国从制造业大国向制造业强国的转变,实现互联网与传统工业行业的紧密融合,这些关键性的内容将成为解决中国的制造业由大变强问题的根本路径。

在"代际效应"和"提振效应"的鼓舞下,传统企业也在积极寻找当下知识经济时代,自身发展路径的主要突破口。因为在新的时期,企业的生产方式将发生革命性的转变,从第二次工业革命中的批量化和标准化生产模式,转向以满足消费者个性化需求的柔性生产以及智能生产模式,将会为企业的绩效产生积极影响,不仅会大大降低企业的生产成本、提升企业的生产效率,企业质量和产品品质也都将全面提升。但是由于中国制造业企业"工业1.0""工业2.0""工业3.0""工业4.0"的发展阶段并存,全面推进信息化进程存在很大的难度,不同地区制造业企业实施智能化的基础条件和路径会有很大差异,可以考虑采取"雁阵"的发展模式,以地区的主要企业率先推行网络化进程,带动其他关联企业的信息化建设。

因此,需要积极利用大数据、云计算等新一代信息技术,促进制造业企业内部各个生产环节之间、生产与销售之间的即时信息的互通与交流,通过这样的模式产生的协同效应,促进制造业的快速转型,以更好地满足消费者个性化的产品使用价值需求。

五、提高中国制造业自主创新能力

选择性消化并吸收外商直接投资带来的先进技术，逐步提高制造业自主创新能力，以内生的技术进步全面带动制造业的发展。自主创新能力意味着制造业需要掌握一定的核心技术，并具有自主知识产权，才有可能处于较好的价值链竞争地位，才可能获得高附加价值。中国制造业目前在核心产品、关键技术及重大技术装备等多个方面并没有完全掌握核心技术，自主创新能力仍然较弱。因此并不能完全摒弃外来技术，要通过在诸如船舶、飞机、汽车等行业的外商直接投资等技术引进方式，对先进技术进行消化与吸收，在这个过程中，逐渐提升自身的技术创新能力，以实现自主创新的方式，攻关关键核心技术，最终实现以内生的技术创新推动中国制造业高质量发展的目标。

要始终坚定不渝地以技术创新作为中国制造业发展质量提升的核心。要从"中国制造"向"中国创造"和"中国智造"转变，关键的要素是产业的技术水平和创新能力。推动中国制造业的高质量发展，需要重点解决中国制造业发展中的技术瓶颈，而这种瓶颈是需要选择性消化并吸收外商直接投资带来的先进技术，逐步提高制造业自主创新能力来完成的。这是解决中国制造业从边缘产品、零部件制造向核心产品和整机制造方向转变，推动制造业高端化发展的重要路径。制约中国高端制造业快速和高质量发展的因素，主要由核心基础零部件、关键基础材料、先进基础工艺、产业基础技术以及产品附加值提升的技术瓶颈等多个方面构成。随着中国改革开放和经济的快速平稳发展，中国制造业企业也已从过去的技术引进、技术消化和模仿，向自主创新平稳迈进，在世界范围内中国的高铁行业、太阳能行业以及家电行业技术水平的变化，都充分证实了这一点。

因此，技术创新是中国制造业发展质量的重要动能，通过加快产业的现代化转型与产业的升级、集约型的发展模式促进增长、提升制造业全要素生产率等多种方式和路径，促进制造业的自主创新和技术进步，从而快速提升产业的质量水平。

六、保证中国制造业高质量发展的人才资源

深化教育改革，提升高等教育水平，保证中国制造业高质量发展的人才资源支撑系统。人才是推动制造业高质量发展的重要保证。已有现实的观察得到，中国在尖端技术领域的生产和技术并不落后于世界发达国家，中国甚

至很早就可以制造出世界领先的尖端武器以及重大的装备。但是中国制造业的生产模式却长期依赖于较少数具有专业技术和素养的"人",这些技术性人才一旦离开相应的岗位,很多先进的技术和应用将会面临"失传"的问题。

如前面所述,要突破产业的技术水平和创新能力这一瓶颈,应鼓励和引导企业加大研发投入力度,并积极鼓励企业承担国家重大专项课题的研究,逐渐加强与高校以及科研机构等的组合,可以创建创新联合体,大力推进产学研协同创新,由此在提高科技创新对制造业发展的支撑能力的同时,加快速度突破中国制造业关键核心技术瓶颈问题。

中国目前高技能及创新型人才相对缺乏,在新兴领域及前沿领域的人才更为短缺,而这急需深化教育改革,尤其是提高高等教育水平。需要提高教育领域劳动力的社会地位和经济待遇,以高技术复合型人才为重点培养对象,推进高校和企业及社会的结合,通过"产学研"的正反馈方式,积极满足制造业高质量发展的人才需求。

第十一章　全书结论与研究展望

"工业4.0"战略引起了全球范围内各个国家,在理论上和现实产业内,关于制造业乃至整个工业发展前景的研究、探讨与实践。本研究以一个中心(智能化)、两重效应(代际效应和提振效应)、八个维度(制造业发展质量维度)为研究主线,详细分析了在国际再全球化与国内经济发展新常态的历史阶段,中国制造业在新一轮工业革命中,受到"工业4.0"智能化变革带来的产业发展质量变化的机理问题,并以五条路径(技术路径),六点对策(提升发展质量)为辅线,探析了"工业4.0"影响中国制造业技术进步的路径,进而得出中国制造业高质量发展的对策问题。

第一节　全书的主要结论

综合理论和实证检验分析的内容,本书得出以下几方面的结论。

(1)"工业4.0"战略提出的动因,以及对中国制造业发展的启示。

在经济全球化及再全球化的演进和变革中,包括美国、日本及中国等在内的世界大部分国家开始重新思考制造业的发展方向,并制定制造业的发展战略,来进一步平衡实体经济和虚拟经济在国民经济发展中的构成、地位及作用。

德国在两次严峻的经济危机中,其国民经济发展的确受到了严重的影响,但是凭借自身坚实的工业基础,尤其是国内制造业的突出地位,德国顺利地渡过了难关。德国想继续保持在全球范围内传统制造业所具有的优势,并以此不断促进本国国内信息技术革命的新一轮推进,以引起在高科技方面国内工业企业的研究与开发内容,从而开辟全球范围内创新领域的引擎和主动地位,来获得创新领域的源泉和现实应用,由此率先开创性地提出"工业4.0"战略。

"工业4.0"战略的提出,在提升了德国在世界范围内制造业的国际竞争力的同时,也对世界上其他国家的传统制造业企业的发展起到了启示和带动的作用。

首先，中国制造业蓬勃发展的状态相对稳定，制造业及各个行业主营业务收入总量迅猛增长，呈现出"双M"形趋势。其次，中国制造业固定资产增长率及劳动力就业人数增长速度出现衰减的"M"形。

（2）制造业发展质量的衡量要以经济期望为中心，同时兼顾企业质量和产品质量。中国制造业发展质量的评价体系，可以从增长度、效率度、对外依存度、创新度、企业质量、产品质量、社会贡献、环境度等八个方面进行构建。通过变异系数法，对2003—2016年中国制造业29个细分行业和制造业总量进行分析，认为中国制造业发展质量存在较多问题。

中国制造业总体发展质量水平较低，制造业主要靠大量的劳动及资本投入来推动产业增长。中国的制造业发展质量总体状况并不乐观，增长度呈波动式下降趋势，效率度表现为"U"形发展态势。制造业的企业质量和产品质量不容乐观，表现出缓慢波动式下降趋势，制造业企业和产品的质量亟须改善。社会贡献度和环境度呈现出逐年稳步上升，且波动幅度不显著的演变趋势。制造业创新已提上日程，创新度在近两年中也实现了跨越式的进步。制造业的环境影响及产业技术创新方面都引起了社会大量关注，这会逐步推动制造业向集约型及创新型方向转变。

（3）技术创新是经济发展的重要动力和源泉，"工业4.0"将通过"智能化"的变革对产业乃至整个社会的发展产生巨大的代际效应和提振效应冲击。

相比于前三次工业革命，"工业4.0"的代际变革主要表现为智能化核心，即包括"消费智能化"和"生产智能化"。其中以智能制造为主导，重新构造了价值创造体系，通过自动化、网络化和信息化的三位一体升级，能够实现大批量个性化生产，进而满足人的个性化需求，最终显著增加社会福利。

"工业4.0"能够提升德国在世界范围内制造业的国际竞争力；对世界上其他国家和地区有启示和带动作用；对传统工业及制造业企业有重要推动作用；使得消费者多样性需求得到很好的满足。这些构成了"工业4.0"提振效应的主要内容。

（4）"工业4.0"的"智能化"核心，对中国制造业发展质量产生"代际效应"和"提振效应"的作用机理。

"工业4.0"使得中国制造业产业内部企业之间的关系逐渐趋于竞争化，且竞争的复杂性也会增加；会促进产业之间的集成，产业之间新的依存关系和共存关系会创造出新的业务模式，打破原有产业结构的平衡；提高生产率和中国制造业企业的创新能力，提升企业的技术进步率，进而提升产业的技术进步率。

"工业4.0"对中国制造业发展质量的代际效应作用机理及影响逻辑主要包括：转变中国制造业思维范式；升级中国制造业技术水平；提升在价值链中的附加价值；转变中国制造业生产模式、商业模式、管理模式，实现中国制造业的人机多模式交互与协同；制造业产品转变为智能产品。

"工业4.0"对中国制造业发展质量的提振作用机理包括：提升中国制造业效率；改善中国制造业市场空间；增加中国制造业对外的交流和沟通；影响制造业企业的成本，实现生产流程和生产设备的自组织性；使得中国制造业能够稳定高素质人才的职业，增加劳动力就业机会，延长人类劳动的生命时间；使制造业减少对自然资源的获取和利用，提升制造业资源和能源的生产效率，实现清洁生产、可持续生产和绿色生产，弱化制造业企业的自然资源竞争优势，体现出制造业的环境友好性。

中国制造业发展质量在"智能化"的作用下，代际和提振的作用机理内容已经凸显：中国制造业信息物理系统已得到广泛发展和推广；人工智能获得了重大进展；垂直一体化融合的加速促使商业模式变革；网络化和信息化促使生产流程向智能化演进；市场"智能化"需求增长效应凸显；规模报酬实现递增趋势；竞争性创新越来越激烈。

（5）在"工业4.0"提出之后的几年里，中国制造业发展质量的主要构成维度指标基本呈现较好的发展状态。

在近15年的发展过程中，中国制造业销售产值增长的稳定性相对较差，呈现出"双M"形发展趋势，行业构成中烟草制品业、食品制造业、家具制造业、橡胶和塑料制品业、金属制品业、废弃资源和废旧材料回收加工业及电气机械及器材制造业增长的稳定性较好；制造业各个行业构成中，资本产出率始终远高于劳动生产率；各行业的效率变化呈现波浪式发展态势，石油加工、炼焦和核燃料加工业的效率变化最为稳定。各行业生产率总体增长情况较好；企业单位数目的变化呈现出明显的"几"字形发展趋势，其中设备制造业企业数目始终居于首位；企业产成品数总体为逐年稳步增长状态，设备相关制造业、食品相关制造业及纺织相关制造业的企业产成品量大幅度回落。出口交货值的增长速度较快。发明专利申请数逐年上升，其中设备相关制造业的专利申请数在制造业中所占的比重最高。

此外，产业发展基础是促进发展质量提升的先决条件；技术水平是产业发展质量的核心推动要素；产业结构并不一定是提升产业发展质量的有利因素；制造业开放度没有显著影响产业的发展质量；政策制度是推动产业发展质量提升的强有力的"手"。外部环境因素中，经济环境的变化对制造业发展质量的影响并不一定是积极的；自然环境在一定程度上影响制造业发展质量；以"工业4.0"为代表的技术环境是中国制造业发展质量的重要装备保证。

（6）在"工业4.0"的代际和提振的作用下，中国制造业的技术进步路径包括内生的自主创新路径、外商技术溢出路径、科技创新的技术溢出路径、政府的科技支持和发展教育的技术路径。

自主创新是中国制造业快速增长和提升发展质量的根本和重要动力；外商直接投资的技术溢出对中国劳动力密集及资本密集产业的增长具有抑制作用，但能积极影响制造业及各行业的发展质量；以信息通信技术为代表的科技创新路径能够提振制造业发展；政府的科技支持虽然不利于制造业自主创新，但可提升制造业总体及技术密集型产业的发展质量；教育水平对技术密集型制造业发展非常重要，且能够积极促进制造业的增长。另外，制造业的增长和发展质量关系紧密，较好的发展质量是产业稳步增长的前提保证，劳动密集型的制造业尤其突出。

（7）"工业4.0"战略提出之后，德国经济及其在世界的经济地位和国际竞争力均平稳快速增长。德国具有强大的工业支撑，尤其是发达的制造业基础，德国的创新能力和信息技术完备程度始终受到美国和日本的追赶与超越，处于相对弱势地位，德国在世界范围内的竞争力并不十分显著，同时德国制造业也面临着中国制造业在世界范围内遥遥领先所带来的威胁。

"工业4.0"战略确实对德国国内主要产业的增加值产生了较为明显的推动作用，支撑"工业4.0"的核心信息物理系统，在一定程度上起到了巨大的推动作用。"工业4.0"战略提出之后，德国产业发展出现了明显的正向拐点效应。但由于"工业4.0"战略提出的时间比较短，其对德国经济今后的发展乃至对世界经济的助推作用的长期影响效果还有待进一步的观察和证实。

（8）中国制造业应该借助于"工业4.0"重要历史转变契机，努力实施以创新驱动为引导的发展战略，不断增强制造业各个行业中企业的创新创造活力及动力，以高质量产品的生产为基本出发点，全面推进制造业高质量发展。具体可以从六个方面入手：加强发展中国制造业质量的指导理念；处理好政府和市场在促进制造业发展中的作用；完善基础设施建设；积极推进制造业的信息化进程；提高中国制造业自主创新能力；保证中国制造业高质量发展的人才资源。

第二节 研究展望

在理论和实证两个方面,本研究都希望在未来的研究中进行进一步的补充和完善。

首先在理论探讨方面,对中国制造业发展质量的分析中,由于构建的衡量体系只是针对产业层面的指标,重点分析宏观产业的发展质量,因此,关于增长度、效率度、对外依存度、创新度、企业质量、产品质量、社会贡献度、环境度等,还可以从行业层面推敲分类,并可以与具体产业和企业结合进行研究。

在实证检验中,分别探讨了"工业4.0"对中国及德国产业的影响情况、中国制造业发展质量情况、"工业4.0"对中国制造业发展质量的影响及在"工业4.0"背景下,提升发展质量的路径选择问题。基于数据的可得性及研究的需要,本书大部分的分析都采用了行业层面的数据,对具体企业的微观数据缺少探讨。在今后的研究中,可以重点搜集中国制造业的微观数据,观察个体针对"工业4.0"的转变及应对策略,从而更全面地探讨"工业4.0"的经济影响及发展中国制造业的方式和提升路径。

参考文献

[1] ＢＤ卡马耶夫. 经济增长的速度和质量 [M]. 武汉: 湖北人民出版社, 1997.

[2] 钞小静, 任保平. 中国经济增长质量的时序变化与地区差异分析 [J]. 经济研究, 2011 (4): 26-40.

[3] 钞小静, 惠康. 中国经济增长质量的测度 [J]. 数量经济技术经济研究, 2009 (6): 75-86.

[4] 陈志文. "工业4.0" 在德国: 从概念走向现实 [J]. 世界科学, 2014 (5): 6-13.

[5] 戴觅, 余淼杰. 企业出口前研发投入、出口及生产率进步——来自中国制造业企业的证据 [J]. 经济学 (季刊), 2011 (10).

[6] [德] 乌尔里希·森德勒. 工业4.0即将来袭的第四次工业革命 [M]. 邓敏, 李现民, 译. 北京: 机械工业出版社, 2014.

[7] 丁纯, 李君扬. 德国 "工业4.0" 内容、动因与前景及其启示 [J]. 德国研究, 2014 (4).

[8] 董鹏, 季伟. 扒开 "工业4.0" 的华丽外衣 [J]. 企业管理, 2014 (11): 12-15.

[9] 杜传忠, 杨志坤. 德国工业4.0战略对中国制造业转型升级的借鉴 [J]. 经济与管理研究, 2015 (7): 82-87.

[10] 邓晶, 张文倩. 生产性服务贸易自由化对制造业升级的影响——基于全球价值链视角 [J]. 云南财经大学学报, 2015 (6): 45-49.

[11] 方创琳, 王德利. 中国城市化发展质量的综合测度与提升路径 [J]. 地理研究, 2011, 30 (11): 1931-1946.

[12] 范承泽, 胡一帆, 郑红亮. FDI对国内企业技术创新影响的理论与实证研究 [J]. 经济研究, 2008 (1): 89-102.

[13] 傅元海, 叶祥松, 王展祥. 制造业结构优化的技术进步路径选择——基

于动态面板的经验分析[J]. 中国工业经济, 2014（9）：78-90.

[14] 傅京燕；李丽莎. 环境规制、要素禀赋与产业国际竞争力的实证研究——基于中国制造业的面板数据[J]. 管理世界, 2010（10）：87-98.

[15] 工业4.0工作组, 德国联邦教育研究部. 德国工业4.0战略计划实施建议（上、中）[J]. 机械工程导报, 2013（7-12）：23-55.

[16] 工业4.0工作组, 德国联邦教育研究部. 德国工业4.0战略计划实施建议（下）[J]. 机械工程导报, 2014（1）：31-45.

[17] 高传胜. 中国生产者服务对制造业升级的支撑作用——基于中国投入产出数据的实证研究[J]. 山西财经大学学报, 2008（1）：44-50.

[18] 高觉民, 李晓慧. 生产性服务业与制造业的互动机理：理论与实证[J]. 中国工业经济, 2011（6）：151-160.

[19] 顾乃华, 毕斗斗, 任旺兵. 中国转型期生产性服务业发展与制造业竞争力关系研究——基于面板数据的实证分析[J]. 中国工业经济, 2006（9）：14-21.

[20] 郭克莎. 所有制结构变动与工业增长质量[J]. 管理世界, 1998（1）：133-146.

[21] 郭克莎. 对中国外贸战略与贸易政策的评论[J]. 国际经济评论, 2003（5）：31-34.

[22] 何伟. 中国区域经济发展质量综合评价[J]. 中南财经政法大学学报, 2013（4）：49-56.

[23] 贺正楚, 潘红玉. 德国"工业4.0"与"中国制造2025"[J]. 长沙理工大学学报（社会科学版）, 2015（3）：103-110.

[24] 韩晶, 基于SFA方法的中国制造业创新效率研究[J]. 北京师范大学学报（社会科学版）, 2010（6）：115-122.

[25] 黄群慧, 贺俊. 中国制造业的核心能力、功能定位与发展战略——兼评《中国制造2025》[J]. 中国工业经济, 2015（6）：5-17.

[26] 黄阳华. 德国"工业4.0"计划及其对中国产业创新的启示[J]. 经济社会体制比较, 2015（3）：1-10.

[27] 黄毅敏, 齐二石. 工业工程视角下中国制造业发展困境与路径[J]. 科学学与科学技术管理, 2015, 36（4）：85-94.

[28] 金海年. 新供给经济增长理论：中国改革开放经济表现的解读与展望[J]. 财政研究, 2014（11）：2-7.

[29] 金碚, 李钢, 陈志. 加入WTO以来中国制造业国际竞争力的实证分析

[J].2006（10）：5-14.

[30] 金碚. 中国工业的技术创新 [J]. 中国工业经济, 2004（5）: 5-14.

[31] 金碚. 工业的使命和价值——中国产业转型升级的理论逻辑 [J]. 中国工业经济, 2014（9）: 51-64.

[32] 孔伟杰. 制造业企业转型升级影响因素研究——基于浙江省制造业企业大样本问卷调查的实证研究 [J]. 管理世界, 2012（9）: 120-131.

[33] 刘明宇, 芮明杰, 姚凯. 生产性服务价值链嵌入与制造业升级的协同演进关系研究 [J]. 中国工业经济, 2010（8）: 66-75.

[34] 刘文栋, 刘小辉, 陈建伟. 从"工业4.0"看中国制造 [J]. 企业管理, 2015（6）: 24-25.

[35] 刘翔宇. 中国"工业4.0"具备后发优势 [J]. 当代经济, 2015（15）: 4-5.

[36] 刘志彪. 全球化背景下中国制造业升级的路径与品牌战略 [J]. 财经问题研究, 2005（5）: 25-31.

[37] 罗文, 徐光瑞. 中国工业发展质量研究 [J]. 中国软科学, 2013（1）: 50-60.

[38] 罗文. 德国工业4.0战略对中国推进工业转型升级的启示 [J]. 工业经济论坛, 2014（4）: 52-59.

[39] 刘戒骄. 美国再工业化及其思考 [J]. 中共中央党校学报, 2011（4）: 41-46.

[40] 刘伟丽, 陈勇. 中国制造业的产业质量阶梯研究 [J]. 中国工业经济, 2012（11）: 58-70.

[41] 刘继国, 李江帆. 国外制造业服务化问题研究综述 [J]. 经济学家, 2007（5）: 119-126.

[42] 李佐军, 田惠敏. 迎接工业4.0时代带来的挑战 [N]. 证券日报, 2015-01-10, 第A03版.

[43] 李永友. 基于江苏个案的经济发展质量实证研究——兼与浙江、上海的比较分析 [J]. 中国工业经济, 2008（6）: 138-147.

[44] 李春梅. 中国制造业发展质量的评价及影响因素——来自2003—2016年制造业行业面板数据的实证 [J]. 经济问题, 2019（8）: 44-53.

[45] 李春梅. "工业4.0"对经济发展的影响及作用效果——基于德国行业面板数据的实证分析 [J]. 科技管理研究, 2019（7）128-136.

[46] 李金华. 德国"工业4.0"与"中国制造2025"的比较及启示 [J].

中国地质大学学报（社会科学版），2015（9）：71-79.

[47] 李荣平．多指标统计综合评价方法研究［J］．河北科技大学学报，2004（1）：85-88.

[48] 李政新．"德国工业4.0"对河南工业升级的启示［J］．区域经济评论，2015（3）：85-91.

[49] 李云志．"工业4.0"时代的管理架构研究［J］．管理观察，2014（24）：95-96.

[50] 黎作鹏，张天驰，张著．信息物理融合系统（CPS）研究综述［J］．计算机科学，2011（9）：25-31.

[51] 李青原，唐建新．企业纵向一体化的决定因素与生产效率——来自中国制造业企业的经验证据［J］．南开管理评论，2010，13（3）：60-69.

[52] 林毅夫，章奇，刘明兴．金融结构与经济增长：以制造业为例［J］．管理世界，2003（1）：3-22.

[53] 林毅夫，张鹏飞．后发优势、技术引进和落后国家的经济增长［J］．经济学（季刊），2005（4）：53-74.

[54] 林卫斌，苏剑．供给侧改革的性质及其实现方式［J］．价格理论与实践，2016（1）：16-19.

[55] 冷崇总．构建经济发展质量评价指标体系［J］．宏观经济管理，2008（4）：43-45.

[56] 裴长洪，于燕．德国"工业4.0"与中德制造业合作新发展［J］．财经问题研究，2014（10）：27-33.

[57] 阮建青，张晓波，卫龙宝．危机与制造业产业集群的质量升级——基于浙江产业集群的研究［J］．管理世界，2010（2）：69-79.

[58] 任静．提高多指标决策客观性的赋权方法［J］．管理评论，2012（5）：160-169.

[59] 芮明杰．"工业4.0"：新一代智能化生产方式［J］．世界科学，2014（5）：19-20.

[60] 宋明顺，张霞，易荣华，等．经济发展质量评价体系研究及应用［J］．经济学家，2015（2）：35-43.

[61] 孙慧钧．关于权数与赋权方法分类的探讨［J］．东北财经大学学报，2009（4）：3-7.

[62] 童有好．"互联网+制造业服务化"融合发展研究［J］．经济纵横，2015（10）：62-67.

[63] 唐志良,刘建江. 美国再工业化对中国制造业发展的负面影响研究 [J]. 国际商务(对外经济贸易大学学报),2012(4):12-20.

[64] 唐晓华,李绍东. 中国装备制造业与经济增长实证研究 [J]. 中国工业经济,2010(12):27-36.

[65] 王家庭,王漩. 中国制造业发展的现实反思及其国际竞争力研究 [J]. 经济问题探索,2011(7):1-8.

[66] 吴延兵. R&D 与生产率——基于中国制造业的实证研究 [J]. 经济研究,2006(11):60-71.

[67] 吴延兵. 自主研发、技术引进与生产率——基于中国地区工业的实证研究 [J]. 经济研究,2008(8):51-64.

[68] 汪应洛. 推进服务型制造:优化中国产业结构调整的战略思考 [J]. 西安交通大学学报(社会科学版),2010(3):26-40.

[69] 汪建,卢晨,郭政,等. 多国制造业质量发展指数及其变化规律实证研究 [J]. 科技进步与对策,2015(18):43-50.

[70] 魏后凯. 要有计划地稳步推进老工业基地调整改造 [J]. 宏观经济研究,2003(10):10-12.

[71] 魏下海,董志强. 中国企业劳动收入份额变动分解:代际效应与年龄效应——基于队列分析方法的发现 [J]. 财经研究,2013(1):82-92.

[72] 温诺·托马斯,等. 增长的质量 [M]. 北京:中国财经出版社,2001.

[73] 王展祥,王秋石,李国民. 工业化的动因与影响研究——一个文献综述 [J]. 经济问题探索,2011(1):18-21.

[74] 夏杰长,刘奕,顾乃华. 制造业的服务化和服务业的知识化 [J]. 国外社会科学,2007(7):8-13.

[75] 肖文,林高榜. 政府支持、研发管理与技术创新效率——基于中国工业行业的实证分析 [J]. 管理世界,2014(4):71-80.

[76] 徐从才,丁宁. 服务业与制造业互动发展的价值链创新及其绩效——基于大型零售商纵向约束与供应链流程再造的分析 [J]. 管理世界,2008(8):77-86.

[77] 徐广林,林贡钦. 工业 4.0 背景下传统制造业转型升级的新思维研究 [J]. 上海经济研究,2015(10):107-113.

[78] 徐光瑞. 中国工业发展质量的现状与对策 [J]. 经济纵横,2014(11):9-14.

[79] 许永兵. 河北省经济发展质量评价——基于经济发展质量指标体系的分

析[J]. 河北经贸大学学报, 2013, 34（1）: 58-65.

[80] 许召元, 张文魁. 国企改革对经济增速具有提振效应[N]. 经济参考报, 2015（9）: 1-3.

[81] 余红伟, 胡德状. 中国区域制造业质量竞争力测评及影响因素分析[J]. 管理学报, 2015, 12（11）: 1703-1709.

[82] 余东华, 范思远. 生产性服务业发展、制造业升级与就业结构优化——民工荒与大学生就业难的解释与出路[J]. 财经科学, 2011（2）: 61-68.

[83] 杨宇. 多指标综合评价中赋权方法评析[J]. 统计与决策, 2006（7）: 17-19.

[84] 杨帅. 工业4.0与工业互联网比较、启示与应对策略[J]. 当代财经, 2015（8）: 99-107.

[85] 张慧明, 蔡银寅. 中国制造业如何走出"低端锁定"——基于面板数据的实证研究[J]. 国际经贸探索, 2015（1）: 52-65.

[86] 张明志, 李敏. 国际垂直专业化分工下的中国制造业产业升级及实证分析[J]. 国际贸易问题, 2011（1）: 118-128.

[87] 张曙. 中国制造企业如何迈向工业4.0[J]. 机械设计与制造工程, 2014（12）: 1-5.

[88] 周黎安, 张维迎, 顾全林, 等. 企业生产率的代际效应和年龄效应[J]. 经济学（季刊）, 2007（5）: 297-318.

[89] 周其仁. 中国制造业成本优势正在发生重要变化[J]. 21世纪经济报道, 2005（4）.

[90] 中国社会科学院工业经济研究所课题组. 第三次工业革命的特征及影响[J]. 中国社会科学报, 2012（9）: 93-98.

[91] 周佳丽. 如何缩短"中国制造"与德国"工业4.0"的差距[J]. 经营与管理, 2015（8）: 27-29.

[92] 朱有为, 张向阳. 价值链模块化、国际分工与制造业升级[J]. 国际贸易问题, 2005（9）: 98-103.

[93] [美]朱兰, 戈弗雷. 朱兰质量手册: 第5版[M]. 焦叔斌, 等, 译. 北京: 中国人民大学出版社, 2003.

[94] 赵勇, 齐讴歌, 曹林. 装备制造业服务化过程及其保障因素——基于陕鼓集团的案例研究[J]. 科学学与科学技术管理, 2012（12）: 108-117.

[95] [美]克劳士比.质量免费——确定质量的艺术[M].杨钢,林海译.北京:中国人民大学出版社,2006.

[96] 质量管理体系 基础和术语 GB/T 19000-2008/ISO 9000:2005[S].中国标准出版社,2009.

[97] ABERNATHY W J, Utierback J M. Patterns of innovation in industry[J]. Technology Review, 1978 (6/7): 40-47.

[98] AGHION P, HOWITT P. A model of growth throughcreative destruction[J]. Econometrica, 1992 (60): 323-351.

[99] ASHRAF A, HERZER D, NUNNENKAMP P. The effects of greenfield FDI and cross-border M and As on total factor TFP[J]. World Economy, 2016, 39 (11): 1728-1755.

[100] BACKER G S, MUPHY K M. The division of labor, coordination costs, and knowledge[J]. Quarterly journal of economics, 1992 (4): 1137-1160.

[101] BERBON FINLAND FUTURE P, WATKINS J N. The industrial internet: Robotics, automation, and the future of manufacturing[R]. Team Watch Report, 2014.

[102] BLANCHET M, RINN T, von THADEN G, et al. Industry 4.0: The new industrial revolution-how europe will succeed[R/OL]. Roland Berger Strategy Consultants Gmb H. 2015 (1).

[103] BORENSZTEIN E, Gregorio J D, Lee J W. How does foreign direct investment affect economic growth? [J]. Journal of International Economics, 1998 (45): 115-135.

[104] BRYNJOLFSSON E, HITT L M. Beyond computation: information technology, organizational transformation and business performance[J]. The Journal of Economic Perspectives, 2000, 14 (4): 23-8.

[105] BREZNITZ D, MURPHREE M. Run of the red queen: Government, innovation globalization and economic growth in China[M]. Yale University Press. 2011.

[106] DIXIT A K, STIGLITZ J E. Monopolistic competition and optimum product diversity[J]. The American Economic Review, 1977, 67 (3): 297-308.

[107] FRAZZON E, HARTMANN J, MAKUSCHEWITZ T et al. Towards socio-cyber-physical systems in production networks[R]. In 46th CIRP Conference on Manufacturing Systems, 2013, 7: 49-54.

[108] FELDMAN M P, KELLEY M R. The ex ante assessment of knowledge spillovers: Government R and D policy, economic incentives and private firm behavior [J]. Research Policy, 2006, 35 (10): 1509-1521.

[109] FUJIMOTA, TAKAHIRO. Architecture-based comparative advantage-a design information view of manufacturing [J]. Evolutionary and Institutional Economic Review. 2007, 4 (1): 23-45.

[110] FRIDEMAN M. The use of ranks to avoid the assumption of normality implicit in the analysis of variance [J]. Journal of the American Statistical Association, 1937, 34 (200): 109-109.

[111] GRUBER F E. Industry 4.0: A best practice project of the automotive industry [J]. Digital Product and Process Development Systems, 2013 (411): 36-40.

[112] GREENE. Econometric Analysis (4th edn) [M]. Prentice-Hall: Upper Saddle River, 2000.

[113] GROSSMAN G, HELPMAN E. Innovation and growth in the global economy [M]. MIT Press, 1991.

[114] JOSH, LERNER. The architecture of innovation: The economics of creative organizations [M]. Cambridge: Business School. 2012.

[115] HASKEL J E, PEREIRA S C, SLAUGHTER M J. Does inward foreign direct investment boost the productivity of domestic firms? [J]. Review of Economics and Statistics, 2007, 89 (3): 482-496.

[116] JAVORCIK B S. Does foreign direct investment increase the TFP of domestic firms? In search of spillovers through backward linkages [J]. The Aerican Economic Review, 2004, 94 (3): 605-627.

[117] KIM, LINSU, NELSON, et al. Technology, learning, and innovation: Experiences of newly industrializing economies [M]. Cambridge University Press, 2000.

[118] KIM C S, INKPEN A C. Cross-border R & D alliances, absorptive capacity and technology learning [J]. Journal of International Management, 2005, 11 (3): 313-329.

[119] LEE J, BAGHERI B, Kao H A. A cyber-physical systems architecture for Industry 4.0-based manufacturing systems [J]. Manufacturing Letters, 2015 (3): 18-23.

[120] LUCAS R E Jr. On the mechanics of economic development [J]. Journal of Monetary Economics, 1988 (22): 3-42.

[121] MOLINARI B, RODRÍGUEZ J, TORRES J L. Growth and technological progress in selected Pacific countries [J]. Japan and the World Economy, 2013, 28 (6): 60-71.

[122] RIVERA-BATIZ F L, RIVERA-BATIZ L A. The effects of direct foreign investment in the presence of increasing returns due to specialization [J]. Journal of Development Economics, 1990, 34 (1): 287-307.

[123] ROMER P M. Increasing returns and long-run growth [J]. Journal of Political Economy, 1986, 94: 1002-1037.

[124] SILJ A B, SOUMITRA D, BRUNO L. The global information technology report 2016 [R]. Switzerland, 2016.

[125] FEIGENBAUM A V. Total quality control: Engineering and management: the technical and managerial field for improving product quality, including its reliability, and for reducing operating costs and losses [M]. McGraw-Hill, 1961

[126] JAY LEE, BEHRAD BAGHERI, HUNG-AN KAO, A Cyber-physical systems architecture for industry 4.0 - based manufacturing systems, Manufacturing Letters, 2015 (3): 18-23.

[127] http://www.rolandberger.com/media/pdf/Roland_ Berger TAB Industry 4.0, 20140403.pdf.

[128] LERNER J. The architecture of innovation: The economics of creative organizations [M]. Cambridge: Business School. 2012.

[129] HANCU O, MATIES V, BALAN R, et al. Mechatronic approach for design and control of a hydraulic 3-dof parallel robot [C]. The 18th International DAAAM, 2007.

[130] HERRMANN C, SCHMIDT C, Kurle D et al. Sustainability in manufacturing and factories of the future [J]. International Journal of Precision Engineering and Manufacturing, 2014, 1 (4): 283-292.

[131] HERRMANN C, SCHMIDT C, KURLE D et al. Sustainability in manufacturing and factories of the future [J]. International Journal of Precision Engineering and Manufacturing, 2014, 1 (4): 283-292.

[132] LIANG F H. Does foreign direct investment improve the TFP of domestic

firms? Technology spillovers, industry linkages, and firm capabilities [J]. Research Policy, 2017, 46 (1): 138-159.

[133] LEE E A, SESHIA S A. Introduction to embedded systems – a cyber – physical systems approach. LeeSeshia. org, 2011.

[134] MILTON FRIEDMAN. The use of ranks to avoid the assumption of normality implicit in the analysis of variance [J]. Journal of the American Statistical Association, 1937, 34 (200): 109-109.

[135] OSAKA W W. Industry 4.0: The role of semantic product memories in cyber-physical production systems [R]. Foundations of Semantic Product Memories for the Internet of Things, Springer, 2013.

[136] DRATH R, HORCH A. Industrie 4.0: Hit or Hype? [J]. IEEE Industrial Electronics Magazine, 2014, 8 (2): 56-58.

[137] STORK A. Visual computing challenges of advanced manufacturing and Industrie 4.0 [J]. IEEE Engineering in Medicine & Biology Magazin, 2015, 35 (2): 21-25.

[138] SCHUH G, REUTER C, HAUPTVOGEL et al. Hypotheses for a theory of production in the context of Industrie 4.0 [J]. Lecture Notes in Production Engineering, 2015: 11-23.

[139] SCHUH G, POTENTE T, VARANDANI R et al. Collaboration moves productivity to the next level, to be published in 47th CIRP Conference on Manufacturing Systems 2014.

[140] SCHUH G, POTENTE T, WESCH-POTENTE C et al. Sustainable increase of overhead productivity due to cyber – physical – systems [J]. In Proceedings of the 11th Global Conference on Sutainable Manufacturing – Innovation Solutions, 2013a: 332-335.

[141] SCHUH G, POTENTE T, WESCH – POTENTE C et al. Collaboration mechanisms to increase productivity in the context of Industrie 4.0, In 2nd CIRP Robust Manufacturing Conference [C]. 2014, 51-56.

[142] SUH S C, CARBONE J N, EROGLU A E. Applied cyber-physical systems [M]. New York Inc., 2014.

[143] TAKAHASHI S. Virtual tryout technologies for preparing automotive manufacturing [J]. JWRI, 2012.

[144] SCHUH G, POTENTE T, HAUPTVOGEL A et al. Hypotheses for a theory

of production in the context of Industrie 4.0 [J]. Lecture Notes in Production Engineering, 2015: 11-23.

[145] SILJA BALLER, SOUMITRA DUTTA, BRUNO LANVIN. The Global Information Technology Report 2016 [M]. Switzerland, 2016.

[146] VOUDOURIS I, LIOUKAS S, LATRELLI M. Effectiveness of technology investment: Impact of internal technological capability, networking and investment's strategic importance [J]. Technovation, 2012, 322 (6): 400-414.

[147] WOOLDRIDGE, JEFFREY M. Econometric analysis of cross section and panel data [M]. MIT Press, 2002.

[148] WILLIAM J, ABERNATHY, JAMES M. Utierback, patterns of innovation in industry [J]. Technology Review, 1978 (6): 40-47.

[149] WALLSTEN S J. The effects of government-industry R & D programs on private R & D: The case of the small business innovation research program [J]. Rand Journal of Economics, 2000, 31 (1): 82-100.

[150] World Economic Forum. The Global Competitiveness Report 2016—2017 [R]. New Delhi, 2016, 42.

[151] World Economic Forum. The Global Competitiveness Report 2015—2016 [R]. New Delhi, 2015, 24.

[152] World Economic Forum. Human Capital Report 2015 [R]. New Delhi, 2015, 10.

[153] World Economic Forum. Human Capital Report 2017 [R]. New Delhi, 2017, 8.

[154] World Economic Forum. The Global Competitiveness Report 2017—2018 [R]. New Delhi, 2018, 23.

[155] World Economic Forum. The Global Competitiveness Report 2015—2016 [R]. New Delhi, 2015, 24.

[156] WOOLDRIGE, JEFFREY M. Econometric analysis of cross section and panel data [M]. MIT Press, 2002.

[157] ZELLNER A, THEIL H. Three stage least squares-simultaneous estimation of simultaneous equations [J]. Econanetrica, 1962 (1): 54-78.

[158] DEMING W E. Quality, productivity and competitive position [J]. MIT Center for Advanced Engineering, 1982: 16.

附 录

表1　2003—2009年中国制造业及各行业规模以上工业企业工业销售产值（现价）

（单位：亿元）

指标	2003年	2004年	2005年	2006年	2007年	2008年	2009年
农副食品	5 987.19	8 154.99	10 405.56	12 722.34	17 134.78	23 373.92	27 362.87
食品制造业	2 220.31	2 813.01	3 697.5	4 612.91	5 920.08	7 461.37	9 001.45
饮料制造业	2 195.65	2 389.4	3 020.69	3 825.15	4 962.96	6 068.51	7 259.52
烟草制品业	2 236.21	2 589.48	2 881.3	3 213.93	3 791.72	4 440.62	4 908.78
纺织业	7 560.09	10 125.79	12 408.2	15 012.96	18 322.13	20 908.03	22 486.61
纺织服装	3 330.22	3 889.16	4 849.34	5 986.04	7 404.41	9 161.78	10 163.81
皮革毛皮等	2 227.2	2 693.48	3 390.05	4 062.49	5 037.08	5 757.81	6 268.44
木材加工	966.7	1 346.82	1 771.78	2 360.35	3 432	4 662.56	5 610.58
家具制造业	705.07	1 130.89	1 398.35	1 834.04	2 369.84	3 003.72	3 363.3
造纸及制品	2 482.68	3 280.88	4 063.31	4 952.35	6 226.18	7 651.68	8 110.39
印刷媒介	1 002.54	1 167.97	1 408.36	1 664.98	2 068.9	2 627.34	2 901.92
文教用品	942.42	1 192.68	1 453.4	1 724.09	2 047.92	2 429.68	2 580.37
石油加工等	6 210.35	8 842.95	11 886.98	15 018.66	17 745.55	22 292.05	21 207.27
化学原料等	9 043.73	12 611.58	16 035.9	20 016	26 203.18	33 054.85	35 996.92
医药制造业	2 718.31	3 067.47	4 003.14	4 764.23	6 003.96	7 481.92	9 021.74
化学纤维	1 420.75	1 905.33	2 564.28	3 151.73	4 006.79	3 876.63	3 779.85
橡胶塑料	4 279.43	5 905.16	7 091.7	8 917.29	11 346.1	13 815.19	15 378.06
非金属矿物	5 489.83	7 347.86	8 966.17	11 447.79	15 196.73	20 376.74	24 279.04
黑色金属	9 937.3	16 693.3	21 035.94	25 121.41	33 405.39	43 925.06	41 737.49
有色金属	3 494.68	5 915.24	7 786.85	12 708.93	17 748.66	20 345.16	20 085.55
金属制品业	3 772.84	5 033.14	6 440.93	8 347.94	11 214.28	14 653.98	15 620.82
通用设备	5 539.64	8 261.02	10 331.81	13 451.55	17 962.89	23 998.78	26 714.99
专用设备	3 724.79	4 924.47	5 894.54	7 724.74	10 294.86	14 002.6	16 350.95
交通运输	11 013.81	13 547.95	15 616.71	19 941.96	26 549.42	32 867.03	40 793.04
电气及机械等	7 659.06	10 954.22	13 564.89	17 776.96	23 398.19	29 643.84	32 558.56
通信设备等	15 522.13	21 810.9	26 403.64	32 362.74	38 538.18	42 928.17	43 680.24
仪器仪表等	1 607.59	2 159.3	2 736.76	3 471.54	4 238.64	4 824.93	4 976.78
工艺品及其他	1 275.87	1 598.55	1 997.7	2 478.85	3 300.83	3 956.91	4 346.26
废弃回收	49.74	197.16	282.63	408.64	670.6	1 096.91	1 423.39
制造业	124 616.13	171 550.15	213 388.41	269 082.59	346 542.25	430 687.77	467 968.99

表2　2010—2016年中国制造业及各行业规模以上工业企业工业销售产值（现价）

（单位：亿元）

指标	2010年	2011年	2012年	2013年	2014年	2015年	2016年
农副食品	34 228.93	43 272.65	51 601.59	59 643.06	63 595.75	65 835.97	68 857.76
食品制造业	11 049.45	13 795.29	15 573.50	18 039.24	19 914.00	21 871.59	23 544.40
饮料制造业	8 915.26	11 542.05	13 233.13	15 149.36	16 372.18	17 626.59	19 034.28
烟草制品业	5 846.40	6 839.57	7 940.39	8 722.41	9 116.64	9 620.49	8 855.80
纺织业	27 972.91	32 068.29	31 776.73	35 446.74	37 704.25	39 392.98	40 287.42
纺织服装	11 992.48	13 193.69	17 200.28	19 382.34	21 056.56	22 307.52	23 664.77
皮革毛皮等	7 724.80	8 728.17	11 145.78	12 526.52	13 855.50	14 696.11	15 189.99
木材加工	7 208.90	8 772.10	10 283.81	12 054.22	13 490.65	14 124.94	15 119.70
家具制造业	4 305.23	4 976.72	5 647.49	6 618.17	7 348.16	7 979.87	8 826.79
造纸及制品	10 246.30	11 815.18	12 559.01	12 976.59	13 774.99	14 215.55	14 832.74
印刷媒介	3 501.26	3 793.34	4 533.55	6 063.27	6 893.98	7 497.48	8 178.51
文教用品	3 073.59	3 142.11	10 076.59	12 693.76	14 761.64	15 836.08	16 897.37
石油加工等	28 901.13	36 525.65	39 023.35	40 168.42	40 802.63	34 304.56	34 077.50
化学原料等	46 854.79	59 478.30	66 432.85	75 771.09	82 352.92	83 256.38	86 789.56
医药制造业	11 168.50	14 262.31	16 935.68	20 129.16	23 200.28	25 738.22	28 417.72
化学纤维	4 868.20	6 507.62	6 613.10	6 974.78	7 157.88	7 320.83	7 879.83
橡胶塑料	19 402.16	22 489.79	24 299.94	27 639.65	30 131.04	31 442.78	32 764.61
非金属矿物	31 326.46	39 285.23	44 156.17	52 253.06	58 239.63	59 988.20	63 057.45
黑色金属	51 167.55	63 136.66	68 173.89	72 197.85	71 026.51	61 257.31	60 343.78
有色金属	27 557.16	35 091.06	37 551.56	42 667.56	46 154.64	46 480.99	48 879.02
金属制品业	19 649.67	22 882.48	28 970.62	33 207.42	36 612.45	37 671.69	39 334.97
通用设备	34 262.90	39 992.18	37 813.12	43 314.80	47 150.91	47 172.70	48 337.12
专用设备	20 878.51	25 354.42	28 421.16	32 467.75	35 039.02	36 185.03	37 672.91
交通运输	54 512.62	62 256.41	66 172.62	75 377.38	84 995.92	90 161.26	100 733.54
电气及机械等	42 057.21	50 141.59	54 195.48	61 442.08	66 921.57	69 558.22	74 163.80
通信设备等	54 190.95	62 567.28	69 480.88	78 318.64	85 274.75	91 378.86	98 457.24
仪器仪表等	6 267.36	7 444.16	6 620.71	7 521.52	8 286.27	8 749.31	9 441.41
工艺品及其他	5 511.61	7 031.40	2 038.25	2 324.28	2 605.23	2 796.90	2 832.20
废弃回收	2 270.27	2 555.69	2 870.82	3 384.61	3 678.39	3 908.24	4 133.12
制造业	596 912.56	718 941.39	791 342.05	894 475.73	967 514.34	988 376.65	1 040 605.31

表3 2003—2009年中国制造业及各行业规模以上工业企业主营业务收入

(单位：万元)

指标	2003年	2004年	2005年	2006年	2007年	2008年	2009年
农副食品	24 878 166	34 666 971	42 992 852	52 092 436	70 062 120	235 149 262.6	105 463 215.9
食品制造业	13 215 249	16 803 711	21 519 360	27 100 008	33 103 355	74 579 890.2	48 549 350.3
饮料制造业	15 451 773	16 709 077	21 566 341	27 037 479	34 172 705	62 798 975.8	46 882 056.7
烟草制品业	22 053 754	25 326 192	26 864 541	30 650 848	36 820 206	42 947 857.6	49 367 410.2
纺织业	42 528 878	50 765 378	64 966 217	77 702 985	91 556 723	207 382 823	103 049 994
纺织服装	11 999 245	15 293 287	20 046 892	27 202 456	33 187 553	90 302 248.5	43 690 973.4
皮革毛皮等	11 907 791	12 078 890	16 194 966	19 603 437	25 214 172	57 031 989.4	30 989 841.6
木材加工	3 142 681	3 985 215	4 858 123	6 539 739	9 413 844	46 059 841.2	11 675 833.8
家具制造业	2 671 748	5 392 756	6 250 852	8 959 496	10 913 678	29 907 703.9	12 649 030.9
造纸及制品	13 103 983	16 812 103	21 397 115	26 454 469	32 465 870	74 166 604.3	38 202 153.6
印刷媒介	3 933 253	4 507 554	5 542 036	6 536 231	8 036 905	25 852 282.9	9 585 043
文教用品	3 991 653	5 768 835	6 758 079	8 404 526	9 772 959	24 130 222.6	10 632 473.6
石油加工等	54 905 272	80 918 315	118 631 855	134 489 035	159 854 380	227 017 539.2	186 085 091.7
化学原料等	52 514 104	73 981 241	94 108 448	115 955 798	145 590 832	335 068 201.8	182 007 676.6
医药制造业	18 946 084	19 796 839	26 214 106	29 802 532	36 201 735	74 235 646.9	54 566 995.8
化学纤维	10 433 277	13 772 566	19 956 987	24 480 951	31 330 982	39 002 598.4	27 849 885.6
橡胶塑料	19 620 391	26 683 585	33 030 121	40 565 172	49 393 184	137 201 847.6	60 054 967.1
非金属矿物	23 552 622	30 421 754	37 112 878	47 430 323	61 279 120	202 810 942.8	85 776 219.4
黑色金属	86 952 987	140 008 947	177 412 796	214 020 979	290 401 557	454 572 970.6	362 799 478.4
有色金属	22 894 123	35 533 390	47 754 705	79 231 300	109 477 279	206 322 196.4	124 924 545.1
金属制品业	14 423 398	19 399 267	25 247 911	34 792 178	44 535 606	145 386 267.3	52 438 353.5
通用设备	30 298 354	41 773 891	53 901 908	70 397 094	90 048 204	238 198 226.6	116 550 619.9
专用设备	23 459 465	28 057 711	34 272 853	44 689 037	56 234 494	139 992 038	84 602 667.4
交通运输	91 912 791	108 573 597	125 308 128	161 876 047	213 706 239	329 348 977.7	320 214 941.5
电气及机械等	47 385 154	67 790 436	84 807 860	112 779 198	150 667 816	293 316 263.4	195 598 522.5
通信设备等	136 540 154	19 932 267	233 666 302	293 192 500	351 290 480	432 531 090.4	387 148 965.2
仪器仪表等	11 178 149	14 141 667	18 024 339	24 148 952	28 373 195	48 695 029.9	28 764 137.5
工艺品及其他	3 334 982	6 198 158	7 618 512	10 490 350	13 000 581	39 812 344.6	17 072 727.7
制造业	817 229 481	935 093 600	1 396 027 083	1 756 625 556	2 226 105 774	4 313 821 883	2 797 193 172

表4 2010—2016年中国制造业及各行业规模以上工业企业主营业务收入

（单位：万元）

指标	2010年	2011年	2012年	2013年	2014年	2015年	2016年
农副食品	135 826 948.7	438 242 364.2	521 455 774.9	601 250 679.5	636 816 518	653 782 424.4	688 216 945.3
食品制造业	59 539 725.1	138 807 946.5	158 343 319.1	185 363 388.6	206 074 422.9	219 575 770.3	239 553 823.3
饮料制造业	57 758 484.8	115 764 645.8	135 491 429.7	153 476 345.1	163 752 637.9	173 733 500.2	185 380 326
烟草制品业	50 160 620.3	66 642 282.8	75 715 164.9	83 080 778.8	89 626 469.2	93 407 884.1	86 848 240
纺织业	133 509 219.7	322 775 477.5	322 411 432.4	361 837 348.6	382 978 598.1	399 869 631.5	408 442 070.6
纺织服装	51 248 117.9	132 135 009.3	172 858 891.5	194 630 372.3	210 543 987.3	222 320 517	237 413 569.6
皮革毛皮等	39 916 990.1	87 437 508.1	112 687 211.8	126 438 494.3	138 960 838	146 598 212.6	151 630 391.1
木材加工	15 409 312.6	117 761 882.5	102 748 791.5	120 050 683.3	132 474 502.8	139 074 182	147 913 292.2
家具制造业	16 361 460.1	49 388 247.8	56 698 924.5	66 496 391.7	72 748 732.7	78 806 687.8	87 796 381.1
造纸及制品	50 259 544.3	117 972 986.6	125 014 913.3	129 462 768.6	135 351 806.1	139 423 418.7	146 228 201.1
印刷媒介	10 767 247.8	37 907 033	45 354 278.1	59 651 978.1	67 661 649.6	74 018 120	80 574 799.1
文教用品	13 180 934	31 330 261.1	102 773 772.9	129 179 665.4	149 393 002.7	158 797 765.5	169 928 803.7
石油加工等	269 889 416.4	372 843 171.2	393 990 135.3	409 098 760.2	410 574 532	345 683 511	345 160 736.2
化学原料等	243 570 673.9	601 032 171.2	677 562 306.9	766 075 620.4	830 903 037.4	835 739 899.9	872 887 959.5
医药制造业	67 408 243.9	144 784 843.3	173 376 744	205 263 426.3	233 534 724	257 003 045.7	281 985 870
化学纤维	37 449 288.6	66 431 025	67 441 531.9	70 551 973.6	71 588 108.4	72 062 055.6	77 824 759.6
橡胶塑料	77 446 638.2	225 390 632.2	241 568 618	278 534 419.1	299 224 224	310 162 275.6	324 565 490
非金属矿物	112 895 345.3	392 812 773.7	439 890 286.9	519 977 527.3	574 693 474.2	588 661 841.9	619 994 468.3
黑色金属	455 126 072.4	658 224 921.3	715 591 826.9	761 978 519	743 425 956	630 042 751.3	619 814 413.7
有色金属	175 517 768.1	368 335 688.9	412 672 369	470 101 874.9	513 111 911.2	513 766 013.1	533 153 183.4
金属制品业	70 399 044.2	229 277 875.6	290 697 456	331 686 844.7	363 490 011.9	376 688 776	402 548 395.6
通用设备	149 288 773.2	400 730 012	380 432 514.1	435 031 341.9	469 675 635.2	469 791 911	481 660 084
专用设备	115 310 201.7	260 851 706	287 113 871.3	327 012 137.3	348 213 101.4	358 739 726.8	374 024 458
交通运输	442 792 346	629 595 940.1	669 839 597.9	749 843 561.8	855 147 313.5	899 197 040.1	1 005 344 978
电气及机械等	268 174 833.8	500 693 813.7	545 226 130.8	615 858 702.1	669 709 262.2	691 776 426.2	736 252 067.6
通信设备等	484 717 020.1	634 787 743.1	704 300 671.4	788 301 187.5	854 696 254.1	915 161 074.3	996 891 902.7
仪器仪表等	38 150 395.8	74 593 399.5	66 564 780.5	75 122 811.7	83 046 434.3	87 135 733.2	94 976 517
工艺品及其他	24 672 720	71 047 263.1	20 736 050.6	21 822 423.3	24 616 504.5	30 336 876.9	27 513 040.3
制造业	3 666 747 287	7 287 598 625	8 018 558 796	9 037 180 025	9 732 033 650	9 881 357 072	10 424 525 167

表5　2003—2009年中国制造业及各行业规模以上工业企业资产总计

（单位：亿元）

指标	2003年	2004年	2005年	2006年	2007年	2008年	2009年
农副食品	4 141.82	5 107.77	5 750.69	6 924.30	8 798.13	10 977.17	13 344.92
食品制造业	2 307.29	2 851.35	3 252.85	3 688.96	4 415.77	5 244.05	6 155.03
饮料制造业	3 192.52	3 251.98	3 513.79	4 073.04	4 902.58	5 946.24	6 589.65
烟草制品业	2 799.51	3 014.85	3 261.78	3 521.33	3 767.93	4 428.50	4 940.08
纺织业	7 801.29	9 352.12	10 357.97	11 806.97	13 734.66	15 336.57	16 330.18
纺织服装	2 377.25	2 805.13	3 188.77	3 928.66	4 559.15	5 655.88	5 946.06
皮革毛皮等	1 334.26	1 663.15	1 955.44	2 247.26	2 648.94	3 025.09	3 295.87
木材加工	906.91	1 214.62	1 338.73	1 615.99	2 048.13	2 744.61	2 979.74
家具制造业	616.18	901.21	1 032.78	1 320.53	1 655.92	1 941.24	2 126.59
造纸及制品	3 293.45	4 146.79	4 660.00	5 325.50	6 115.13	7 448.77	8 084.38
印刷媒介	1 370.88	1 596.36	1 772.83	1 973.75	2 257.69	2 643.08	2 855.99
文教用品	711.59	906.96	1 014.56	1 172.64	1 366.39	1 595.33	1 651.30
石油加工等	3 978.98	5 118.22	6 490.77	7 584.78	9 398.79	11 698.91	12 983.91
化学原料等	10 704.09	12 744.02	15 175.85	18 485.86	22 420.71	27 567.51	31 825.71
医药制造业	4 316.45	4 719.03	5 549.83	6 136.43	6 916.55	7 881.96	9 341.33
化学纤维	1 595.13	2 122.46	2 461.41	2 736.40	3 462.37	3 366.01	3 389.56
橡胶塑料	4 383.49	5 785.90	6 388.66	7 396.45	8 716.33	10 322.81	11 150.25
非金属矿物	7 583.31	9 375.45	10 370.69	11 937.18	13 971.51	17 927.36	20 820.55
黑色金属	12 021.24	15 595.01	18 950.65	23 117.63	29 097.44	35 197.00	41 009.76
有色金属	4 042.55	5 412.24	6 569.49	8 562.87	11 407.18	14 130.88	16 455.60
金属制品业	3 256.63	4 230.47	4 769.27	5 898.51	7 494.01	9 590.38	10 954.06
通用设备	6 604.64	8 889.28	9 886.06	11 700.84	14 868.07	19 461.37	22 363.37
专用设备	4 816.05	5 781.81	6 391.13	7 671.58	9 962.73	13 538.50	15 448.50
交通运输	11 916.41	14 432.13	16 108.05	19 606.81	25 189.96	31 145.44	38 095.73
电气及机械等	7 373.50	9 484.16	11 062.69	13 221.04	16 411.68	20 747.85	24 224.63
通信设备等	12 086.97	15 759.06	18 063.24	20 500.94	24 376.20	27 012.93	29 737.50
仪器仪表等	1 524.04	1 908.63	2 226.09	2 681.88	3 137.87	3 812.59	4 543.99
工艺品及其他	884.52	1 299.42	1 365.98	1 664.55	2 129.01	2 466.17	2 785.04
废弃回收	26.03	108.07	126.37	195.88	272.27	548.95	746.30
制造业	127 966.98	159 577.65	183 056.42	216 698.56	265 503.10	323 403.15	370 175.16

表6 2010—2016年中国制造业及各行业规模以上工业企业资产总计

（单位：亿元）

指标	2010年	2011年	2012年	2013年	2014年	2015年	2016年
农副食品	16 731.35	19 725.22	23 454.12	27 717.15	31 259.61	32 888.25	33 924.50
食品制造业	7 229.41	8 511.61	10 009.68	11 609.77	13 138.79	14 677.48	15 496.83
饮料制造业	7 852.83	9 441.18	11 176.84	13 119.56	14 249.90	15 599.80	16 761.53
烟草制品业	5 484.04	6 169.25	7 084.34	7 979.59	8 484.66	9 190.25	10 210.17
纺织业	18 789.99	19 993.34	20 479.98	22 350.05	23 908.39	24 304.04	24 522.83
纺织服装	7 026.08	7 468.30	9 985.24	11 181.59	12 282.08	13 043.73	13 748.08
皮革毛皮等	3 907.44	4 260.10	5 598.74	6 852.86	7 013.90	7 323.85	7 396.26
木材加工	3 541.83	3 797.46	4 441.30	5 246.37	6 000.77	6 416.39	6 498.02
家具制造业	2 639.07	2 951.98	3 545.86	4 176.54	4 651.08	5 012.70	5 552.82
造纸及制品	9 655.29	10 933.74	11 862.73	12 847.48	13 413.75	14 024.04	14 117.32
印刷媒介	3 216.39	3 147.31	3 780.74	4 606.26	5 133.43	5 529.08	5 941.04
文教用品	1 829.93	1 790.52	5 086.82	6 410.78	7 681.91	8 361.22	8 932.02
石油加工等	15 669.15	18 870.47	20 938.78	23 169.70	24 664.00	24 795.95	26 508.18
化学原料等	38 771.99	44 919.06	53 382.09	61 317.66	68 462.38	72 573.12	76 073.78
医药制造业	11 116.40	13 220.51	15 768.51	18 450.01	21 739.42	25 071.09	28 789.11
化学纤维	4 204.80	5 236.96	5 737.44	6 205.37	6 455.37	6 695.12	7 148.68
橡胶塑料	13 344.95	14 505.77	16 151.24	18 641.13	20 287.90	21 550.62	22 633.58
非金属矿物	25 567.37	29 888.96	35 407.84	41 451.58	46 575.62	49 076.71	50 865.83
黑色金属	45 984.25	52 025.12	58 183.48	64 725.45	65 248.18	64 748.32	63 537.39
有色金属	20 298.13	23 710.49	28 109.66	32 337.92	36 187.30	37 996.29	40 157.03
金属制品业	13 155.29	15 191.47	19 410.90	22 235.18	26 013.06	25 889.81	26 725.62
通用设备	27 615.27	29 853.77	31 493.59	36 067.21	39 798.84	41 842.85	43 335.59
专用设备	19 561.45	22 778.01	26 403.52	30 704.89	33 724.19	35 455.17	36 841.47
交通运输	47 981.05	54 340.84	59 094.15	66 964.74	73 855.70	82 357.72	92 199.29
电气及机械等	31 717.94	37 583.86	42 317.44	47 487.70	52 333.16	57 153.76	63 139.09
通信设备等	37 719.80	41 510.83	46 427.82	52 287.73	59 973.73	67 231.29	79 055.49
仪器仪表等	5 168.62	6 076.74	5 844.97	6 482.51	7 309.82	8 024.43	8 832.94
工艺品及其他	3 329.98	4 087.01	1 720.23	2 095.31	2 227.75	2 404.20	2 341.14
废弃回收	923.56	1 311.79	1 412.02	1 702.83	1 917.57	1 980.71	2 119.25
制造业	450 033.65	513 301.67	584 310.07	666 424.68	733 992.26	781 217.99	833 404.88

表7 2003—2009年中国制造业及各行业规模以上工业企业平均用工人数

(单位：万人)

指标	2003年	2004年	2005年	2006年	2007年	2008年	2009年
农副食品	181.66	196.51	222.55	238.60	264.80	315.07	337.66
食品制造业	101.07	110.88	121.02	128.13	135.03	154.57	162.70
饮料制造业	89.00	83.92	89.00	92.26	101.02	113.04	119.02
烟草制品业	21.22	19.88	19.67	18.99	18.61	19.77	20.03
纺织业	499.16	587.92	590.96	615.43	626.26	652.06	617.04
纺织服装	289.19	331.91	346.06	377.57	414.19	458.70	449.31
皮革毛皮等	165.37	211.22	228.84	245.63	256.98	273.30	257.57
木材加工	63.83	76.80	83.33	91.62	106.18	131.30	130.67
家具制造业	43.39	64.94	71.27	83.80	91.30	104.41	98.56
造纸及制品	113.95	130.44	130.14	134.77	138.30	151.92	152.64
印刷媒介	59.41	63.50	66.90	68.97	72.38	82.03	82.13
文教用品	87.14	107.54	109.80	114.38	119.32	132.72	122.36
石油加工等	59.66	67.97	74.40	76.79	80.64	86.02	84.95
化学原料等	311.33	326.35	339.99	357.78	380.28	429.64	440.49
医药制造业	115.40	114.38	123.44	130.28	137.34	150.75	160.48
化学纤维	34.22	39.19	42.63	43.40	45.30	45.06	41.45
橡胶塑料	203.15	255.98	262.92	283.55	311.56	352.71	357.78
非金属矿物	396.22	415.32	418.18	426.39	448.41	498.73	508.91
黑色金属	255.91	277.27	287.49	296.13	304.43	313.50	323.02
有色金属	106.60	127.33	130.74	136.82	156.27	185.18	177.64
金属制品业	171.24	213.61	223.23	248.26	273.48	327.17	319.31
通用设备	283.49	343.74	355.12	378.74	420.71	493.21	486.33
专用设备	205.31	219.93	219.89	234.65	256.51	308.43	309.24
交通运输	311.77	341.31	352.40	374.58	408.59	473.14	498.33
电气及机械等	265.12	348.68	367.21	403.98	449.15	527.79	535.00
通信设备等	273.46	378.79	439.64	505.07	587.92	677.31	663.64
仪器仪表等	71.96	84.34	88.68	98.80	106.97	116.48	112.61
工艺品及其他	103.22	124.22	125.51	136.01	136.94	143.35	136.82
废弃回收	1.36	3.99	4.24	5.51	6.64	14.20	13.65
制造业	4 883.81	5 667.86	5 935.25	6 346.89	6 855.51	7 731.56	7 719.34

表8　2010—2016年中国制造业及各行业规模以上工业企业平均用工人数

（单位：万人）

指标	2010年	2011年	2012年	2013年	2014年	2015年	2016年
农副食品	369.01	360.71	389.43	418.15	439.49	424.75	416.94
食品制造业	175.88	176.86	188.90	200.94	206.47	212.05	211.61
饮料制造业	130.02	136.76	147.29	157.81	162.35	166.82	162.61
烟草制品业	21.10	19.93	19.90	19.86	21.63	20.89	21.44
纺织业	647.32	588.83	537.59	486.34	490.20	464.45	436.22
纺织服装	447.00	382.41	418.78	455.14	462.19	449.49	430.49
皮革毛皮等	276.37	259.75	278.33	296.90	303.93	293.94	274.64
木材加工	142.29	128.68	133.37	138.06	142.30	140.78	139.33
家具制造业	111.73	106.42	111.13	115.83	120.05	120.08	122.10
造纸及制品	157.91	146.75	143.55	140.35	138.12	134.95	127.11
印刷媒介	85.06	70.98	81.62	92.26	95.91	98.07	98.71
文教用品	128.11	110.32	166.59	222.86	227.83	234.49	232.22
石油加工等	92.15	96.12	95.32	94.51	96.84	93.29	87.63
化学原料等	474.14	454.86	474.89	494.91	498.86	492.03	480.59
医药制造业	173.17	178.60	193.58	208.55	222.39	230.48	235.92
化学纤维	43.93	46.27	47.39	48.51	47.06	46.65	47.38
橡胶塑料	386.23	347.72	341.31	334.90	342.03	339.68	333.66
非金属矿物	544.61	517.03	542.79	568.55	595.19	589.86	577.23
黑色金属	345.63	339.92	377.96	415.99	404.59	364.90	325.68
有色金属	191.59	192.62	198.77	204.91	208.93	202.42	195.44
金属制品业	344.64	311.51	341.74	371.97	380.12	380.82	364.60
通用设备	539.38	494.52	485.33	476.14	489.62	471.28	499.34
专用设备	334.22	323.41	337.76	352.10	355.02	354.12	342.44
交通运输	573.72	579.48	596.52	613.56	670.58	662.54	665.27
电气及机械等	604.30	599.61	611.41	623.21	637.82	629.87	621.94
通信设备等	772.75	819.48	849.99	880.50	906.59	909.26	890.26
仪器仪表等	124.86	124.49	114.53	104.56	106.93	105.23	104.45
工艺品及其他	140.43	124.29	82.93	41.56	43.58	42.75	41.69
废弃回收	13.92	15.63	16.68	17.72	17.88	18.31	18.28
制造业	8 391.47	8 053.96	8 325.31	8 596.65	8 834.50	8 694.25	8 472.26

注：2012年数据缺失，使用前后两年的平均数衡量计算。

表9 2003—2008年中国制造业及各行业规模以上工业企业应交所得税

（单位：亿元）

指标	2003年	2004年	2005年	2006年	2007年	2008年
农副食品	28.3200	36.1300	54.6900	75.0100	101.5600	132.9700
食品制造业	23.6100	23.1800	34.2100	42.0600	53.0300	69.8600
饮料制造业	37.3000	42.2400	49.5000	66.0100	82.7200	101.0400
烟草制品业	81.7900	107.8600	119.5600	139.5800	199.3900	179.1100
纺织业	50.8200	60.9200	81.7100	97.6400	129.1200	133.5200
纺织服装	22.5300	26.7300	36.3000	44.6400	55.3700	63.1100
皮革毛皮等	13.4000	15.2800	21.5900	29.4400	36.2900	41.7800
木材加工	5.4000	8.3200	10.4200	16.3300	25.1600	35.8100
家具制造业	4.4000	6.1400	8.6800	12.3700	16.2800	19.5500
造纸及制品	23.9300	30.7700	34.2700	40.1300	52.1000	56.6500
印刷媒介	15.2800	17.9600	18.6200	21.8900	27.8600	30.6600
文教用品	6.7100	7.4300	9.5000	10.4900	11.3100	13.4800
石油加工等	32.1000	67.5800	51.8200	46.6700	116.6200	64.4600
化学原料等	86.4800	154.3700	179.8400	200.0100	275.9400	304.1800
医药制造业	45.7100	48.4400	56.5000	63.3100	91.9900	117.9900
化学纤维	12.0200	10.3600	11.5100	12.1600	22.4600	14.5100
橡胶塑料	34.3800	44.6500	52.8100	65.1900	85.3500	92.1000
非金属矿物	57.1500	81.3900	78.3800	107.0400	157.6600	205.8000
黑色金属	147.9500	243.7100	260.3800	274.7000	388.4000	242.2200
有色金属	34.6000	64.3800	84.7900	164.2200	180.3800	132.5600
金属制品业	28.1600	41.1400	48.6400	63.6800	80.6600	103.1900
通用设备	55.4700	84.8700	111.4500	142.0100	191.9000	226.4600
专用设备	35.7200	47.0500	55.0700	78.2700	110.4400	135.8800
交通运输	96.3300	96.1900	92.1900	144.8100	192.6200	251.0600
电气及机械等	64.5700	88.8500	105.8100	137.9400	191.6500	238.7800
通信设备等	68.8300	107.7100	108.7100	126.2700	156.0700	214.4600
仪器仪表等	13.3900	15.3200	21.9600	25.3300	36.3900	44.4600
工艺品及其他	8.4800	11.3900	14.0400	19.3800	25.4500	28.9600
废弃回收	0.1500	0.9500	1.4300	2.2500	3.4000	4.7700
制造业	1134.9800	1591.3100	1814.3800	2268.8300	3097.5700	3299.3800

表10 2009—2014年中国制造业及各行业规模以上工业企业应交所得税

（单位：亿元）

指标	2009年	2010年	2011年	2012年	2013年	2014年
农副食品	146.6800	207.9500	253.8000	277.1200	319.1800	309.9200
食品制造业	85.2900	118.7200	161.8700	183.3200	218.3800	204.8900
饮料制造业	125.5900	166.8400	227.6500	296.0500	308.6200	290.1700
烟草制品业	164.3100	172.5000	178.1400	264.7800	298.4700	296.8000
纺织业	147.3500	215.7400	247.0900	247.5900	288.5400	288.1800
纺织服装	71.9100	100.2900	117.8700	166.6700	185.5300	198.6600
皮革毛皮等	45.9000	62.7100	84.6700	89.0900	86.8300	91.5000
木材加工	37.5700	52.3300	63.2900	82.0000	91.4000	92.0800
家具制造业	25.0100	34.5100	50.6400	48.4100	54.3700	53.6700
造纸及制品	68.9100	86.3600	94.3200	104.3800	107.8000	101.3000
印刷媒介	37.3600	45.5100	131.4100	58.2700	69.0300	76.5800
文教用品	16.5600	20.5100	23.8000	77.1900	92.2100	101.0800
石油加工等	142.8000	184.3100	129.6000	105.5000	149.9400	99.8700
化学原料等	306.6200	450.7700	605.8300	598.3200	671.8600	698.7800
医药制造业	134.1600	169.9800	213.6300	254.1800	297.6000	347.1600
化学纤维	19.4900	39.7300	47.9000	34.5700	35.4500	42.8200
橡胶塑料	119.2800	164.3700	191.3400	208.8500	254.0900	259.3100
非金属矿物	240.2100	346.7500	475.5800	455.8300	515.7300	540.0900
黑色金属	201.0800	271.8100	274.8400	276.0000	252.5300	279.1100
有色金属	119.7600	155.0400	241.2600	219.2600	193.0100	198.8400
金属制品业	113.2700	163.5800	184.6600	240.3500	265.7200	286.2200
通用设备	249.4300	353.5100	403.0600	389.1800	432.7900	465.8000
专用设备	161.6400	241.9100	287.3500	302.5000	317.1200	323.1500
交通运输	389.0900	663.1400	753.6300	724.1400	973.7300	1 184.4400
电气及机械等	272.3500	391.8900	424.7000	479.6900	523.4300	586.3200
通信设备等	247.9200	332.3700	366.4000	435.3900	522.2400	611.2200
仪器仪表等	50.8500	72.2900	89.1500	87.0900	100.4900	105.2500
工艺品及其他	33.8900	44.0100	56.1700	17.5000	19.9400	19.4600
废弃回收	4.9600	12.4200	13.2600	11.6000	11.8600	14.0200
制造业	3 779.2400	5 341.8500	6 392.9100	6 734.8200	7 657.8900	8 166.6900

表 11 2003—2008年中国制造业及各行业规模以上工业企业一般工业固体废物产生量

(单位：万吨)

指标	2003年	2004年	2005年	2006年	2007年	2008年
农副食品	1 205	1 237	1 317	1 450	1 732	2 005
食品制造业	340	352	431	362	461	533
饮料制造业	567	592	675	811	808	881
烟草制品业	45	55	110	40	47	50
纺织业	529	870	690	679	660	790
纺织服装	33	34	30	64	51	65
皮革毛皮等	44	94	85	59	62	66
木材加工	137	149	155	134	160	170
家具制造业	9	14	42	33	21	18
造纸及制品	1 003	1 177	1 243	1 596	1 797	1 800
印刷媒介	45	10	8	8	10	11
文教用品	2	9	9	4	4	4
石油加工等	1 519	1 757	1 841	1 779	2 407	4 439
化学原料等	7 442	8 406	9 233	10 152	11 784	12 064
医药制造业	259	250	243	258	317	353
化学纤维	288	322	342	376	355	339
橡胶塑料	115	129	135	143	186	198
非金属矿物	2 457	3 208	3 237	4 224	4 164	3 944
黑色金属	15 317	18 623	23 506	29 149	29 797	31 459
有色金属	3 436	4 275	4 779	5 544	6 309	7 197
金属制品业	87	101	121	227	403	322
通用设备	180	192	478	205	217	392
专用设备	249	132	168	138	130	124
交通运输	375	330	337	572	390	524
电气及机械等	62	50	42	43	58	69
通信设备等	63	93	98	115	122	160
仪器仪表等	61	67	56	46	33	41
工艺品及其他	9	11	9	9	16	10
废弃回收	10	11	10	40	21	44
制造业	35 888	42 550	49 430	58 260	62 524	68 072

表12 2009—2015年中国制造业及各行业规模以上工业企业一般工业固体废物产生量

（单位：万吨）

指标	2009年	2010年	2011年	2012年	2013年	2014年	2015年
农副食品	2 091	2 120	1 987	2 209	2 106	2 149	1 892
食品制造业	532	668	610	563	547	481	472
饮料制造业	930	929	1 006	941	962	901	857
烟草制品业	41	41	58	92	213	201	181
纺织业	732	754	673	691	687	666	679
纺织服装	47	56	47	28	31	33	36
皮革毛皮等	80	75	64	63	57	59	62
木材加工	170	210	344	229	236	255	239
家具制造业	16	18	13	12	14	12	13
造纸及制品	1 939	2 321	2 483	2 168	2 055	2 170	2 248
印刷媒介	16	13	22	21	21	27	50
文教用品	3	4	6	6	8	6	7
石油加工等	2 994	3 513	3 951	3 672	3 398	3 745	3 804
化学原料等	12 595	14 359	26 548	26 644	27 909	28 997	32 808
医药制造业	346	406	309	312	281	324	356
化学纤维	373	461	365	323	346	380	399
橡胶塑料	205	215	208	238	184	196	225
非金属矿物	4 359	5 161	5 950	6 781	7 073	6 915	7 551
黑色金属	33 894	38 008	42 344	42 047	44 076	43 601	42 734
有色金属	7 087	8 791	10 304	9 978	11 181	11 924	13 180
金属制品业	506	364	472	523	910	625	726
通用设备	489	573	211	186	156	183	149
专用设备	187	211	151	205	202	177	139
交通运输	506	562	574	534	552	562	582
电气及机械等	71	81	67	69	80	100	81
通信设备等	173	166	97	343	97	145	156
仪器仪表等	26	31	5	8	5	7	8
工艺品及其他	19	34	114	73	47	60	75
废弃回收	64	66	355	246	242	235	253
制造业	70 491	80 210	99 336	99 204	103 676	105 135	109 962

表 13 2003—2008 年中国制造业及各行业规模以上工业企业工业废水排放量

(单位：万吨)

指标	2003 年	2004 年	2005 年	2006 年	2007 年	2008 年
农副食品	96 383	102 981	118 964	94 414	148 589	157 770
食品制造业	31 230	37 304	42 830	43 113	42 824	47 833
饮料制造业	33 366	33 571	43 404	56 049	63 156	70 840
烟草制品业	4 438	3 110	2 809	2 844	2 873	2 917
纺织业	141 264	153 875	172 232	197 934	225 169	230 362
纺织服装	5 266	11 395	9 185	13 685	14 494	15 244
皮革毛皮等	13 106	16 480	18 338	20 340	23 574	26 112
木材加工	6 851	8 355	6 569	5 223	4 825	4 653
家具制造业	386	519	797	931	1 848	1 825
造纸及制品	318 336	318 705	367 422	374 407	424 597	407 675
印刷媒介	1 569	1 379	1 618	1 199	1 964	1 702
文教用品	694	726	862	883	929	1 273
石油加工等	53 762	61 423	68 122	70 281	73 126	70 496
化学原料等	312 825	323 233	339 052	335 956	324 026	301 935
医药制造业	35 874	42 982	40 050	42 988	42 893	47 960
化学纤维	48 847	47 467	48 516	49 543	48 957	48 087
橡胶塑料	9 209	8 837	8 406	9 350	10 583	11 289
非金属矿物	47 181	47 814	48 248	43 070	40 265	35 840
黑色金属	177 456	186 888	169 934	156 727	156 862	144 104
有色金属	31 761	35 565	33 734	32 751	31 807	30 175
金属制品业	15 910	15 880	21 057	22 448	33 335	28 252
通用设备	13 467	19 600	15 652	12 530	12 182	14 291
专用设备	14 038	10 455	11 324	11 506	9 439	10 513
交通运输	40 805	40 202	24 653	25 708	22 048	28 524
电气及机械等	10 253	7 964	8 108	8 239	8 660	9 927
通信设备等	13 214	14 214	18 745	23 905	29 621	31 862
仪器仪表等	9 291	9 902	7 241	7 845	7 125	5 756
工艺品及其他	1 933	2 087	2 160	2 340	3 767	3 357
废弃回收	604	269	235	430	961	649
制造业	1 489 319	1 563 182	1 650 267	1 666 639	1 810 499	1 791 223

表14 2009—2015年中国制造业及各行业规模以上工业企业工业废水排放量

(单位:万吨)

指标	2009年	2010年	2011年	2012年	2013年	2014年	2015年
农副食品	143 838	143 100	138 116	156 566	116 727	139 166	138 910
食品制造业	52 699	54 549	51 950	56 937	52 208	57 109	54 483
饮料制造业	69 674	75 519	71 664	74 022	66 049	68 899	67 839
烟草制品业	3 253	2 673	2 090	2 279	3 112	2 177	2 359
纺织业	239 116	245 470	240 802	237 252	202 896	196 145	184 271
纺织服装	14 728	12 039	19 878	17 069	17 129	17 777	17 408
皮革毛皮等	24 964	28 173	25 785	26 515	20 885	22 628	25 868
木材加工	6 137	5 036	3 522	4 776	2 992	5 343	5 446
家具制造业	1 856	2 146	735	645	526	888	907
造纸及制品	392 604	393 699	382 265	342 717	400 696	275 501	236 684
印刷媒介	1 783	1 578	1 303	1 420	1 102	1 578	1 863
文教用品	1 239	1 071	1 937	2 205	1 573	1 991	2 019
石油加工等	66 406	70 024	79 587	87 474	76 047	84 019	84 822
化学原料等	297 062	309 006	288 331	274 344	409 677	263 665	256 428
医药制造业	52 718	52 606	48 586	57 218	47 396	55 700	53 259
化学纤维	43 855	42 371	41 428	35 308	35 018	39 846	37 763
橡胶塑料	11 170	12 004	12 155	12 797	16 544	12 324	12 606
非金属矿物	32 777	32 313	26 075	29 440	82 626	28 333	28 421
黑色金属	125 978	116 948	121 037	106 148	2 186 335	85 751	91 159
有色金属	28 976	31 118	33 545	28 835	98 189	30 986	32 106
金属制品业	31 346	30 152	29 912	33 589	56 602	33 385	33 556
通用设备	13 452	13 055	11 973	10 159	8 589	10 336	10 178
专用设备	11 006	9 714	6 454	7 921	6 311	7 949	7 271
交通运输	27 422	26 219	28 395	28 804	24 605	29 346	29 542
电气及机械等	9 324	11 652	9 631	9 367	9 302	10 020	11 166
通信设备等	33 513	35 965	44 961	48 173	53 437	52 013	58 831
仪器仪表等	5 798	4 965	2 242	2 451	1 586	2 434	2 487
工艺品及其他	3 587	2 559	3 997	5 199	4 739	7 092	7 932
废弃回收	959	1 147	2 069	2 292	2 457	2 077	2 153
制造业	1 747 240	1 766 871	1 730 425	1 701 922	4 005 355	1 544 478	1 497 737

表15 2003—2009年中国制造业及各行业规模以上工业企业工业废气排放量

（单位：亿立方米）

指标	2003年	2004年	2005年	2006年	2007年	2008年	2009年
农副食品	1 884	2 072	2 453	2 367	3 025	3 458	3 682
食品制造业	1 419	814	930	1 009	1 441	1 813	3 198
饮料制造业	800	810	836	2 250	2 192	1 505	2 110
烟草制品业	317	302	250	406	480	508	517
纺织业	2 428	2 629	3 020	3 843	3 576	3 368	3 448
纺织服装	184	178	350	211	163	275	227
皮革毛皮等	119	212	291	245	261	416	333
木材加工	492	552	901	881	2 063	1 197	1 489
家具制造业	155	127	314	287	344	226	120
造纸及制品	3 357	3 849	4 515	5 395	6 405	5 319	6 106
印刷媒介	88	47	72	48	74	98	135
文教用品	54	68	40	27	32	35	83
石油加工等	7 381	9 853	9 129	10 234	12 188	14 231	15 804
化学原料等	11 989	14 274	15 887	19 258	30 592	21 800	23 174
医药制造业	1 615	1 120	1 132	885	1 140	1 451	1 287
化学纤维	2 724	2 557	2 886	3 313	3 081	2 687	3 233
橡胶塑料	667	2 886	3 383	3 376	4 466	1 826	1 562
非金属矿物	39 615	46 641	49 860	65 132	67 784	68 149	78 873
黑色金属	33 841	45 716	56 190	73 691	86 922	110 593	103 583
有色金属	9 939	11 531	13 183	16 744	18 626	20 563	19 456
金属制品业	431	490	846	1 450	2 289	2 159	1 935
通用设备	536	721	1 238	1 160	1 257	2 243	1 931
专用设备	506	903	736	633	602	657	4 178
交通运输	1 746	2 194	1 947	2 888	3 990	4 033	3 668
电气及机械等	591	645	621	551	773	1 037	1 102
通信设备等	664	916	1 543	2 072	2 350	3 236	3 387
仪器仪表等	654	829	525	494	747	660	541
工艺品及其他	79	166	288	230	118	107	112
废弃回收		31	8	682	16	55	65
制造业	116 962	153 133	173 374	219 762	256 996	273 705	285 339

表16 2010—2015年中国制造业及各行业规模以上工业企业工业废气排放量

(单位：亿立方米)

指标	2010年	2011年	2012年	2013年	2014年	2015年
农副食品	4 154	5 473	4 500	5 069	5 742	5 138
食品制造业	3 270	2 351	2 119	2 498	2 371	2 180
饮料制造业	3 097	2 218	2 061	2 032	2 145	2 352
烟草制品业	505	542	558	554	562	567
纺织业	3 258	4 342	3 164	2 875	2 864	2 783
纺织服装	176	643	204	196	269	280
皮革毛皮等	176	409	329	327	365	380
木材加工	1 567	3 258	2 713	2 811	3 198	5 685
家具制造业	134	285	284	620	406	331
造纸及制品	7 697	17 094	6 146	6 721	6 700	6 657
印刷媒介	110	251	246	246	245	336
文教用品	53	217	191	202	191	269
石油加工等	18 712	21 762	20 376	21 345	21 291	22 074
化学原料等	25 741	31 205	30 614	31 536	41 783	36 752
医药制造业	1 603	3 604	3 989	1 741	3 139	3 680
化学纤维	2 767	2 069	2 192	2 234	2 222	2 050
橡胶塑料	1 788	4 129	2 936	3 762	3 943	4 311
非金属矿物	87 263	129 851	123 285	120 337	128 460	124 687
黑色金属	122 928	173 215	160 875	173 002	181 694	173 826
有色金属	24 299	31 892	31 799	32 636	36 166	39 807
金属制品业	2 077	8 871	5 079	5 479	5 677	6 445
通用设备	2 430	1 631	1 129	1 259	1 513	1 894
专用设备	1 939	3 071	1 250	1 272	1 063	1 062
交通运输	4 184	5 946	5 665	6 481	6 518	7 255
电气及机械等	1 063	1 523	2 008	2 424	2 246	3 083
通信设备等	6 369	6 153	5 745	6 438	6 958	8 195
仪器仪表等	555	101	296	129	173	264
工艺品及其他	154	668	489	693	810	5 823
废弃回收	85	227	336	340	456	493
制造业	328 154	463 001	420 578	435 259	469 170	468 659

表17 2002—2009年中国制造业及各行业规模以上工业企业单位数

（单位：个）

指标	2002年	2003年	2004年	2005年	2006年	2007年	2008年	2009年
农副食品	10 413	11 192	14 097	14 575	16 356	18 140	22 800	24 550
食品制造业	4 615	4 636	5 528	5 553	6 056	6 644	8 108	8 735
饮料制造业	3 287	3 194	3 469	3 519	3 914	4 422	5 411	5 904
烟草制品业	287	255	210	190	179	150	156	158
纺织业	13 248	14 863	24 192	22 569	25 345	27 914	33 133	32 412
纺织服装	9 061	9 717	12 029	11 865	13 072	14 770	18 237	18 265
皮革毛皮等	3 932	4 518	6 393	6 227	6 859	7 452	8 622	8 520
木材加工	3 033	3 501	5 017	5 397	6 374	7 852	10 314	10 765
家具制造业	1 767	2 046	3 025	3 074	3 603	4 110	5 386	5 576
造纸及制品	5 285	5 570	7 473	7 461	7 892	8 376	10 011	9 937
印刷媒介	3 806	4 084	5 139	4 826	5 029	5 083	6 481	6 618
文教用品	2 327	2 516	3 382	3 378	3 633	4 087	4 797	4 752
石油加工等	1 144	1 323	2 019	1 990	2 160	2 149	2 416	2 337
化学原料等	12 637	13 803	18 759	18 716	20 715	22 981	28 224	28 793
医药制造业	3 681	4 063	4 709	4 971	5 368	5 748	6 524	6 807
化学纤维	909	937	1 536	1 306	1 402	1 556	2 029	1 944
橡胶塑料	9 487	10 398	15 437	15 075	16 857	19 071	24 133	24 614
非金属矿物	15 305	16 245	19 960	20 111	16 245	19 960	20 111	21 936
黑色金属	3 333	4 119	7 141	6 649	4 119	7 141	6 649	6 999
有色金属	2 942	3 367	5 300	5 163	3 367	5 300	5 163	5 863
金属制品业	10 039	9 746	14 131	13 802	15 573	18 008	24 547	24 771
通用设备	10 767	12 546	20 568	19 981	22 905	26 757	36 919	37 374
专用设备	6 546	7 129	10 925	10 260	11 615	13 409	18 685	19 147
交通运输	7 470	8 281	11 824	11 315	12 586	14 091	18 808	19 441
电气及机械等	9 385	10 400	16 145	15 366	16 905	19 322	25 727	26 443
通信设备等	5 320	5 856	9 161	8 868	9 709	11 220	14 347	14 284
仪器仪表等	2 146	2 515	3 916	3 723	4 084	4 526	5 620	5 716
工艺品及其他	4 582	4 259	5 128	5 131	5 764	6 416	7 692	7 797
废弃回收		107	386	438	529	652	1 087	1 165
制造业	166 754	181 186	256 999	251 499	268 215	307 307	382 137	391 623

表 18　2010—2016 年中国制造业及各行业规模以上工业企业单位数

（单位：个）

指标	2010 年	2011 年	2012 年	2013 年	2014 年	2015 年	2016 年
农副食品	25 612	20 895	22 356	23 963	24 835	25 694	26 011
食品制造业	9 152	6 870	7 306	7 871	8 207	8 749	9 043
饮料制造业	6 371	4 874	5 311	5 894	6 272	6 664	6 962
烟草制品业	151	148	135	130	128	133	128
纺织业	33 384	22 945	20 435	21 166	20 821	20 545	19 752
纺织服装	18 547	11 750	14 788	15 710	15 821	15 943	15 445
皮革毛皮等	8 854	6 081	7 806	8 467	8 719	8 862	8 727
木材加工	11 366	8 193	8 498	8 879	9 018	9 252	9 123
家具制造业	5 934	4 255	4 559	5 078	5 288	5 546	5 777
造纸及制品	10 270	7 073	7 128	7 063	6 822	6 798	6 586
印刷媒介	6 850	3 789	4 189	5 070	5 293	5 451	5 578
文教用品	4 827	2 992	6 920	8 139	8 612	9 085	9 263
石油加工等	2 324	1 974	2 036	2 081	2 033	1 990	1 876
化学原料等	29 504	22 600	23 694	25 040	25 262	25 262	24 583
医药制造业	7 039	5 926	6 387	6 839	7 108	7 392	7 541
化学纤维	1 939	1 750	1 873	2 002	1 948	1 924	1 820
橡胶塑料	25 889	16 680	16 356	17 659	18 143	18 457	18 298
非金属矿物	24 278	30 524	32 544	34 793	26 530	29 121	35 026
黑色金属	7 161	8 012	7 773	7 881	6 742	10 880	8 498
有色金属	6 701	8 200	8 041	8 200	6 765	6 954	7 021
金属制品业	25 703	16 573	18 557	20 118	20 784	21 137	20 731
通用设备	39 699	25 877	22 032	23 992	24 619	24 592	23 680
专用设备	20 083	13 889	15 068	16 717	17 397	17 800	17 603
交通运输	20 718	15 012	16 031	17 461	18 434	19 203	19 440
电气及机械等	27 537	20 084	21 055	22 585	23 208	23 674	23 605
通信设备等	14 838	11 364	12 328	13 550	14 034	14 594	15 222
仪器仪表等	5 828	3 896	3 802	4 091	4 178	4 261	4 337
工艺品及其他	7 937	4 885	1 554	1 697	1 755	1 811	1 889
废弃回收	1 302	1 077	1 192	1 366	1 490	1 530	1 582
制造业	409 798	308 188	319 754	343 502	340 266	353 304	355 147

表19 2003—2009年中国制造业及各行业外商及港澳台商投资工业企业单位数

(单位:个)

指标	2003年	2004年	2005年	2006年	2007年	2008年	2009年
农副食品	1 589	2 133	2 130	2 321	2 474	2 621	2 600
食品制造业	1 081	1 272	1 294	1 385	1 475	1 601	1 601
饮料制造业	512	564	569	649	717	807	818
烟草制品业	7	7	6	7	6	4	3
纺织业	3 115	5 236	5 007	5 306	5 590	5 903	5 673
纺织服装	4 035	5 118	5 110	5 438	6 047	6 659	6 319
皮革毛皮等	1 848	2 524	2 494	2 602	2 713	2 838	2 670
木材加工	688	930	918	945	1 026	1 075	1 002
家具制造业	616	1 059	1 051	1 151	1 265	1 436	1 361
造纸及制品	825	1 222	1 234	1 296	1 390	1 551	1 494
印刷媒介	611	696	662	675	725	802	785
文教用品	1 196	1 586	1 616	1 660	1 800	1 996	1 907
石油加工等	110	164	160	173	199	221	207
化学原料等	2 041	3 011	3 045	3 295	3 658	4 293	4 281
医药制造业	701	880	890	955	1 035	1 144	1 144
化学纤维	194	302	276	288	301	356	321
橡胶塑料	2 861	4 270	4 089	4 322	4 740	5 377	5 241
非金属矿物	1 773	2 423	2 435	2 587	2 843	3 154	3 094
黑色金属	267	512	489	546	575	616	583
有色金属	346	651	638	716	769	900	855
金属制品业	1 929	2 824	2 792	3 106	3 565	4 308	4 067
通用设备	1 714	3 081	2 987	3 306	3 880	4 993	4 862
专用设备	1 029	2 074	2 001	2 303	2 771	3 772	3 598
交通运输	1 319	2 008	2 072	2 435	2 828	3 642	3 637
电气及机械等	2 333	3 926	3 830	4 129	4 612	5 601	5 500
通信设备等	2 937	4 677	4 637	4 965	5 782	6 905	6 714
仪器仪表等	834	1 302	1 235	1 343	1 467	1 613	1 523
工艺品及其他	1 517	1 860	1 830	1 993	2 113	2 307	2 176
废弃回收	20	100	100	119	124	179	164
制造业	38 048	56 412	55 597	60 016	66 490	76 674	74 200

表20　2010—2016年中国制造业及各行业外商及港澳台商投资工业企业单位数

（单位：个）

指标	2010年	2011年	2012年	2013年	2014年	2015年	2016年
农副食品	2 453	2 014	1 982	1 953	1 871	1 799	1 707
食品制造业	1 558	1 223	1 218	1 220	1 201	1 195	1 152
饮料制造业	842	744	756	790	801	806	763
烟草制品业	3	3	1	1	1	3	3
纺织业	5 663	4 307	3 152	3 064	2 841	2 611	2 361
纺织服装	5 906	3 938	4 588	4 439	4 023	3 660	3 243
皮革毛皮等	2 575	1 931	2 319	2 258	2 108	1 957	1 720
木材加工	930	639	591	533	487	439	395
家具制造业	1 359	1 007	1 000	998	927	876	792
造纸及制品	1 492	1 162	1 115	1 023	960	913	858
印刷媒介	744	589	618	690	665	625	613
文教用品	1 830	1 271	2 168	2 345	2 230	2 153	2 067
石油加工等	220	182	179	176	176	166	160
化学原料等	4 302	3 537	3 559	3 589	3 514	3 377	3 225
医药制造业	1 140	951	946	953	915	875	829
化学纤维	321	295	289	300	289	271	255
橡胶塑料	5 162	3 749	3 437	3 472	3 315	3 177	2 974
非金属矿物	3 072	2 392	2 359	2 328	2 232	2 121	1 990
黑色金属	574	521	789	792	716	656	580
有色金属	857	741	725	741	716	668	613
金属制品业	3 941	2 914	3 007	3 054	2 951	2 793	2 624
通用设备	4 884	3 794	3 623	3 779	3 722	3 624	3 385
专用设备	3 564	2 642	2 653	2 724	2 667	2 588	2 405
交通运输	3 677	3 208	3 324	3 451	3 561	3 632	3 588
电气及机械等	5 347	4 263	4 233	4 270	4 109	3 905	3 676
通信设备等	6 695	5 510	5 577	5 603	5 358	5 099	4 806
仪器仪表等	1 498	1 132	950	967	956	929	910
工艺品及其他	2 064	1 328	413	409	388	371	368
废弃回收	173	157	165	169	166	141	118
制造业	72 846	56 144	55 736	56 091	53 866	51 430	48 180

表21 2002—2009年中国制造业及各行业规模以上工业企业亏损企业单位数

(单位：个)

指标	2002年	2003年	2004年	2005年	2006年	2007年	2008年	2009年
农副食品	10 413	2 225	2 740	2 193	2 091	1 934	2 318	1 974
食品制造业	4 615	1 034	1 347	1 093	1 042	982	1 178	1 040
饮料制造业	3 287	815	862	710	714	653	720	676
烟草制品业	287	44	33	23	11	7	7	5
纺织业	13 248	2 761	5 375	3 607	3 620	3 703	5 079	4 143
纺织服装	9 061	1 674	2 760	2 202	2 066	2 365	3 320	2 807
皮革毛皮等	3 932	665	1 090	865	851	886	1 174	1 028
木材加工	3 033	517	909	744	762	807	1 054	968
家具制造业	1 767	316	611	514	529	603	982	817
造纸及制品	5 285	1 004	1 594	1 334	1 247	1 224	1 642	1 396
印刷媒介	3 806	922	1 279	1 041	990	789	1 035	987
文教用品	2 327	445	703	591	600	662	994	788
石油加工等	1 144	177	469	540	561	384	519	491
化学原料等	12 637	2 455	3 660	3 150	2 981	2 915	3 977	3 880
医药制造业	3 681	906	1 232	1 147	1 248	1 145	1 185	1 015
化学纤维	909	191	450	291	262	242	415	265
橡胶塑料	9 487	1 775	3 163	2 425	2 447	2 558	3 744	3 078
非金属矿物	15 305	3 036	4 246	4 159	3 802	3 391	4 207	4 131
黑色金属	3 333	698	1 644	1 731	1 614	1 085	1 772	1 753
有色金属	2 942	682	1 138	1 026	939	1 074	1 759	1 401
金属制品业	10 039	1 475	2 506	1 977	1 943	2 048	3 421	3 322
通用设备	10 767	1 918	3 436	2 601	2 505	2 517	4 243	4 175
专用设备	6 546	1 418	2 209	1 677	1 628	1 582	2 720	2 594
交通运输	7 470	1 584	2 514	2 107	2 061	1 957	2 985	2 544
电气及机械等	9 385	1 786	3 116	2 528	2 437	2 417	3 863	3 591
通信设备等	5 320	1 308	2 421	2 084	2 006	2 223	3 377	3 041
仪器仪表等	2 146	478	806	632	641	649	903	826
工艺品及其他	4 582	584	849	691	723	848	1 215	1 042
废弃回收		20	72	78	46	56	305	230
制造业	166 754	32 913	53 234	43 761	42 367	41 706	60 113	54 008

表22　2010—2016年中国制造业及各行业规模以上工业企业亏损企业单位数

（单位：个）

指标	2010年	2011年	2012年	2013年	2014年	2015年	2016年
农副食品	1 644	1 118	1 426	1 696	1 992	2 116	1 927
食品制造业	960	552	631	616	690	775	701
饮料制造业	588	420	445	502	578	594	564
烟草制品业	11	8	8	5	11	9	16
纺织业	2 874	2 109	2 284	2 113	2 158	2 138	1 728
纺织服装	2 130	1 050	1 623	1 705	1 627	1 613	1 399
皮革毛皮等	718	428	616	699	634	746	612
木材加工	742	368	430	441	446	504	426
家具制造业	619	392	450	514	477	526	443
造纸及制品	1 070	667	761	761	783	806	670
印刷媒介	770	353	416	508	530	596	570
文教用品	596	317	608	695	673	736	652
石油加工等	396	389	502	465	526	583	416
化学原料等	2 954	2 083	2 825	2 846	2 933	3 260	2 898
医药制造业	873	547	609	658	703	768	728
化学纤维	148	234	403	341	336	361	253
橡胶塑料	2 511	1 485	1 698	1 873	1 935	1 959	1 675
非金属矿物	3 330	2 160	3 167	3 312	3 495	4 279	3 566
黑色金属	1 155	1 131	2 064	1 888	1 836	2 077	1 334
有色金属	934	885	1 216	1 270	1 288	1 485	1 083
金属制品业	2 405	1 433	1 926	2 021	2 130	2 463	2 014
通用设备	2 916	1 606	2 191	2 399	2 544	3 016	2 512
专用设备	1 851	1 057	1 533	1 722	1 827	2 136	1 918
交通运输	2 110	1 546	2 053	2 006	2 113	2 492	2 138
电气及机械等	2 711	2 051	2 500	2 649	2 680	2 955	2 605
通信设备等	2 327	1 824	2 266	2 330	2 183	2 489	2 212
仪器仪表等	579	343	333	392	415	482	451
工艺品及其他	746	394	153	179	161	166	138
废弃回收	169	157	211	244	285	356	302
制造业	40 837	27 107	35 348	36 850	37 989	42 486	35 951

表 23　2002—2009 年中国制造业及各行业能源消费总量

（单位：万吨标准煤）

指标	2002年	2003年	2004年	2005年	2006年	2007年	2008年	2009年
农副食品	1 916.75	1 803.62	2 074.14	2 207.28	2 360.77	2 537.65	2 731.34	2 795.37
食品制造业	1 138.47	1 012.57	1 133.53	1 281.74	1 389.67	1 448.62	1 544.66	1 563.34
饮料制造业	842.28	867.26	966.47	992.06	1 081.6	1 098.77	1 161.85	1 191.44
烟草制品业	312.05	308.7	262.89	257.08	255.38	249.03	232.6	233.8
纺织业	3 484.02	3 929.82	4 882.54	5 281.32	6 108.59	6 528.3	6 396.38	6 251.01
纺织服装	404.53	443.28	506.62	577.42	661.68	711.44	725.34	713.08
皮革毛皮等	239.54	267.95	297.62	323.71	364.15	387.67	388.73	384.48
木材加工	400.25	500.59	619.7	754.77	843.1	893.67	981.91	1 049.09
家具制造业	104.89	124.42	117.08	133.12	149.32	152.86	181.8	183.81
造纸及制品	2 635.05	2 760.6	3 396.2	3 574.91	3 791.56	3 643.36	3 998.65	4 101
印刷媒介	223.33	390.17	348.67	280.7	303.62	327.08	349.81	357.48
文教用品	171.27	156.36	189.89	198.37	202.85	210.09	219.76	214.62
石油加工等	8 019.15	9 124.4	12 372.89	11 923.57	12 498.72	13 445.3	13 747.01	15 328.29
化学原料等	16 264.72	19 046.68	21 568.04	23 848.69	25 995.36	28 621.16	28 961.13	28 946.07
医药制造业	1 016.82	1 181.98	1 128.23	1 203.58	1 255.98	1 261.41	1 360.49	1 354.58
化学纤维	2 100.89	1 826.18	1 352.58	1 382.82	1 465.05	1 575.02	1 448.58	1 436.85
橡胶塑料				2 894				3 541
非金属矿物	12 888.53	15 628.52	20 495.9	21 310.46	22 637.64	23 111.66	25 460.52	26 882.28
黑色金属	20 639.79	25 942.1	31 398.96	39 544.25	44 729.92	50 186.53	51 862.92	56 404.37
有色金属	4 818.74	5 883.29	6 651.16	7 403.8	8 861.83	10 867.61	11 287.99	11 401.37
金属制品业	1 613.56	1 798.96	2 037.49	2 271.08	2 632.41	2 852.64	3 023.05	3 037.78
通用设备	1 468.12	1 639.45	1 784.38	2 149.71	2 406.23	2 649.23	2 758.11	2 985.24
专用设备	882.68	1 029.15	1 228.1	1 314.7	1 438.19	1 579.41	1 630.28	1 671.52
交通运输	1 816.29	1 810.43	2 197.33	2 043.13	2 247.76	2 467.64	2 732.58	3 031.9
电气及机械等	810.01	953.39	1 157.45	1 213.2	1 353.04	1 557.01	1 791.1	1 854.48
通信设备等	854.34	1 085.37	1 299.32	1 482.64	1 754.05	1 994.99	2 197.44	2 216.28
仪器仪表等	185.97	213.48	177.16	197.45	232.82	260.9	284.98	291.92
工艺品及其他	1 410.95	1 365.28	1 191.95	1 330.45	1 349.93	1 323.74	1 401.85	1 413.73
废弃回收	0	40.04	31.52	34.98	51.49	50.64	56.84	61.11
制造业	86 662.99	101 134.04	120 867.81	137 411	148 422.8	161 993.46	168 918.31	180 897.29

表 24 2010—2016 年中国制造业及各行业能源消费总量

（单位：万吨标准煤）

指标	2010 年	2011 年	2012 年	2013 年	2014 年	2015 年	2016 年
农副食品	2 644.27	2 663.79	2 750.55	3 904.82	4 119.47	4 201	4 153
食品制造	1 508.52	1 517.97	1 621.32	1 890.21	1 827.03	1 807	1 968
饮料制造	1 130.42	1 197.41	1 180.09	1 609.55	1 515.74	1 476	1 489
烟草制品	228.89	272.31	247.42	255.72	238	229	206
纺织业	6 204.53	6 269.05	6 357.01	7 365.72	6 960.2	7 136	7 295
纺织服装	748.42	753.44	861.09	971.28	938.06	920	944
皮革毛皮	392.19	371.37	574.23	652.33	618.83	629	606
木材加工	1 035.62	1 097.31	1 152.64	1 521.85	1 513.01	1 327	1 162
家具制造	209.66	201.99	199.41	247.05	358.95	376	363
造纸制品	3 961.92	3 983.51	3 846.14	4 153	4 040.56	4 028	4 105
印刷媒介	390.97	389.6	400.03	448.3	466.17	466	480
文教用品	210.84	232.76	280.46	368.36	399.78	392	409
石油加工	16 044.66	17 057.01	18 115.44	19 255.13	20 217.46	23 183	22 688
化学原料	31 353.93	34 713.14	36 995.54	44 081.46	47 527.76	49 009	48 683
医药制造	1 427.68	1 523.16	1 608.63	2 179.11	2 184.9	2 248	2 315
化学纤维	1 440.91	1 530.4	1 558	1 909.22	1 833.47	1 903	2 072
橡胶塑料	3 853	3 891	4 195	4 350	4 459	4 418	4 534
非金属矿	27 473.24	30 014.96	29 400.92	36 561.02	36 592.46	34 495	32 850
黑色金属	57 533.71	58 896.58	59 668.1	68 838.89	69 342.42	63 951	62 101
有色金属	12 841.45	13 991.13	14 829.01	16 617.34	17 510.15	20 707	21 284
金属制品	3 627.75	3 533.37	3 854.34	4 704.27	4 811.45	4 635	4 971
通用设备	3 270.81	3 823.13	3 465.89	3 571.03	3 634.08	3 525	3 663
专用设备	1 851.2	1 887.05	1 781.84	1 914.14	1 987.29	1 842	1 738
交通运输	3 748.85	3 995.63	3 911.67	4 113.95	4 086.43	4 065	4 141
电气及机械等	2 121.53	2 276.48	2 329.07	2 606.11	2 589.34	2 584	2 622
通信设备	2 525.15	2 623.39	2 666.75	2 801.59	2 971.45	3 143	3 376
仪器仪表	346.47	318.39	311.26	329.45	318.62	315	309
工艺品及其他	1 505.08	1 641.89	1 616.47	1 597.33	1 740.56	1 669	1 708
废弃回收	77.49	89.29	107.36	169.46	193.95	188	227
制造业	189 709.16	200 756.51	205 885.68	238 987.91	244 996.59	244 867	242 515

表25 2003—2009年中国制造业及各行业规模以上工业企业出口交货值

（单位：亿元）

指标	2003年	2004年	2005年	2006年	2007年	2008年	2009年
农副食品	672.79	990.56	1 080.91	1 351.23	1 473.35	1 693.81	1 705.73
食品制造业	241.87	330.38	404.33	479.48	558.76	653.95	632.29
饮料制造业	78.91	106.62	128.01	164.88	175.42	184.11	169.1
烟草制品业	23.21	25.25	25.41	26.75	24.5	21.23	23.69
纺织业	2 248.91	3 040.34	3 336.03	3 694.37	3 984.09	4 055.9	3 732.25
纺织服装	1 818.43	2 138.82	2 323.48	2 691.09	3 158.29	3 293.85	3 145.84
皮革毛皮等	1 237.37	1 566.66	1 714.1	1 941.48	2 173.05	2 130.66	1 956.82
木材加工	200.8	315.41	383.48	479.32	568.3	596.56	591.38
家具制造业	334.5	642.13	731.28	870.2	1 032.38	1 109.88	992.92
造纸及制品	191.11	255.99	310.51	446.87	521.66	536.24	450.82
印刷媒介	104.13	115.34	156.85	172.69	221.96	261.6	258.63
文教用品	639.77	830.66	940.03	1 078.49	1 252.07	1 377.9	1 267.35
石油加工等	299.44	228.28	329.39	283.68	354.12	372.01	351.85
化学原料等	850.97	1 251.09	1 557.83	1 895.35	2 442.67	2 843.88	2 264.65
医药制造业	300.25	343.44	439.28	538.69	639.43	746.74	747.17
化学纤维	84.69	85.5	161.04	216.76	345.56	330.43	250.32
橡胶塑料	1 067.65	1 567.7	1 844.85	2 212.73	2 644.95	2 939.61	2 609.78
非金属矿物	489.7	764.6	929.56	1 129.49	1 341.02	1 442.7	1 251.34
黑色金属	341.28	947.71	1 158.23	1 788.93	2 486.36	3 004.37	979.37
有色金属	366.36	619.54	699.38	1 135.38	1 160	1 155.09	741.27
金属制品业	1 049.25	1 549.11	1 746.86	2 164.49	2 781.69	3 092.37	2 133.39
通用设备	829.17	1 389.33	1 717.85	2 165.19	2 833.93	3 450.11	2 736.25
专用设备	337.98	603.98	750.85	1 108.32	1 417.32	1 891.33	1 534.1
交通运输	935.67	1 352.59	1 865.82	2 708.27	3 778.53	5 088.1	4 771.85
电气及机械等	1 949.85	3 154.48	3 728.01	4 616.21	5 892.37	6 855.66	6 070.31
通信设备等	8 260.88	13 752.15	16 164.2	21 606.52	26 260.18	29 179.46	27 224
仪器仪表等	847.65	1 185.22	1 476.62	1 767.69	1 996.98	2 082.09	1 699.82
工艺品及其他	720.43	851.99	973.57	1 134.56	1 365.34	1 546.35	1 376.44
废弃回收	2.58	0.88	4.01	4.17	4.91	4.99	2.94
制造业	26 525.6	40 005.75	47 081.77	59 873.3	72 889.19	81 941.58	71 671.67

表 26 2010—2016 年中国制造业及各行业规模以上工业企业出口交货值

(单位：亿元)

指标	2010 年	2011 年	2012 年	2013 年	2014 年	2015 年	2016 年
农副食品	1 982.52	2 249.78	2 602.66	3 091.21	2 920.22	2 950.29	2 836.34
食品制造业	744.51	864.86	955.77	1 042.66	1 040.23	1 120.54	1 114.45
饮料制造业	181.27	202.79	243.2	246.92	276.64	247.89	256.21
烟草制品业	27.72	31.01	34.79	35.98	36.69	43.08	41.24
纺织业	4 620.54	4 959.61	3 735	3 922.84	3 846.8	3 684.31	3 521.73
纺织服装	3 344.63	3 218.48	4 420.47	4 728.3	4 896.18	4 819.93	4 748.25
皮革毛皮等	2 311.64	2 390.99	2 970.48	3 129.2	3 406.97	3 441.51	3 382.59
木材加工	648.18	708.43	708.63	789.66	773.2	791.98	892.23
家具制造业	1 203.19	1 246.91	1 316.76	1 452.47	1 562.86	1 618.26	1 786.33
造纸及制品	666	613.03	589.17	570.08	591.72	559.34	569.82
印刷媒介	293.26	300.5	331.01	394.7	438.56	450.38	481.31
文教用品	1 358.2	1 410.38	3 337.95	3 914.86	4 811.44	4 447.92	4 397.74
石油加工等	381.98	359.88	380.09	553.42	553.57	498.76	610.21
化学原料等	3 103.33	3 603.35	3 693.54	3 984.6	4 385.95	4 185.78	4 333.64
医药制造业	948.58	1 030.48	1 164.92	1 184.17	1 312.32	1 341.97	1 460.42
化学纤维	331.04	437.74	474.17	479.24	506.72	479.01	559.96
橡胶塑料	3 194.06	3 453.46	3 496.53	3 713.67	3 859.07	3 647.12	3 743.29
非金属矿物	1 536.57	1 637.49	1 780.21	1 785.89	1 912.73	1 821.54	1 776.09
黑色金属	1 706.55	2 148.61	2 397.82	2 308.04	2 941.81	2 410.81	2 320.08
有色金属	1 065.76	1 382.02	1 129.96	1 226.85	1 254.67	1 095.7	1 124.06
金属制品业	2 758.49	3 016.62	3 299.91	3 589.29	3 836.83	3 691.84	3 630.42
通用设备	3 286.23	3 832.8	4 782.09	4 969.76	5 173.75	4 908.56	4 930.98
专用设备	1 994.82	2 321.23	2 826.75	2 994.31	3 228.73	2 930.95	3 024.39
交通运输	5 938.81	6 813.78	6 377.24	6 196.41	6 532.57	6 561.33	6 597.03
电气及机械等	7 982.66	9 477.85	9 125.03	9 376.47	9 883.03	9 915.79	10 092.24
通信设备等	34 250.31	37 469.14	42 454.71	44 915.73	46 165.14	45 899.68	47 081.32
仪器仪表等	2 047.8	2 188.42	1 045.52	1 156.12	1 240.52	1 338.95	1 358.2
工艺品及其他	1 619.98	1 884.65	457.36	482.64	519.15	524.94	464.93
废弃回收	5.44	19.69	5.1	5.09	6.27	54.76	14.92
制造业	89 534.07	99 273.98	106 136.84	112 240.58	117 914.34	115 482.92	117 150.42

表27 2003—2009年中国制造业及各行业规模以上工业企业新产品销售收入

（单位：万元）

指标	2003年	2004年	2005年	2006年	2007年	2008年	2009年
农副食品	527 982	583 901	1 180 713	1 915 970	3 415 256	8 001 267.6	6 336 931.2
食品制造业	790 431	1 144 354	1 252 892	2 267 964	3 097 380	4 826 024.5	4 670 112.5
饮料制造业	1 112 290	1 868 105	1 792 223	2 708 005	3 675 322	4 645 038.6	4 367 562
烟草制品业	1 644 954	2 590 784	2 888 426	2 802 990	5 121 949	3 422 858	7 547 038.6
纺织业	4 205 826	5 594 324	6 371 394	7 330 100	8 674 974	12 654 835.2	15 330 843.4
纺织服装	702 927	1 775 161	1 987 148	1 765 344	2 762 528	3 225 255.3	4 278 843.5
皮革毛皮等	652 305	1 017 881	1 201 586	1 340 414	1 889 837	2 733 939.2	2 608 666.7
木材加工	140 690	447 647	645 738	690 380	832 460	1 866 261.8	1 510 200.5
家具制造业	113 014	567 337	590 586	860 479	1 103 943	1 158 424.6	1 151 528.9
造纸及制品	1 900 718	2 297 622	1 350 279	3 731 135	4 359 831	5 851 965.8	5 502 603.4
印刷媒介	210 457	380 594	476 802	635 811	846 373	1 267 541.7	1 241 597.1
文教用品	203 034	354 488	476 376	575 274	724 093	1 127 151.2	1 113 192.7
石油加工等	1 255 559	1 750 059	5 034 605	6 036 207	8 528 190	9 324 010.6	6 170 503.1
化学原料等	5 153 034	9 030 519	10 387 126	12 367 960	18 476 904	29 900 862.6	27 273 659.7
医药制造业	3 037 910	3 887 153	4 693 608	5 699 191	7 126 886	12 153 979.1	12 483 159.4
化学纤维	1 519 666	1 953 739	4 199 406	4 194 877	4 992 211	6 664 586.7	7 114 422.8
橡胶塑料	2 295 249	4 001 127	5 016 013	5 891 011	7 619 309	11 606 855.4	10 671 410.3
非金属矿物	1 325 593	2 353 943	3 006 211	3 678 125	4 838 856	8 893 444.3	8 369 690.1
黑色金属	9 194 850	18 870 594	21 976 831	28 422 277	40 508 968	57 735 657.1	47 337 140.6
有色金属	1 703 079	2 937 234	6 311 734	11 035 266	12 899 896	17 384 212	13 852 481.6
金属制品业	943 226	1 628 870	2 192 939	3 028 034	4 627 202	8 754 617.1	6 789 417.8
通用设备	7 183 209	10 576 372	14 386 423	18 177 067	23 920 843	33 455 469.2	32 737 014.3
专用设备	5 459 792	6 503 817	8 194 074	10 938 978	14 726 867	23 545 518.8	24 840 531.4
交通运输	35 324 576	43 262 036	45 774 759	67 767 214	86 664 765	105 985 842.8	145 705 928.5
电气及机械等	13 324 439	21 223 190	24 895 795	29 759 673	39 161 846	59 190 410	59 980 864.4
通信设备等	38 639 091	52 981 835	58 549 298	70 576 227	87 447 559	113 653 350.1	104 362 335.8
仪器仪表等	1 435 897	2 548 295	2 662 219	3 604 714	5 569 613	7 557 689.4	6 968 491.9
工艺品及其他	213 580	368 416	545 992	968 325	1 557 519	1 638 801	1 437 988.2
制造业	140 213 378	202 499 397	238 041 196	308 769 012	405 171 480	558 225 869.6	571 754 160.4

表28 2010—2016年中国制造业及各行业规模以上工业企业新产品销售收入

(单位：万元)

指标	2010年	2011年	2012年	2013年	2014年	2015年	2016年
农副食品	7 623 757.2	14 677 320.8	20 041 824.2	21 216 452.9	24 650 632.4	28 484 303.2	33 319 427.7
食品制造业	5 906 578.4	6 814 431.2	8 444 769.1	10 968 404.2	11 587 056.5	13 345 183.2	16 039 336.4
饮料制造业	5 825 543.2	7 833 814.6	10 686 171.6	11 337 691.8	10 501 765.7	10 047 568.5	11 330 460
烟草制品业	8 014 046.7	14 928 820.2	13 836 853.2	15 913 129.1	15 222 666.6	16 507 421.7	17 742 748.8
纺织业	23 521 639.9	32 539 362	33 711 924.3	40 512 571	43 107 326.8	47 421 038	51 746 137.6
纺织服装	4 833 869.6	8 075 744.5	12 665 531.4	14 766 136.4	17 076 416.2	18 265 210.7	21 944 597.6
皮革毛皮等	2 982 503.9	5 078 221.2	6 128 266.4	7 389 407.3	8 143 974.6	9 076 142.9	10 857 794.6
木材加工	1 682 614.5	2 464 674.5	3 233 002.4	3 355 673.7	4 728 976.4	5 336 648.6	6 095 457.9
家具制造业	1 257 159.3	2 549 037.4	2 908 385.9	3 910 684.8	5 093 831.5	6 017 028.6	9 466 171.4
造纸及制品	7 015 264.9	10 182 264	11 255 337.1	13 822 519.6	15 410 581.9	16 688 026.6	20 926 494.9
印刷媒介	1 564 069.2	2 795 216.8	3 691 488.2	4 360 006.2	5 133 460.9	5 658 318.7	6 484 638.8
文教用品	1 149 673	2 079 770.1	5 889 815.2	8 721 707.3	10 508 795	11 285 487.2	13 626 196.6
石油加工等	7 822 587.6	11 571 278.8	17 420 808.7	26 469 415.7	28 647 574.7	25 079 048.9	26 737 035.9
化学原料等	33 844 837.2	64 328 994.8	78 730 818.4	91 376 297.6	101 691 212.8	107 041 486.7	117 622 696.4
医药制造业	16 755 263.2	23 170 434.7	29 286 008.9	36 061 673.8	43 018 345.3	47 362 674.5	54 227 526.5
化学纤维	6 815 208.5	12 845 566.2	14 392 962	15 093 388.4	15 845 079.8	17 137 249.8	18 454 130.1
橡胶塑料	13 136 236.4	20 177 462.6	23 395 984.3	29 316 616.3	28 988 358.4	29 942 746.3	37 482 146.2
非金属矿物	10 273 591.2	14 523 911.7	17 836 658.3	24 108 128.4	26 010 894.7	29 010 266.7	33 953 918.4
黑色金属	56 971 040.2	68 352 484.2	75 917 476.1	79 719 165.5	80 428 617.5	66 290 939.6	71 200 326.2
有色金属	21 947 146.2	34 103 900.8	39 906 367.4	51 915 643.1	59 403 446.1	58 170 504.2	69 760 132.8
金属制品业	9 192 981.9	15 547 665.8	23 685 735	27 219 666.1	32 051 316.1	35 548 896.4	39 656 070.9
通用设备	39 991 391.8	59 293 577.5	62 773 071.9	72 693 612.6	76 409 126.9	80 435 662.1	89 485 474.6
专用设备	32 301 119.1	44 792 465.5	51 792 589.5	58 947 065.1	61 128 090.9	60 276 516.9	64 300 459.4
交通运输	171 165 190.3	200 879 220.8	189 919 995.8	198 402 554.5	238 627 220.4	255 612 736.4	319 218 984.4
电气及机械等	86 302 465.2	109 980 157	117 922 424.6	138 605 057.7	161 569 917.4	165 025 929	194 090 805.8
通信设备等	133 689 434.1	182 267 800.5	194 715 449.1	241 635 185.7	267 651 601.3	306 577 277.7	348 386 662.4
仪器仪表等	9 534 768.5	14 584 253.3	13 840 836.2	14 898 716.7	17 680 463.1	18 734 367.5	21 426 113.4
工艺品及其他	1 931 648.5	3 881 170.4	1 733 638.8	1 778 922.9	2 056 915.5	2 671 788.9	2 895 710.1
制造业	723 051 629.7	990 319 021.9	1 085 763 794	1 264 515 495	1 412 373 665	1 493 050 469	1 728 477 656

表29 2003—2008年中国按服务的国民经济行业分从业人员

（单位：人）

指标	2003年	2004年	2005年	2006年	2007年	2008年
农副食品	2 518	2 267	1 946	1 795	1 861	1 819
食品制造业	1 236	943	766	679	655	566
饮料制造业	263	133	174	159	140	145
烟草制品业	21	25	25	28	28	27
纺织业	1 796	1 325	1 006	559	572	555
纺织服装	379	268	190	156	161	157
皮革毛皮等	114	84	65	65	51	47
木材加工	232	256	263	283	217	236
家具制造业	18	21	21	21	21	21
造纸及制品	179	152	104	104	102	102
印刷媒介	636	286	274	274	247	128
文教用品	83	64				
石油加工等	33	28	40	42	46	43
化学原料等	6 178	5 059	4 380	4 240	3 889	3 223
医药制造业	6 727	5 895	6 176	6 023	6 170	5 984
化学纤维	395	355	311	247	227	204
橡胶塑料	512	466	447	390	310	334
非金属矿物	1 909	1 806	1 720	1 535	1 466	1 257
黑色金属	274	262	260	233	224	223
有色金属	618	1 298	1 370	1 362	473	287
金属制品业	218	90	80	82	87	87
通用设备	2 126	2 912	2 774	2 807	3 017	2 827
专用设备	7 251	7 133	6 484	5 896	5 652	5 448
交通运输	1 024	519	436	253	250	786
电气及机械等	859	830	783	834	696	700
通信设备等	2 381	2 289	1 785	1 664	1 598	1 571
仪器仪表等	1 293	1 135	1 265	1 192	1 226	1 178
工艺品及其他	438	354	328	303	305	303
制造业	39 711	36 256	33 473	31 226	29 691	28 258

表30 2009—2016年中国按服务的国民经济行业分从业人员

(单位：人)

指标	2009年	2010年	2012年	2013年	2011年	2014年	2016年
农副食品	1 828	1 799	2 352	2 626	1 847	2 754	2 256
食品制造业	541	512	466	498	452	616	617
饮料制造业	148	149	162	172	157	173	195
烟草制品业	26	29	29	29	31	35	32
纺织业	617	539	369	352	400	344	331
纺织服装	145	89	133	128	129	79	75
皮革毛皮等	45	36	35	33	36	48	26
木材加工	233	230	241	215	235	229	229
家具制造业	21	21	21	19	21	17	17
造纸及制品	107	104	98	97	104	96	83
印刷媒介	107	97	85	83	95	76	28
文教用品			164	168	167	143	133
石油加工等	45	46	45	34	47	20 842	19 591
化学原料等	3 198	3 234	3 347	3 046	3 137	2 692	2 357
医药制造业	6 557	6 686	6 931	7 230	6 722	7 762	8 504
化学纤维	172	173	153	141	165	120	107
橡胶塑料	327	289	277	291	278	273	287
非金属矿物	1 299	1 273	1 314	1 372	1 267	1 208	1 135
黑色金属	216	215	149	140	152	122	79
有色金属	292	123	132	130	128	130	92
金属制品业	90	88	64	51	63	60	115
通用设备	2 716	2 660	2 328	2 327	2 329	2 296	4 612
专用设备	5 676	5 683	5 802	5 998	5 659	5 912	5 862
交通运输	343	245	126	342	206	213 746	197 604
电气及机械等	354	265	93	94	93	19	94
通信设备等	1 631	1 730	1 855	1 855	1 817	123 357	121 461
仪器仪表等	1 197	757	1 012	937	942	916	885
工艺品及其他	259	179	2	2	2	50 663	51 477
制造业	28 190	27 251	27 785	28 410	26 681	434 728	418 284

注：2015年数据缺失。

表31 2003—2008年中国按服务的国民经济行业分研究与开发机构R&D人员

（单位：人）

指标	2003年	2004年	2005年	2006年	2007年	2008年
农副食品	1 845	1 690	1 438	1 409	1 493	1 519
食品制造业	809	679	611	536	549	473
饮料制造业	110	58	83	87	73	78
烟草制品业	20	24	26	27	27	26
纺织业	889	650	490	400	411	395
纺织服装	204	153	105	146	79	126
皮革毛皮等	62	41	33	33	31	26
木材加工	203	233	290	311	255	223
家具制造业	13	16	19	19	19	20
造纸及制品	85	93	71	71	69	71
印刷媒介	228	171	164	159	146	108
文教用品	58	24				
石油加工等	20	10	29	25	30	30
化学原料等	3 720	3 185	3 245	2 998	2 915	2 547
医药制造业	4 674	4 246	5 159	4 573	5 113	5 244
化学纤维	189	190	234	156	150	134
橡胶塑料	294	179	179	172	177	213
非金属矿物	1 405	1 220	1 210	1 051	1 006	880
黑色金属	132	135	134	93	116	113
有色金属	515	833	747	811	398	264
金属制品业	171	79	69	68	73	73
通用设备	1 469	1 370	1 487	1 578	1 733	1 886
专用设备	4 644	4 721	4 588	4 206	4 032	4 021
交通运输	803	313	308	211	184	525
电气及机械等	684	636	610	623	568	570
通信设备等	1 538	1 479	1 427	1 350	1 395	1 271
仪器仪表等	910	816	851	833	941	926
工艺品及其他	289	223	206	208	198	203
制造业	25 983	23 467	23 813	22 154	22 181	21 965

表32 2009—2016年中国按服务的国民经济行业分研究与开发机构R&D人员

(单位：人)

指标	2009年	2010年	2012年	2013年	2011年	2014年	2016年
农副食品	678	670	910	1 089	1 305	1 271	1 347
食品制造业	142	140	165	204	193	297	416
饮料制造业	15	20	30	36	34	49	66
烟草制品业	0	0	0	0	0		
纺织业	59	72	35	45	25	39	39
纺织服装	22	22	22	23	23	21	19
皮革毛皮等	7	8	8	8	0	6	8
木材加工	200	227	172	226	217	270	157
家具制造业	12	12	12	12	12	11	11
造纸及制品	34	35	35	33	32	14	20
印刷媒介	8	0		0	0		
文教用品			24	20	12	11	48
石油加工等	7	7	30	41	7	7 883	8 804
化学原料等	1 463	1 639	1 738	1 884	1 729	1 917	1 811
医药制造业	4 062	4 053	4 204	4 431	4 812	4 811	5 649
化学纤维	74	75	68	82	71	56	57
橡胶塑料	67	76	90	106	104	113	105
非金属矿物	46	69	99	128	153	153	312
黑色金属	30	32	32	46	44	27	34
有色金属	143	54	39	58	33	17	15
金属制品业	34	34	52	45	38	48	96
通用设备	168	271	298	192	166	589	642
专用设备	1 844	2 095	2 136	2 663	2 482	2 919	3 165
交通运输	100	65	57	24	208	113 861	113 102
电气及机械等	55	56	60	66	68	0	58
通信设备等	539	1 109	1 258	1 091	1 288	50 220	52 670
仪器仪表等	354	349	341	399	379	386	375
工艺品及其他	19	17	0	0	0	24 912	25 960
制造业	10 182	11 207	11 915	12 952	13 435	209 901	214 986

注：2015年数据缺失。

表33 2003—2009年中国外商及港澳台商投资工业企业固定资产合计

(单位：亿元)

指标	2003年	2004年	2005年	2006年	2007年	2008年	2009年
农副食品	423.12	534.41	612.73	730.77	871.96	1 010.94	1 206.68
食品制造业	336.81	395.22	453.92	528.82	630.12	764.13	878.85
饮料制造业	440.59	469.8	494.42	592.76	693.38	981.06	934.19
烟草制品业	7.05	6.13	6.91	7.37	6.88	4.47	3.49
纺织业	753.49	1 093.21	1 128.53	1 256.15	1 413.92	1 616.76	1 578.74
纺织服装	315.95	372.63	447.46	528.36	651.11	781.93	772.75
皮革毛皮等	209.64	264.76	307.11	353.31	397.33	444.86	431.94
木材加工	126.01	154.55	166.87	178.61	192.17	218.68	208.14
家具制造业	100.73	169.15	182.81	211.26	241.27	275.7	275.09
造纸及制品	606.54	880	1 172.84	1 299.42	1 399.02	1 613.38	1 624.45
印刷媒介	189.94	201.45	231.71	247.21	270.63	309.42	299.19
文教用品	142.41	181.65	202.66	223.36	257.29	300.73	305.74
石油加工等	256.3	323.12	338.84	503.04	658.48	647.41	1 003.26
化学原料等	870.15	1 183.28	1 723.79	2 451.72	2 870.35	3 494.44	3 911.29
医药制造业	271.35	342.9	438.95	497.81	544.57	692.16	801.35
化学纤维	199.15	389.12	388.02	433.07	496.95	561.82	532.39
橡胶塑料	809.03	1 151.06	1 211.15	1 320.54	1 523.38	1 815.36	1 807.53
非金属矿物	711.7	969.94	1 059.49	1 267.49	1 625.88	1 944.34	2 015.62
黑色金属	363.68	740.63	955.93	1 276.46	1 395.95	1 709.34	1 912.43
有色金属	200.12	399.4	387.76	515	656.38	865.32	1 071.34
金属制品业	406.68	489.2	577.36	676.08	813.31	1 034.42	1 112.57
通用设备	468.69	691.03	803.52	962.6	1 344.44	1 535.98	1 669.69
专用设备	212.5	355.22	419.53	537.48	727.92	1 024.41	1 085.27
交通运输	1 125.1	1 570.2	1 940.83	2 658.51	3 221.51	4 072.61	4 343.07
电气及机械等	715.18	934.39	1 098.48	1 252.75	1 504.28	1 931.3	2 168.25
通信设备等	2 099.33	3 232.73	3 772.15	4 345.95	5 395.14	6 212.28	5 866.75
仪器仪表等	198.88	237.03	279.12	336.36	370.69	417.65	413.48
工艺品及其他	124.64	165.16	184.53	230.21	247.64	294.98	288.96
废弃回收	1.17	6.64	7.81	14.75	19.22	36.44	48.36
制造业	12 685.93	17 904.01	20 995.23	25 437.22	30 441.17	36 612.32	38 570.86

表 34　2010—2016 年中国外商及港澳台商投资工业企业固定资产合计

(单位：亿元)

指标	2010 年	2011 年	2012 年	2013 年	2014 年	2015 年	2016 年
农副食品	1 342.59	1 438.38	1 550.34	1 506.27	1 700.21	1 770.6	1 718.88
食品制造业	913.88	1 013.08	1 118.79	1 228.32	1 270.56	1 367.96	1 371.98
饮料制造业	1 034.62	1 119.46	1 240.98	1 359.61	1 473.91	1 547.87	1 549.47
烟草制品业	3.28	3.26	0.79	0.9	1.01	10.42	12.33
纺织业	1 707.65	1 626.27	1 605.01	1 503.26	1 449.59	1 387.28	1 374.23
纺织服装	783.29	745.9	954.03	1 000.03	1 017.68	1 024.23	1 013.19
皮革毛皮等	498.92	504.03	615.45	607.46	633.9	636.23	646.66
木材加工	213.1	204.76	190.45	199.13	210.31	221.5	191.75
家具制造业	296.95	287.03	305.44	306.94	328.2	354.85	306.91
造纸及制品	1 789.39	1 859.55	1 932.3	2 067.82	2 064.83	2 049.49	2 172.69
印刷媒介	324.32	277.5	318.24	345.21	356.53	347.81	361.2
文教用品	297.76	289.45	473.45	550.17	562.79	606.06	650.47
石油加工等	1 005.43	987.02	974.92	991.48	1 157.6	1 123.58	1 217.59
化学原料等	4 660.93	5 155.74	5 253.44	5 624.52	6 330.39	6 426.73	6 252.26
医药制造业	897.55	977.32	1 104.88	1 278.8	1 381.33	1 492.01	1 429.91
化学纤维	556.72	641.09	711.7	752.54	765.48	792.98	664.88
橡胶塑料	1 879.57	1 854.31	1 988.54	2 080.53	2 094.82	2 057.52	1 999.04
非金属矿物	2 311.55	2 508.07	2 469.72	2 554.82	2 518.07	2 551.96	2 474.25
黑色金属	2 148.45	2 091.03	2 543.56	2 722	2 314.79	2 080.86	2 180.39
有色金属	1 296.54	1 366.51	1 342.01	1 528.69	1 537.49	1 576.81	1 751.5
金属制品业	1 267.13	1 143.49	1 359.05	1 401.67	1 493.05	1 443.69	1 469.01
通用设备	1 974.98	2 101.13	2 136.5	2 327.64	2 412.48	2 377.53	2 280.35
专用设备	1 299.97	1 251	1 483.06	1 549.97	1 878.87	1 620	1 413.6
交通运输	4 743.13	5 187.6	5 252.51	5 816.7	6 554.55	7 467.66	8 373.25
电气及机械等	2 516.83	2 587.82	2 770.53	2 882.64	2 821.44	2 723.93	2 738.51
通信设备等	8 630.01	6 686.2	7 357.92	8 557.96	8 446.41	8 144.47	8 962.82
仪器仪表等	453.11	461.44	377.52	395.34	406.95	407.77	395.87
工艺品及其他	289.45	271.64	112.81	119.75	125.17	119.66	115.84
废弃回收	43.07	57.03	51.43	55.47	59.5	66.86	74.49
制造业	45 180.17	44 697.11	47 595.37	51 315.64	53 367.91	53 798.32	55 163.32

表35 2003—2009年中国制造业及各行业R&D经费内部支出

(单位：万元)

指标	2003年	2004年	2005年	2006年	2007年	2008年	2009年
农副食品	3 766	3 283	3 265	8 531	9 706	10 574	11 144
食品制造业	2 726	1 506	2 051	2 035	2 191	2 045	2 570
饮料制造业	103	0	148	54	69	164	144
烟草制品业	0	0	0	0	0	0	0
纺织业	727	228	305	239	265	219	188
纺织服装	143	158	207	58	54	46	79
皮革毛皮等	76	104	215	203	93	57	40
木材加工	2 078	2 241	1 310	716	2 861	2 802	5 143
家具制造业	58	75	101	74	93	0	78
造纸及制品	230	517	180	150	200	205	336
印刷媒介	135	54	58	373	0	0	067
文教用品	0	0	0	0	0	0	0
石油加工等	0	70	406	109	491	200	83
化学原料等	23 864	21 471	24 174	20 747	22 749	25 444	28 833
医药制造业	29 872	26 254	28 109	25 333	46 384	58 360	85 712
化学纤维	337	328	2 351	18	94	554	478
橡胶塑料	186	192	444	183	185	390	427
非金属矿物	707	378	480	809	466	265	677
黑色金属	143	140	129	297	375	381	307
有色金属	1 339	642	4 475	2 816	2 634	1 636	1 855
金属制品业	78	212	71	152	120	115	159
通用设备	736	794	3 789	754	2 003	1 244	897
专用设备	10 419	15 842	18 754	21 690	22 982	22 473	29 396
交通运输	15 125	1 009	966	215	611	1 422	777
电气及机械等	443	303	440	207	430	745	1 177
通信设备等	7 068	13 492	8 904	7 545	5 584	8 416	12 257
仪器仪表等	2 712	2 096	2 290	2 096	2 278	5 470	6 855
工艺品及其他	0	0	0	0	32	36	147
总计	103 068	91 389	103 621	95 400	122 948	143 263	189 824

表 36　2010—2016 年中国制造业及各行业 R&D 经费内部支出

（单位：万元）

指标	2010 年	2011 年	2012 年	2013 年	2014 年	2015 年	2016 年
农副食品	11 260	12 648.5	18 950.7	27 066.2	42 790.4	42 790.4	46 391.9
食品制造业	3 627.5	4 357	5 423.3	3 903.5	6 704.5	6 704.5	13 071.3
饮料制造业	317.9	896.8	769.9	895	1 065.1	1 065.1	1 142.1
烟草制品业	0	0	0	0	0	0	0
纺织业	1 207.7	291.2	419.3	108.3	198.8	198.8	219.8
纺织服装	80.7	83.7	81.3	96	91.2	91.2	107.9
皮革毛皮等	33	30	40		40	40	40
木材加工	6 813.1	4 138.5	5 400	4 762.9	5 084.9	5 084.9	1 641.6
家具制造业	120	90	117.2	110.8	183.5	183.5	221.9
造纸及制品	304.7	364.2	345.6	319.1	319.1	319.1	426
印刷媒介	0	0	0	0	0	0	0
文教用品		159.9	115	70.9	191.6	191.6	422
石油加工等	43.2	158.9	416.8	142.7	399 929.8	399 929.8	437 806.1
化学原料等	33 577.8	45 825.6	54 767.9	72 573.4	56 993.8	56 993.8	83 136.7
医药制造业	110 160.3	115 657.5	114 442.8	200 500.8	137 368.8	137 368.8	167 507.8
化学纤维	427.5	436.1	487.9	494	770.5	770.5	672.4
橡胶塑料	705.6	652.4	927.1	941.8	3 162.6	3 162.6	2 198.7
非金属矿物	614.9	1 141.5	1 874.5	5 992.1	3 189.1	3 189.1	2 693.2
黑色金属	511	230.3	387.1	365.4	195.6	195.6	218.9
有色金属	388.2	377.9	745.9	370.1	74.9	74.9	58.2
金属制品业	394.8	331.3	377.3	554	487.3	487.3	2 107.8
通用设备	1 733.5	4 817.1	5 193.7	5 818	12 375.4	12 375.4	23 431.7
专用设备	56 642	55 282.4	84 487	81 707	88 273.7	88 273.7	118 562.1
交通运输	577.1	723.8	54.1	13 755.7	8 445 299.5	8 445 299.5	8 874 611.7
电气及机械等	677.7	776.6	924.2	993.6	0	0	730.6
通信设备等	19 705.8	41 315.4	48 620.6	49 076.5	2 593 769	2 593 769	2 789 955
仪器仪表等	7 059.3	8 036.7	5 855.1	9 879.7	6 476.8	6 476.8	10 346.2
工艺品及其他	80	0	0	0	0	0	0
制造业	257 063.3	298 823.4	351 224.3	480 497.1	13 150 781.9	13 150 781.9	14 009 715.6

表37　2003—2008年中国制造业及各行业规模以上国有控股工业企业销售产值

（单位：亿元）

指标	2003年	2004年	2005年	2006年	2007年	2008年
农副食品	1 057.12	961.76	1 081.81	1 053.01	1 263.01	1 267.65
食品制造业	400.12	313.93	471.52	576.59	576.31	668.28
饮料制造业	843.33	605.07	824.61	890.56	1 045.58	1 163.79
烟草制品业	2 207.54	2 560.2	2 853.97	3 193	3 772.33	4 411.61
纺织业	1 188.22	919.63	912.75	898.14	824.07	659.45
纺织服装	106.91	102.45	108.27	102.42	126.61	129.55
皮革毛皮等	41.68	29.4	23.71	26.96	25.61	47.51
木材加工	116.45	122.69	166.97	180.64	130.49	131.04
家具制造业	24.09	57.15	53.09	68.82	67.53	62.77
造纸及制品	510.35	474.66	517.54	504.97	487.85	652.68
印刷媒介	270.41	285.17	283.41	294.83	337.9	367.28
文教用品	33.56	39.01	29.71	34.5	31.6	38.82
石油加工等	5 304.63	6 909.91	9 515.77	11 396.03	13 444.17	16 240.58
化学原料等	3 561.36	4 248	4 960.31	5 895.23	6 866.17	7 655.97
医药制造业	1 014.43	858.05	974.31	959.9	1 081.36	1 167.76
化学纤维	387.21	495.59	574.52	644.69	727.41	476.06
橡胶塑料	538.09	613.41	664.28	675.61	761.23	937.93
非金属矿物	1 051.07	1 137.77	1 174.61	1 328.12	1 611.37	2 144.32
黑色金属	5 936.71	8 556.98	10 057.53	10 915.37	14 115.1	18 422.69
有色金属	1 429.93	2 115.82	2 702.62	4 257.13	5 756.55	6 081.61
金属制品业	355.82	433.71	489.06	601.59	808.43	971.9
通用设备	1 719.61	2 042.14	2 414.52	2 918.26	3 469.63	4 023.91
专用设备	1 437.78	1 484.56	1 730.1	2 019.79	2 612.43	3 395.61
交通运输	6 864.94	7 557.74	8 236.74	10 023.65	13 243.29	14 897.99
电气及机械等	976.73	1 223.46	1 513.87	1 893.43	2 149.27	2 521.19
通信设备等	3 338.52	3 287.83	3 496.51	2 467.74	2 497.66	3 752.79
仪器仪表等	181.7	251.77	276.71	318.06	377.59	485.2
工艺品及其他	70.13	133.84	135.46	145.17	205.94	223.76
废弃回收	0.9	6.59	7.83	11.99	50.58	104.75
制造业	40 969.34	47 828.29	56 252.11	64 296.2	78 467.07	93 104.45

表38 2009—2015年中国制造业及各行业规模以上国有控股工业企业销售产值

(单位：亿元)

指标	2009年	2010年	2011年	2012年	2013年	2014年	2015年
农副食品	1 478	1 932.2	2 328.98	2 778.47	3 276.67	3 402.59	3 291.54
食品制造业	637.47	797.8	797.07	835.93	937.86	1 068.96	1 063.59
饮料制造业	1 286.31	1 474.57	1 947.46	2 325.21	2 337.6	2 348.12	2 416.75
烟草制品业	4 876.42	5 810.63	6 796.36	7 891.48	8 663.72	9 051.35	9 557.75
纺织业	582.16	691.41	749.36	678.71	696.15	698.83	677.34
纺织服装	137.45	163.96	183.38	178.48	181.33	182.89	180
皮革毛皮等	25.8	25.17	26.27	87.98	85.92	77.32	85.59
木材加工	133.08	166.45	193.65	191.27	208.53	218.79	214.28
家具制造业	79.02	112.21	88.09	88.76	87.56	89.63	97.14
造纸及制品	629.25	815.61	819.25	915.02	698.82	719.76	712.65
印刷媒介	378.66	435.27	440.71	464.86	509.73	493.76	503.28
文教用品	32.66	35.99	36.7	358.04	425.58	432.15	443.19
石油加工等	15 011.2	20 610.73	25 183.19	27 111.47	27 227.21	27 097.84	20 268.36
化学原料等	7 230.36	9 113.37	11 200.37	11 809.2	12 297.4	12 479.99	11 609.58
医药制造业	1 158.2	1 431.99	1 688.45	1 848.17	1 950.74	1 942.38	2 057.52
化学纤维	388.76	424.74	530.49	419.9	451.74	453.58	581.18
橡胶塑料	931.53	1 114.48	1 309.71	1 255.26	1 282.95	1 244.36	898.53
非金属矿物	2 327.76	3 126.7	4 174.56	4 232.18	4 841.86	5 045.85	4 601.48
黑色金属	16 325.79	20 118.2	23 490.38	21 627.84	21 692.89	20 244.46	15 944.28
有色金属	5 467.29	7 870.12	10 070.65	10 509.61	11 180.32	11 696.58	11 474.71
金属制品业	917.6	1 097.64	1 326.05	2 100.64	2 144.88	2 131.61	2 115.66
通用设备	4 161.21	4 513.36	4 999.45	4 657.73	4 767.73	4 779.22	4 473.14
专用设备	3 941.11	4 561.75	5 123.28	5 253.99	5 341.24	4 835.32	4 369.8
交通运输	18 960.87	25 428.2	27 419.73	27 645.15	30 701.44	34 690.95	35 801.47
电气及机械等	2 753.17	3 578.34	4 313.84	4 342.9	4 933.51	5 168.69	5 147.92
通信设备等	3 743.41	4 267.17	5 057.09	5 744.62	6 509.52	7 245.8	7 957.72
仪器仪表等	505.83	631.13	758.24	762.15	801.65	796.27	839.07
工艺品及其他	253.49	385.91	612.32	373.84	431.77	427.91	462.58
废弃回收	217.44	73.25	98.04	167.81	208.76	220.21	236.4
制造业	94 571.35	120 808.35	141 763.12	146 656.67	154 875.08	159 285.14	148 082.5

表39 2003—2009年中国制造业及各行业企业科技活动经费筹集政府资金

(单位：万元)

指标	2003年	2004年	2005年	2006年	2007年	2008年	2009年
农副食品	4 401	14 709	7 347	7 070	14 130	38 754	16 910
食品制造业	6 087	10 352	10 979	6 634	9 472	25 353	16 676
饮料制造业	2 378	6 957	3 587	5 953	9 932	16 626	12 005
烟草制品业	3 214	6 362	1 040	983	3 401	915	2 602
纺织业	10 925	8 451	12 712	17 961	16 062	39 083	18 616
纺织服装	4 323	2 320	2 017	3 878	3 914	3 355	3 979
皮革毛皮等	292	931	369	834	762	454	1 927
木材加工	786	984	891	2 422	834	3 846	6 634
家具制造业	17	252	252	223	559	1 584	298
造纸及制品	2 007	4 435	2 219	4 716	5 480	14 925	14 003
印刷媒介	1 082	1 247	515	516	179	2 675	2 111
文教用品	362	1 606	1 072	1 401	2 336	3 534	3 402
石油加工等	3 910	68 345	3 974	5 451	5 366	18 403	14 043
化学原料等	24 374	51 308	54 028	70 425	82 071	146 505	91 880
医药制造业	18 875	58 227	34 039	39 795	55 293	110 931	83 101
化学纤维	1 892	7 572	4 954	6 689	8 386	12 825	8 130
橡胶塑料	4 753	11 926	5 498	6 779	12 915	26 179	14 729
非金属矿物	6 091	18 752	12 763	18 186	21 378	51 980	32 346
黑色金属	7 880	10 159	12 893	37 752	40 697	61 342	31 532
有色金属	12 629	16 086	21 623	22 142	40 872	65 668	48 689
金属制品业	4 323	11 186	19 179	18 608	24 927	37 367	20 102
通用设备	28 218	47 633	51 621	78 637	103 739	174 044	115 209
专用设备	46 444	71 068	77 156	83 711	88 984	164 197	127 736
交通运输	204 833	222 728	253 978	351 692	516 975	681 320	477 948
电气及机械等	21 629	47 010	35 524	47 490	73 837	161 004	110 558
通信设备等	59 286	110 005	127 674	132 968	187 637	294 744	231 603
仪器仪表等	11 441	22 541	14 488	17 484	32 784	81 313	42 439
工艺品及其他	3 493	11 080	4 137	17 866	11 047	10 139	5 516
制造业总体	495 945	844 232	776 529	1 008 266	12 915	26 179	14 729

表40 2010—2016年中国制造业及各行业企业科技活动经费筹集政府资金

（单位：万元）

指标	2010年	2011年	2012年	2013年	2014年	2015年	2016年
农副食品	12 745.2	32 314	36 674	58 010.4	69 858	73 481.2	79 038.3
食品制造	13 545.6	26 249	30 229	30 999.2	42 099	41 805.3	36 987.4
饮料制造	11 994.4	23 199	29 353	28 258.8	34 659	28 129.9	23 677.1
烟草制品	288.2	332	226	438	444	390.4	354
纺织业	13 951.9	30 358	27 166	36 192.3	33 983	35 927.4	34 070.5
纺织服装	2 431.5	4 997	9 461	8 902.1	7 352	7 363.4	12 823
皮革毛皮	1 615.1	2 144	3 406	3 566.4	4 818	6 096.9	5 461.1
木材加工	2 876.2	3 041	6 685	9 562.8	10 467.1	9 882.5	10 873
家具制造	144.6	2 039	3 381	1 420.7	2 863	4 818.5	4 026.5
造纸制品	5 249.7	7 630	10 762	10 163.1	10 987	12 390.5	17 879.3
印刷媒介	2 082.6	2 498	3 359	2 843.9	4 822	3 536.1	6 243.4
文教用品	4 546.1	6 400	8 925	12 029.5	13 840	9 285.4	17 287.9
石油加工	7 507.7	8 053	12 888	20 355.5	9 611	13 838	13 946.3
化学原料	86 154.8	147 411	153 179	175 158.4	200 848	169 598.8	161 357
医药制造	89 107.8	127 310	180 560	204 243	196 646	208 934.4	223 677.3
化学纤维	4 226.7	6 983	10 023	10 362.2	11 214	13 106.9	12 738.4
橡胶塑料	17 305.2	29 906	33 126	38 167.1	41 782	38 634.5	42 561.8
非金属矿	22 425.3	42 555	54 731	72 630.8	76 435	81 174	79 834.8
黑色金属	53 986.4	32 391	54 463	43 287.1	52 684	48 048.8	47 774.2
有色金属	35 161	52 559	92 761	96 385.9	101 088	123 292.4	107 465.5
金属制品	29 084.9	27 839	104 931	104 176.8	80 969	105 204.8	121 959.2
通用设备	103 894.7	153 893	240 818	279 486	308 850	291 882.5	277 491.2
专用设备	140 645.9	192 546	190 262	254 488.8	233 016	258 258.3	232 623.7
交通运输	520 401.8	727 138	954 825	1 030 708.6	1 213 301	1 357 549.7	1 113 907.7
电气及机械等	93 123.6	200 332	204 057	241 940.6	255 858	246 287.6	239 357.8
通信设备	300 624.5	440 744	459 292	568 565.1	512 114	695 795.3	853 471.8
仪器仪表	44 381.8	59 600	65 528	102 896.5	92 446	121 000.4	106 369.9
工艺品及其他	18 824	14 914	16 042	15 750.3	12 465	24 805.1	33 029
制造业	1 638 327.1	29 906	954 825	3 460 989.9	3 635 519.1	4 030 519	3 916 287.1

表 41 2003—2016 年相关宏观经济数据

年份	居民消费价格指数 （1 978=100）	国内生产总值 （亿元）	规模以上工业企业销售产值（现价） （亿元）	科技拨款占公共财政支出的比重 （%）	高技术产业主营业务收入 （亿元）	研究生毕业生数 （万人）	就业人员 （万人）
2003	438.70	137 422.00	124 616.13	3.83	20 412.00	11.11	73 736.00
2004	455.80	161 840.20	171 550.15	3.84	27 846.20	15.08	74 264.00
2005	464.00	187 318.90	213 388.41	3.93	33 916.20	18.97	74 647.00
2006	471.00	219 438.50	269 082.59	4.18	41 584.56	25.59	74 978.00
2007	493.60	270 232.30	346 542.25	4.29	49 714.10	31.18	75 321.00
2008	522.70	319 515.50	430 687.77	4.17	55 728.90	34.48	75 564.00
2009	519.00	349 081.40	467 968.99	4.29	59 566.70	37.13	75 828.00
2010	536.10	413 030.30	596 912.56	4.67	74 482.80	38.36	76 105.00
2011	565.00	489 300.60	718 941.39	4.39	87 527.20	43.00	76 420.00
2012	579.70	540 367.40	791 342.05	4.45	102 284.00	48.65	76 704.00
2013	594.80	595 244.40	894 475.73	4.41	116 048.90	51.36	76 977.00
2014	606.70	643 974.00	967 514.34	4.25	127 367.67	53.59	77 253.00
2015	615.20	689 052.10	988 376.65	3.98	139 968.65	55.15	77 451.00
2016	627.50	743 585.50	1 040 605.31		153 796.33	56.39	77 603.00

表 42 2003—2015 年其他相关宏观经济数据

年份	居民消费水平（元）	出口总额（亿元）	公路里程（万公里）	光缆线路长（公里）	亿元以上商品交易市场摊位数（个）	互联网普及率	通信类 CPI（上年=100）
2003	4 606.00	36 287.89	180.98	2 734 807.20	2 148 866.00	6.20	96.10
2004	5 138.00	49 103.33	187.07	3 519 224.51	2 229 818.00	7.30	96.80
2005	5 771.00	62 648.09	334.52	4 072 787.82	2 248 803.00	8.50	96.60
2006	6 416.00	77 597.89	345.70	4 279 559.00	2 527 987.00	10.50	96.40
2007	7 572.00	93 627.14	358.37	5 777 288.61	2 681 630.00	16.00	97.10
2008	8 707.00	100 394.94	373.02	6 778 495.61	2 839 070.00	22.60	95.60
2009	9 514.00	82 029.69	386.08	8 294 565.33	2 994 781.00	28.90	96.30
2010	10 919.00	107 022.84	400.82	9 962 466.50	3 193 365.00	34.30	97.30
2011	13 134.00	123 240.56	410.64	12 119 302.90	3 334 787.00	38.30	97.50
2012	14 699.00	129 359.25	423.75	14 793 300.43	3 494 122.00	42.10	98.00
2013	16 190.00	137 131.43	435.62	17 453 709.20	3 488 170.00	45.80	98.80
2014	17 778.00	143 883.75	446.39	20 612 529.22	3 534 757.00	47.90	99.40
2015	19 397.00	141 166.83	457.73	24 863 348.24	3 468 638.00	50.30	99.50

表43 1991—2017年德国经济发展基本情况

年份	国内生产总值（亿欧元）	变化率	人口（千人）	就业（国家）	就业（国内）	就业变化（国家）	就业变化（国内）
1991	1 579.800		80 275	38 851	38 790		
1992	1 695.320	7.3	80 975	38 306	38 283	−1.4	−1.3
1993	1 748.550	3.1	81 338	37 786	37 786	−1.4	−1.3
1994	1 830.290	4.7	81 539	37 780	37 798	0	0
1995	1 898.880	3.7	81 817	37 885	37 958	0.3	0.4
1996	1 926.320	1.4	82 012	37 890	37 969	0	0
1997	1 967.090	2.1	82 057	37 861	37 947	−0.1	−0.1
1998	2 018.230	2.6	82 037	38 315	38 407	1.2	1.2
1999	2 064.880	2.3	82 163	38 927	39 031	1.6	1.6
2000	2 116.480	2.5	82 260	39 792	39 917	2.2	2.3
2001	2 179.850	3.0	82 440	39 667	39 809	−0.3	−0.3
2002	2 209.290	1.4	82 537	39 498	39 630	−0.4	−0.4
2003	2 220.080	0.5	82 532	39 075	39 200	−1.1	−1.1
2004	2 270.620	2.3	82 501	39 218	39 337	0.4	0.3
2005	2 300.860	1.3	82 438	39 220	38 326	0	0
2006	2 393.250	4.0	82 315	39 559	39 635	0.9	0.8
2007	2 513.230	5.0	82 218	40 259	40 325	1.8	1.7
2008	2 561.740	1.9	82 002	40 805	40 856	1.4	1.3
2009	2 460.280	−4.0	81 802	40 845	40 892	0.1	0.1
2010	2 580.060	4.9	81 752	40 983	41 020	0.3	0.3
2011	2 703.120	4.8	80 328	41 534	41 577	1.3	1.4
2012	2 758.260	2.0	80 524	42 006	42 061	1.1	1.2
2013	2 826.240	2.5	80 767	42 271	42 328	0.6	0.6
2014	2 932.470	3.5	81 198	42 602	42 662	0.8	0.8
2015	3 043.650	3.7	82 176	42 979	43 057	0.9	0.9
2016	3 144.050	2.8	82 521.70	0	0	0	0
2017	3 263.350		82 740.90	0	0	0	0

表 44 1991—2017 年德国就业及失业情况

年份	就业人员（千人）	员工（千个）	个体经营人员和家庭工人（千人）	年份	失业人数（人）	失业率（%）
1991	13 856	13 264	592	1991	2 602 203	7.3
1992	13 155	12 543	612	1992	2 978 570	8.5
1993	12 586	11 956	630	1993	3 419 141	9.8
1994	12 264	11 612	652	1994	3 698 057	10.6
1995	12 128	11 450	678	1995	3 611 921	10.4
1996	11 809	11 112	697	1996	3 965 064	11.5
1997	11 534	10 832	702	1997	4 384 456	12.7
1998	11 468	10 765	703	1998	4 280 630	12.3
1999	11 367	10 662	705	1999	4 100 499	11.7
2000	11 358	10 650	708	2000	3 889 695	10.7
2001	11 159	10 443	716	2001	3 852 564	10.3
2002	10 842	10 113	729	2002	4 061 345	10.8
2003	10 499	9 772	727	2003	4 376 795	11.6
2004	10 307	9 568	739	2004	4 381 281	11.7
2005	10 095	9 329	766	2005	4 860 909	13
2006	10 007	9 223	784	2006	4 487 305	12
2007	10 151	9 365	786	2007	3 760 586	10.1
2008	10 322	9 538	784	2008	3 258 954	8.7
2009	10 156	9 372	784	2009	3 414 992	9.1
2010	10 036	9 259	777	2010	3 238 965	8.6
2011	10 230	9 442	788	2011	2 976 488	7.9
2012	10 405.00	9 606.00	799	2012	2 897 126	7.6
2013	10 453.00	9 656.00	797	2013	2 950 338	7.7
2014	10 507.00	9 723.00	784	2014	2 898 388	7.5
2015	10 511	9 764	747	2015	2 794 664	7.1
0	0	0	0	2016	2 690 975	6.8
0	0	0	0	2017	2 532 837	6.3

表 45 1991—2015 年德国工业及制造业增加值

（单位：百万欧元）

年份	工业增加值	制造业	年份	工业增加值	制造业
1991	530 241	393 997	2004	605 256	460 474
1992	553 356	398 930	2005	612 083	467 400
1993	536 399	374 721	2006	652 179	500 866
1994	554 201	382 916	2007	690 429	530 125
1995	566 255	391 746	2008	692 856	518 726
1996	556 501	387 844	2009	613 782	439 843
1997	562 691	399 273	2010	700 282	515 175
1998	573 996	413 706	2011	742 187	556 004
1999	573 670	415 940	2012	762 311	563 689
2000	590 081	438 718	2013	768 854	572 594
2001	593 234	446 992	2014	795 531	593 565
2002	586 792	441 359	2015	829 266	615 384
2003	586 488	445 384	0	0	0

表 46 2000—2015 年世界主要国家和地区每小时劳动力报酬年增长率（%）

年份	德国	欧盟 28 国	日本	美国
2000	3.21	6.67	-0.51	6.54
2001	2.41	3.93	-0.16	4.40
2002	1.85	3.54	-1.44	2.52
2003	1.96	1.40	-2.33	4.11
2004	0.53	2.92	-0.89	4.65
2005	1.08	2.59	0.23	3.69
2006	-0.50	3.07	-1.48	3.85
2007	0.67	3.12	-1.10	4.18
2008	2.63	0.51	1.23	2.91
2009	4.12	0.43	-0.49	1.92
2010	0.96	4.02	-1.10	2.34
2011	2.56	1.71	0.94	2.18
2012	3.62	3.68	-1.00	2.06
2013	2.54	1.23	0.92	1.03
2014	2.11	1.47	1.17	2.29
2015	2.30	3.13		

表47 2001—2015年德国劳动力相关指数

年份	劳动力成本指数	总收入指数	非工资成本指数	年份	劳动力成本指数	总收入指数	非工资成本指数
2001	2.4	2.5	2	2009	2.7	2.5	3.5
2002	2.4	2.3	2.5	2010	1.3	0.7	3.3
2003	2.4	2.2	3	2011	2.8	2.8	2.6
2004	1.1	1.4	0.2	2012	3	3.3	2
2005	0.1	0.8	-2	2013	1.6	1.6	1.8
2006	0.9	1.4	-0.5	2014	2	1.9	2.2
2007	0.7	1.8	-2.9	2015	2.8	2.8	2.7
2008	2.6	3.1	0.8				

表48 1995—2015年德国主要工业行业增加值

（单位：百万欧元）

年份	石油和天然气	纺织品	木材产品	橡胶塑料制品	玻璃产品	金属	数据处理设备	电气设备	机械	电源	水和供水
1995	26.2	0	93.4	91.9	93	65.8	195.7	92.2	80.8	68.8	77
1996	27.8	0	90.5	91.2	92.4	62.5	193.5	92.6	82.3	64.7	81.1
1997	32.9	0	91.3	90.8	92	63.6	191.3	91.9	83.2	67.2	84.3
1998	31	0	92.3	90.6	91.4	64.6	187.9	91.9	83.8	66	86.5
1999	30	0	91.1	90.1	91.1	61.3	181.6	91.7	84.6	62.4	87.7
2000	45.5	93.7	91.3	91.7	91.1	67.4	176.4	92.7	85.5	63.4	88.7
2001	57.5	94.6	91	92.8	91.5	67	172.5	92.8	86.9	71.7	88.3
2002	52	94.8	89.1	92.9	90.7	65.9	171.2	92.8	88.2	68.1	88.4
2003	58.8	94.9	88.6	93.1	88.5	67.6	164.2	93	89	74.2	88.6
2004	55	94.5	88.4	93.6	89.2	76.7	156.3	93.3	89.9	74.9	91.2
2005	75.3	94.4	89.6	95.5	90.3	85.1	139.8	94.1	91.3	84.2	93.4
2006	96.4	95.6	95.1	96.9	92.1	96.2	126.1	95.6	92.9	98.5	94.6
2007	89.8	96.8	102.8	98.4	96.4	103	114.7	97.7	95	96.8	95.8
2008	113.9	98.3	100.2	100.3	99	106.5	105.7	99	97.2	109.3	96.7
2009	81.3	98.8	95.8	98.3	100.5	89.1	101.8	99.2	99.4	102.9	99.2
2010	100	100	100	100	100	100	100	100	100	100	100
2011	118.2	105.6	106.3	104.2	101.9	109.7	92.6	101.7	101.9	108.6	101.1
2012	142.2	107.3	106.2	106.6	104.3	106.8	87.7	102.8	103.9	110.6	103.1
2013	143.2	107.9	107.8	107.3	105.1	101.6	85.7	103.5	105.4	110.5	104.9
2014	129.4	108.5	109.6	107.7	106.1	99.1	84.9	104	106.5	107.5	106.3
2015	107.9	108.6	109.4	107.2	106	97.6	85.2	104.9	107.5	103.7	108.5

表49 1991—2017年德国进出口情况

年份	出口（百万欧元）	进口（百万欧元）	出口变化（%）	进口变化（%）
1991	340 425	329 228	-2.2	12.3
1992	343 089	325 972	0.8	-1
1993	321 289	289 644	-6.4	-11.1
1994	353 084	315 444	9.9	8.9
1995	383 232	339 617	8.5	7.7
1996	403 377	352 995	5.3	3.9
1997	454 342	394 794	12.6	11.8
1998	488 371	423 452	7.5	7.3
1999	510 008	444 797	4.4	5
2000	597 440	538 311	17.1	21
2001	638 268	542 774	6.8	0.8
2002	651 320	518 532	2	-4.5
2003	664 455	534 534	2	3.1
2004	731 544	575 448	10.1	7.7
2005	786 266	628 087	7.5	9.1
2006	893 042	733 994	13.6	16.9
2007	965 236	769 887	8.1	4.9
2008	984 140	805 842	2	4.7
2009	803 312	664 615	-18.4	-17.5
2010	951 959	797 097	18.5	19.9
2011	1 061 225	902 523	11.5	13.2
2012	1 092 627	899 405	3	-0.3
2013	1 088 025	890 393	-0.4	-1
2014	1 123 746	910 145	3.3	2.2
2015	1 196 378	948 503	6.2	4.3
2016	1 203 833	954 917	0.9	0.6
2017	1 278 935	1 034 491	6.2	8.3

表50　2004—2015年欧盟进出口情况　（单位：百万欧元）

年份	欧盟出口	欧盟进口	年份	欧盟出口	欧盟进口
2004	945 185	1 027 392	2010	1 353 196	1 529 387
2005	1 049 473	1 183 933	2011	1 554 180	1 726 698
2006	1 152 485	1 368 254	2012	1 684 261	1 795 070
2007	1 234 482	1 450 340	2013	1 736 648	1 687 325
2008	1 309 147	1 585 231	2014	1 703 019	1 691 880
2009	1 093 961	1 235 636	2015	1 790 652	1 726 483

表51　1991—2013年世界主要国家和地区三方专利族数目

（单位：个）

年份	中国	欧盟28国	德国	日本	美国
1991	12.513 6	9 808.217	3 863.271 4	8 576.478 6	10 722.267 5
1992	15.702 2	9 854.242	3 970.601 3	7 926.296 9	10 837.344 3
1993	17.832 1	10 242.731 4	4 098.988 7	8 331.102	10 894.814 5
1994	19.232 5	11 281.753 3	4 459.728 3	8 289.527 1	11 376.324 1
1995	22.156 3	12 009.952 7	4 933.430 4	9 617.878 2	12 412.639 9
1996	23.679 6	13 364.064 7	5 602.122 5	10 775.110 5	13 118.407 2
1997	42.768 5	14 044.258 1	5 799.563 5	11 482.054 1	14 179.453 7
1998	49.651 7	14 833.003 1	6 350.145 7	11 999.861 6	14 926.736 1
1999	63.492 1	15 165.013 9	6 434.54	13 681.678 5	15 297.160 7
2000	87.039 4	17 710.123 3	7 637.780 7	17 915.289 2	15 626.191 4
2001	152.292 3	17 272.376 9	7 232.432 3	16 621.111 4	15 899.278 2
2002	271.791 8	17 335.856 9	6 880.329 1	16 819.447 9	16 461.996 1
2003	356.258 9	17 327.179 5	6 744.816	17 899.305 2	16 767.435 8
2004	401.681 4	18 094.774 3	6 994.815	18 702.319 4	17 213.535
2005	518.684 6	18 396.283 2	7 140.325 5	17 721.264 7	17 377.745 8
2006	561.06	16 669.515 9	6 529.275 3	17 998.749 6	15 492.197 9
2007	689.967 4	15 100.087 3	5 807.581 8	17 757.600 9	13 906.14
2008	826.899 2	14 730.165 4	5 471.583 4	15 940.463 2	13 829.621 6
2009	1 295.589 2	14 450.789 4	5 562.463 3	16 112.186 7	13 514.975 6
2010	1 419.957 6	13 177.038 9	5 048.886	16 741.494 8	12 728.915 4
2011	1 545.15	14 025.102 9	5 536.711 3	17 140.293 3	13 011.641 6
2012	1 714.641 6	14 125.975	5 561.221 9	16 722.353 1	13 709.358 3
2013	1 896.715 1	14 123.456 1	5 524.520 5	16 196.648 7	14 211.458 9

表 52　2000—2014 年世界主要国家和地区研发支出占 GDP 百分比（%）

年份	日本	美国	欧盟 28 国	中国	德国
2000	3.00	2.62	1.68	0.90	2.39
2001	3.07	2.64	1.70	0.95	2.39
2002	3.12	2.55	1.71	1.06	2.42
2003	3.14	2.55	1.70	1.13	2.46
2004	3.13	2.49	1.67	1.22	2.42
2005	3.31	2.51	1.67	1.32	2.42
2006	3.41	2.55	1.69	1.38	2.46
2007	3.46	2.63	1.70	1.38	2.45
2008	3.47	2.77	1.77	1.46	2.60
2009	3.36	2.82	1.84	1.68	2.73
2010	3.25	2.74	1.84	1.73	2.71
2011	3.38	2.76	1.88	1.79	2.80
2012	3.34	2.70	1.92	1.93	2.87
2013	3.48	2.74	1.93	2.01	2.83
2014	3.59	0	1.95	2.05	2.90